无罪辩护典型案例

河南省律师协会 编

TYPICAL CASES OF
INNOCENT DEFENSE

图书在版编目(CIP)数据

无罪辩护典型案例 / 河南省律师协会编. -- 北京：北京大学出版社, 2024.12. -- ISBN 978-7-301-35790-3

Ⅰ. D925.210.5

中国国家版本馆 CIP 数据核字第 2024J985G3 号

书　　　名	无罪辩护典型案例 WUZUI BIANHU DIANXING ANLI
著作责任者	河南省律师协会　编
责 任 编 辑	李欣欣　王建君
标 准 书 号	ISBN 978-7-301-35790-3
出 版 发 行	北京大学出版社
地　　　址	北京市海淀区成府路 205 号　100871
网　　　址	http://www.pup.cn　http://www.yandayuanzhao.com
电 子 邮 箱	编辑部 yandayuanzhao@pup.cn　总编室 zpup@pup.cn
新 浪 微 博	@北京大学出版社　@北大出版社燕大元照法律图书
电　　　话	邮购部 010-62752015　发行部 010-62750672 编辑部 010-62117788
印 刷 者	大厂回族自治县彩虹印刷有限公司
经 销 者	新华书店 650 毫米×980 毫米　16 开本　18.25 印张　304 千字 2024 年 12 月第 1 版　2024 年 12 月第 1 次印刷
定　　　价	59.00 元

未经许可，不得以任何方式复制或抄袭本书之部分或全部内容。
版权所有，侵权必究
举报电话：010-62752024　电子邮箱：fd@pup.cn
图书如有印装质量问题，请与出版部联系，电话：010-62756370

编委会

主　编

鲁建学

副主编

陆咏歌　王宇生　陈军校

编委会成员

李红新	冯　谌	尚旭辉	何瑞锋	童　靖	冯振国	张冬冬
卫元江	袁　雪	王孟嘉	靳祥钰	杨龙尤	刘延平	屈二军
冯景琦	刘兆庆	魏俊卿	刘兆庆	王文立	陈　沉	井丽娜
王丽伟	许热弟	张耀显	张治卿	李海洋	苏艳茹	王红艳
秦　萌	曾　磊	朱　燕	王文博	陈沛源	刘英宝	

序 言

在习近平法治思想的指导下,河南省法治事业日新月异,河南律师在从事刑事辩护工作的过程中为推动中国法治建设发挥了独特的作用,取得了不菲的成绩。河南省律师协会刑事法律专业委员会向全省律师征集近5年来无罪辩护成功的案例,并从中选取47个具有典型意义的案例编写成书。本书是一部理论与实践兼备、法理与情理并融的书籍,具有如下特点:

案例鲜活。本书收录的众多案例,都来自河南律师的刑事辩护一线,每个案例都是对"努力让人民群众在每一个司法案件中感受到公平正义"这一要求的生动实践,都直击法律适用的焦点和难点,案件处理结果具有一定的典型性,能在一定程度上为读者提供借鉴。在提倡同案同判、最大限度统一法律适用的时代背景下,书中的典型案例对于律师开展刑事辩护工作具有重要的参考价值。

体系新颖。本书选取典型的刑事疑难案例,并以"案情简介""辩护意见""案件结果""案件评析""结语及建议"的编排体系以案释法。收录的案例不仅有助于司法人员、律师同行、院校师生及其他法律研习者直观、形象地学习和理解刑法,而且可以为读者援引类似案件、正确适用刑法提供清晰明确的指引。

说理透彻。律师在开展刑事辩护业务时,必须有力辩护、有理辩护、有效辩护。律师不仅要提出观点、要求和主张,更要充分说理、以理服人。在本书收录的案例中,辩护人深入阐释了法理和情理,做到了天理、国法、人情相平衡,并将常识、常情、常理融为一体,充分展现了河南律师在刑事辩护过程中扎实的业务能力和良好的业务素养。

当然,本书还存在值得进一步完善的地方。例如,少数案例的写作结构不够统一、辩护说理有待进一步深化等。但瑕不掩瑜，总体而言，本书仍可以说是一部实践与理论兼备、法理与情理并融的高质量作品。

中国的法律体系既不是普通法系也不是大陆法系，而是兼具两者的中国特色社会主义法律体系。本书侧重于在理解与运用成文法的过程中深化对法条的理解，这种理解与最高人民法院、最高人民检察院在指导性案例中对法条的理解是一致的，能够对律师从事刑事辩护工作起到一定的参考作用。

对于河南省律师协会刑事法律专业委员会来说，本书的出版既是对过去业务经验和知识的总结，也是未来提升专业素养、再攀业务高峰的起点。

唯愿河南律师再接再厉、奋发图强，努力打造出一支既精通辩护实务，又具有较高学术造诣的高水平律师队伍！

河南省律师协会
2024 年 9 月 20 日

目 录

扶与不扶、救与不救,鉴定意见的审查与质证
　　——案例1:鲁某明交通肇事案　　　　　　　　张冬冬 / 001
在酒精检测为醉酒的情况下成功完成危险驾驶罪无罪辩护
　　——案例2:王某某危险驾驶案　　　　焦朋彬　王　振 / 008
核心事实的证据不充分,被告人即使认罪认罚也不能认定有罪
　　——案例3:常某某危险驾驶案　　　　　　　　魏俊卿 / 013
新法修订致使案件关键证据无效
　　——案例4:陈某销售假药案　　　　　　　　　刘兆庆 / 021
"倒贷"不构成骗取贷款罪
　　——案例5:张某伪造国家机关证件、骗取贷款案　李红新 / 028
行政处罚决定并不必然成为构罪依据
　　——案例6:买某内幕交易案　　　　　　　　　朱　燕 / 035
根据刑法谦抑性原则不宜认定为职务侵占罪
　　——案例7:沈某某职务侵占案　　　　　　　　尚旭辉 / 042
刑事案件的认定要严格坚守罪刑法定原则
　　——案例8:万某磊挪用资金案　　　　　　　　靳祥钰 / 049
对未造成国家税款流失的轻微发票类犯罪,应充分考虑司法
　　职能服务保障民营企业发展的作用
　　——案例9:王某虚开发票案　　　　　李军红　陈沛源 / 058
认定虚开增值税专用发票罪需查明是否存在虚开增值税专用
　　发票的行为
　　——案例10:陈某虚开增值税专用发票案　宋立成　薛萍萍 / 062

行贿罪与虚开增值税专用发票罪的认定
　　——案例 11：李某某行贿、虚开增值税专用发票案　　王文立 / 067
盗窃罪与侵占罪的区别，一个永远争论不休的话题
　　——案例 12：张某某盗窃案　　陈　沉　王天雨 / 076
未按合同约定用途使用投资款是否构成合同诈骗罪
　　——案例 13：索某合同诈骗案　　陆咏歌　何瑞锋 / 082
以销售商品为目的、以销售业绩为计酬依据的单纯的"团队
　　计酬"式传销活动，不应作为犯罪处理
　　——案例 14：侯某某组织、领导传销活动案　　刘宏胜 / 087
持卷烟零售许可证期间未按规定渠道进货销售，不宜按非法
　　经营罪追究刑事责任
　　——案例 15：张某非法经营案　　冯景琦 / 091
持有烟草专卖零售许可证从事香烟回收、批发业务，不构成非
　　法经营罪
　　——案例 16：许某非法经营案　　李海洋 / 095
被告人认罪认罚但证据不足，不能认定其有罪
　　——案例 17：李某某非法经营案　　田新功 / 103
公司股权转让与非法转让、倒卖土地使用权的区分
　　——案例 18：朱某非法转让、倒卖土地使用权案　陆咏歌　何瑞锋 / 109
运动、发展、变化等哲学思维在刑事辩护中的运用
　　——案例 19：李某某提供虚假证明文件案　　刘延平 / 114
死亡原因不能仅以言词证据认定
　　——案例 20：陈某某过失致人死亡案　　王彦群 / 120
防卫行为正当性的论述是故意伤害案无罪辩护的重点
　　——案例 21：王某某故意伤害案　　金　朝 / 125
故意伤害罪的主观故意应如何把握
　　——案例 22：李某某故意伤害案　　石会升 / 132
犯罪事实不清、证据不足的，应判决无罪

——案例23：洪某故意伤害案　　　　　　　　　　　　刘国琳 / 137

刑事审判阶段鉴定标准发生变化的情况下如何适用"从旧兼
　从轻"原则
——案例24：陈某某故意伤害案　　　　　　　　　　屈二军 / 141

证人证言多处存疑时，申请证人出庭作证
——案例25：李某某故意伤害案　　　　　　　　　　杨龙尤 / 148

从最高死刑到不起诉，一起命案的辩护之路
——案例26：庞某故意伤害（致人死亡）案　　　　　张耀显 / 155

辩护律师应注重辩护思路的设计
——案例27：曹某故意伤害案　　　　　　　　　　　冯振国 / 160

强奸罪中违背妇女意志及强迫行为的分析
——案例28：张某民涉嫌强奸案　　　　　　王红艳　符　贵 / 165

如何认定强奸案件中的违背妇女意志
——案例29：张某强奸案　　　　　　　　　　　　　黄　帅 / 170

证人证言相互矛盾、证据来源不明、关键证据缺失，应认定
　为"证据不足"
——案例30：徐某某强制猥亵案　　　　　　　　　　童　靖 / 178

刑辩律师应善于运用科技手段发现事实真相
——案例31：徐某某强制猥亵案　　　　　　　　　　冯振国 / 184

"从旧兼从轻"原则、追诉时效以及因果关系综合分析应用
——案例32：王某明非法拘禁案　　　　　　　　　　刘兆庆 / 188

犯罪情节显著轻微，社会危害性不大，可作不起诉处理
——案例33：张某某诈骗案　　　　　　　　卫元江　刘国滨 / 197

事后的隐瞒行为不构成诈骗罪中的虚构事实或隐瞒真相
——案例34：马某某诈骗案　　　　　　　　　　　　付艳国 / 201

刑事犯罪与经济纠纷的边界划定
——案例35：张乙诈骗案　　　　　　　　　　　　　井利娜 / 205

无主观犯罪故意和客观犯罪行为，对公司诈骗行为不知情、

无作为,不构成犯罪
　　——案例36:原某诈骗案　　　　　　　　张治卿　张栋毅 / 211
严重侵犯法益的建筑物不受法律保护
　　——案例37:郭某林故意毁坏财物案　　　冯　谌　张帅锋 / 218
超过追诉时效之辩,是刑事辩护最有效的辩护要点
　　——案例38:冯某伪造公司印章案　　　　陈　沉　王天雨 / 224
冲突结束后又实施不法侵害,对方还击属正当防卫
　　——案例39:刘某寻衅滋事案　　　　　　　　　　孙玉芳 / 230
虚假诉讼罪不适用于当事人启动的民事再审程序
　　——案例40:程某虚假诉讼案　　　　　　　　　　曾　磊 / 236
不容忽视的时间节点
　　——案例41:张某掩饰、隐瞒犯罪所得、犯罪所得收益案　曾　磊 / 242
没有拒不执行人民法院生效判决的故意与目的,不构成拒不
　　执行判决罪
　　——案例42:刘某拒不执行判决案　　　　　　　　王丽伟 / 247
毒品案件的"主观明知"应如何把握
　　——案例43:姜某贩卖、运输毒品案　　　　　　　潘振东 / 253
被索贿单位是否构成单位行贿罪
　　——案例44:某分公司单位行贿案　　　　　　　　秦　萌 / 258
刑民交叉下民事法官玩忽职守罪的辩护路径及思考
　　——案例45:杜某某玩忽职守案　　　　　　　　　冉麦礼 / 263
公司在划拨土地上建设房屋向社会预售,土地部门工作人员
　　无查处职责,不能定罪
　　——案例46:曹某某玩忽职守案　　　　　　陈军校　苏艳茹 / 268
逐级向上级领导请示汇报之后作出决定,是否构成滥用职权罪
　　——案例47:周某滥用职权案　　　　　　　陆咏歌　许热弟 / 273

扶与不扶、救与不救,鉴定意见的审查与质证

——案例1:鲁某明交通肇事案

张冬冬[*]

【案情简介】

2016年1月18日中午,某村路口,78岁的老人李某骑电动三轮车发生车翻人伤的轻微事故,左侧额头受伤。鲁某明骑三轮摩托车(机动车)载着老伴回家途中正好看到,赶紧下车帮忙,村口众人也都好心上前帮忙。

第一个好心出手帮忙的鲁某明将李某送至最近的某村诊所就医,并垫付15元医药费,待其包扎完毕后离开。

6天后,李某的老伴和一个儿子找到鲁某明,要求其赔偿2000元。双方发生争执,鲁某明报警,双方协商未果。

10天后,李某的儿子在医院打110报警,说10天前鲁某明与其父亲李某发生交通事故,造成李某受伤。将近两个月后,李某在医院去世。

李某家属报警,要求追究鲁某明刑事责任。

为确定死因,公安机关要求进行尸检,但因李某家属不同意解剖检验,办案单位仅进行尸表检验。由于公安机关没有刑事立案,李某家属进行信访。交警大队委托相关单位出具车辆碰撞痕迹方面的《道路交通事故认定书》《司法鉴定意见书》《死亡原因分析意见书》等资料。

一年零一个月后,公安机关在检察院的侦查监督下予以刑事立案,认为

---

[*] 张冬冬,京师律师事务所全国刑事专业委员会理事,京师律师事务所刑事专业委员会无罪辩护研究中心副主任、京师律师事务所刑事专业委员会刑辩研修院副院长。

鲁某明涉嫌交通肇事罪。

后检察院提起公诉，指控被告人鲁某明驾驶无号牌三轮摩托车，由南向北行驶至某一路段时，撞到前方同方向驾驶电动三轮车的被害人李某，发生致被害人李某受伤及车辆受损的道路交通事故。事发后，被告人鲁某明将被害人李某送至某村诊所就医后离开。将近两个月后，李某经多家医院医治无效后死亡。

交警大队认定，被告人鲁某明未取得机动车驾驶证驾驶机动车，且未与前车保持足以采取紧急制动措施的安全距离，发生交通事故后逃逸，负事故的全部责任。

安徽某司法鉴定中心（以下简称"鉴定中心"）出具《司法鉴定意见书》，认定被告人鲁某明驾驶的三轮摩托机动车货箱右前部与被害人李某驾驶的电动三轮车货箱尾部偏左侧发生接触碰撞。

某市公安局物证鉴定所出具《死亡原因分析意见书》，认定交通事故致被害人李某胸部及头部受伤，左侧多根肋骨及左侧锁骨多发性骨折，左侧创伤性气胸，左下肺不张。李某虽经多家医院治疗，但胸部外伤严重、胸痛、咳痰无力等因素致其胸部感染，诱发ANCA（抗中性粒细胞胞浆抗体）相关性血管炎，这是胸部损伤的并发症。结合其死亡前临床及体征分析，肺部感染及血管炎致脑血管外、中枢性呼吸衰竭是其死亡的原因，其死亡与其胸部外伤有关。

综上，公诉机关认为被告人鲁某明违反交通运输管理法规，因而发生重大交通事故且肇事后逃逸，致一人死亡且负事故全部责任，其行为已构成交通肇事罪。

鲁某明到案后一直稳定供述，坚称自己是第一个看到李某受伤的人，是去扶他，是好意帮忙。

经侦查机关调查，村口帮忙的众人均没有看到事故发生的经过，从所谓事故发生到将近两个月后李某去世，在案证据中没有李某本人的陈述。

【辩护意见】

本案中的争议焦点有三个：①是否发生事故？②鲁某明是否逃逸？③鲁某明是否应当承担刑事责任？

在案证据中，认定鲁某明涉嫌犯罪的最为关键的证据只有两个：一个是鉴定中心出具的《司法鉴定意见书》，证明被告人鲁某明的车辆与被害人李某的车辆发生接触碰撞；另一个是某市公安局物证鉴定所出具的《死亡原因分析意见书》，证明被害人的死亡与其在交通事故中受伤有因果关系。

笔者认真阅卷，认真办案，针对关键证据，发现了很多问题。

针对《司法鉴定意见书》，辩护人通过阅卷、走访发现：

1. 2016年3月15日，交警大队先是委托鉴定中心做同一性鉴定，鉴定中心鉴定人员找到中国科学技术大学进行沟通，最后结论是无法鉴定。

2. 被隐藏的一份鉴定意见书（有利于被告人的证据，没有移送法院）。2016年3月30日，武汉工程大学分析测试中心对两车的提取物作化学元素对比，结论是化学元素不一致。也就是说，从两车上提取的油漆经过对比发现，没有同一性。这直接说明两车没有接触，更证明两车没有发生碰撞。

3. 一份假的《三轮车返还凭证》。交警大队通知被告人鲁某明家属将作为检材的三轮摩托车开走，被告人及其家属坚决不开走，一直要求重新鉴定。但是在案证据中却有被告人鲁某明签名的《三轮车返还凭证》。经鲁某明确认，上面的签名不是其本人的。后交警大队相关办案人员承认，该返还凭证是代签名的。

4. 《司法鉴定意见书》送达被告人鲁某明后，鲁某明立刻提出重新鉴定，但是交警大队说重新鉴定要找检察院去做，检察院却说要等案件移送到法院后向法官申请。

5. 启动重新鉴定程序后，司法鉴定科学研究院（原司法部司法鉴定科学技术研究所）出具《退卷函》，说明因检材原因，无法重新鉴定。

通过以上分析，笔者认定鉴定意见不客观，不能作为定案根据。

笔者聘请了有资质的痕迹专家郝某（河南警察学院交通管理工程系教授，原河南公专司法鉴定中心鉴定人），针对痕迹方面的《司法鉴定意见书》进行审查。其出具了书面的审查意见，并且作为有专门知识的人两次出庭作证。

针对《死亡原因分析意见书》，笔者发现：

1. 李某去世后，其家属坚决不同意进行尸体解剖检验。

2. 《死亡原因分析意见书》缺少李某住院病历病情介绍中非常关键的信息。病历记载了"李某既往有慢性支气管炎并肺气肿病史多年，每年冬天反复咳嗽咳痰，近几年越发严重，因反复咳嗽、咳痰4余年入院"等信息。该关键信息说明李某的死亡是由于其陈年旧疾恶化,而不是所谓交通事故造成的骨折。

3. 李某死亡时所住医院的某医生作为提供死亡原因分析意见的专家之一,与案件有利害关系,应当回避。

通过以上分析,笔者认定某市公安局物证鉴定所出具的《死亡原因分析意见书》不客观,不能作为定案根据。

之后,笔者聘请了有资质的主任法医师刘某(北京某司法鉴定中心鉴定人,某市公安局退休法医),针对认定李某死亡与事故受伤存在因果关系的《死亡原因分析意见书》进行审查。刘某出具了书面的审查意见,并且作为有专门知识的人两次出庭作证。

针对关键证据,笔者申请鉴定中心鉴定人出庭作证,法院准许并通知鉴定人出庭。笔者还聘请了相关痕迹专家与法医病理专家,两位专家作为有专门知识的人出庭作证。案件多次开庭,几经延期。

根据开庭情况,笔者发现了新问题:法院书面通知两位鉴定人出庭,但是,第一次开庭,两位鉴定人都未出庭;第二次开庭,只到场一位。在庭审发问中得知,其中一位鉴定人没有实际参与鉴定,却在《司法鉴定意见书》上签名。开庭时两位鉴定人都已不具备鉴定人资格,并且检材也不合格。

笔者提出了下列辩护意见:

1. 《道路交通事故认定书》及《司法鉴定意见书》存在错误,不得作为定案根据。

(1)法院认为有必要且已书面通知两位鉴定人谢某、郭某出庭。但是,两位鉴定人中仅郭某出庭,且未提交证据说明另一位鉴定人谢某不能到庭的合法理由。

(2)鉴定人郭某在庭审中承认,仅是其一人带着学生在接受委托当日来到当地进行鉴定,谢某并没有参与鉴定。根据该事实,笔者认为鉴定人违反了《司法鉴定程序通则》之规定,鉴定程序严重违法。

(3)鉴定人当庭并未提交司法鉴定人执业证书原件。经向安徽省司法厅查询,两位鉴定人均已不具备鉴定人资格。根据《司法鉴定人登记管理办法》及《安徽省司法鉴定管理条例》的相关规定,笔者认为两位鉴定人的执业证书之所以被撤销,应该是因为其行为符合《安徽省司法鉴定管理条例》第48条规定的情形之一。因此,笔者对两位鉴定人的品格持怀疑态度,除非鉴定人作出明确的说明。但是,两位鉴定人始终未能正面作出说明。

（4）鉴定委托程序违法。鉴定中心的鉴定时间超过 20 天,违反了《道路交通事故处理程序规定》的规定,鉴定程序违法。

（5）相关检材在受检之前,并未完全隔离,检材不合格。

（6）武汉工程大学分析测试中心的结论说明两车没有发生接触碰撞。

（7）被告人一方收到鉴定书后,一直申请重新鉴定,但被违法剥夺权利。

（8）审查起诉阶段虽启动了重新鉴定,但因检材原因,无法重新鉴定。造成此结果的原因在于被告人被违法剥夺了重新鉴定的权利,相关后果不应当由被告人承担。

综上,笔者认为鉴定意见不具有客观性、合法性,《司法鉴定意见书》不得作为定案根据,没有证据证明两车发生过接触碰撞。

2. 某市公安局物证鉴定所出具的《死亡原因分析意见书》不得作为定案根据。

（1）出具该意见书前,并未进行尸体解剖。

（2）该鉴定所邀请的某市中心医院（患者死亡时所在医院）的临床专家与案件有利害关系,应当回避。

（3）该意见书中的检材大多是主观陈述,检材不客观、不充分。

（4）死者李某当时已经 78 岁高龄,自身患有多种严重疾病,且在几家医院入院治疗时,病历记载的陈述均不一致。病历最后记载"因反复咳嗽、咳痰 4 余年入院",其死亡原因应当是陈年旧疾复发。

因此,笔者认为外伤与死亡结果之间的因果关系不明确,无法对李某的死因得出唯一结论,某市公安局物证鉴定所出具的《死亡原因分析意见书》不能作为定案根据。

3. 此外,辩护人还提出了以下辩护意见：

（1）被告人鲁某明是好意帮忙,其与李某之间没有发生交通事故,起诉指控的基本事实根本错误。

（2）公安机关在作出事故认定书前,未召集各方当事人到场,未公开调查所得的证据,违反了《道路交通事故处理程序规定》的相关规定。

（3）李某 2016 年 1 月 18 日受伤,却在 2016 年 1 月 28 日报案,其间间隔数天,不排除李某在此期间有二次受伤的可能。

（4）从所谓事故发生到将近两个月后李某去世,在案证据中没有李某本人的陈述,只有李某的一个儿子作为证人,其证言为"我父亲说被撞了一下",其余在场证人均没有证明发生事故,也就是说,只有李某的儿子陈述李某是被鲁某明撞的,不排除子女在李某生前不孝顺,在其死后还想讹人的情况。

(5)根据最高人民法院《关于审理交通肇事刑事案件具体应用法律若干问题的解释》第2条第1款的规定,交通肇事具有下列情形之一的,处3年以下有期徒刑或者拘役:"(一)死亡一人或者重伤三人以上,负事故全部或者主要责任的……"根据该条第2款的规定,交通肇事致一人以上重伤,负事故全部或者主要责任,并具有下列情形之一的,以交通肇事罪定罪处罚:"……(二)无驾驶资格驾驶机动车辆的……(四)明知是无牌证或者已报废的机动车辆而驾驶的……(六)为逃避法律追究逃离事故现场的。"但是本案中鲁某明的行为不符合其中任意一项。

辩护人认为,鲁某明是好意帮忙,其与死者李某之间是否发生交通事故缺乏确切的证据证明。即使发生了交通事故,李某仅是额头受伤,10天后才有的肋骨骨折,该骨折最多构成轻伤,且没有确切证据证明是事故造成了李某肋骨骨折。根据法律规定,只有事故致人重伤,肇事者才可能涉嫌犯罪。并且,鲁某明从未逃逸,而是将李某送去诊所就医,待其包扎完毕后才离开。李某死亡的直接原因是自身疾病,与外伤没有直接关系,且无法认定外伤是否系交通事故造成。无论如何,鲁某明都不该承担刑事责任。因此,不论是否发生了两车相撞的事故,鲁某明都不构成犯罪。

【案件结果】

案件历经四年半的时间,一审法院两次判决被告人无罪,检察院两次提起抗诉,二审法院两次裁定撤销原判发回重审,最终检察院申请撤回起诉,一审法院裁定准许检察院撤回起诉。

【案件评析】

本案本是一个热心老人勇扶摔倒老人的好事,根本不是一个刑事案件,侦查机关原本就不应立案。因为证据中有证明被告人的车辆与被害人的车辆发生碰撞的痕迹方面的《司法鉴定意见书》,有证明被害人的死亡与交通事故有因果关系的《死亡原因分析意见书》,故笔者聘请了相关痕迹专家与法医病理专家,两位专家出具了书面的审查意见,并且作为有专门知识的人出庭作证。案件多次开庭,几经延期,检察院最终撤回起诉。

法院认为鉴定机构在鉴定程序上有瑕疵,在案证据不能形成完整的证据链,根据在案证据得出的结论不具有唯一性,进而两次判决被告人鲁某明无罪,这是非常正确的。但由于其他原因,本案最终以检察院撤回起诉而结案。

本案总结:第一,不能仅靠鉴定意见办案;第二,针对鉴定意见,要善于依靠专家,用专家应对专家;第三,须从制度设计上对检察院的抗诉权进行限制及监督。

【结语及建议】

近年来,"扶与不扶,救与不救"的问题始终在拷问人性。现实中"农夫与蛇"的故事多次上演,别有用心之人不但索要钱财,甚至不惜诬告陷害、敲诈勒索,使见义勇为者受到刑事追究,这种行为着实可恶,应当予以严厉打击。

春晚小品《扶不扶》引起国人热议,结尾一句"这人倒了咱不扶,这人心不就倒了吗?人心要是倒了,咱想扶都扶不起来了"引发国人深思。

本案就是一起"扶与不扶、救与不救"引发的刑事案件。刑事诉讼活动必须遵守证据裁判原则,认定案件事实必须依靠证据。本案在案证据存在严重问题,办案程序严重违法,被告人在实体上根本不构成犯罪。本案中,被告人及其家属态度坚决,勇于坚持;辩护人以证据问题为切入点,剖析程序违法问题,不和稀泥,坚持无罪辩护;专业人士对专业的鉴定问题进行充分有效的质证;法院忠诚履职,敢于担当。经过各方努力,最终实现了公平正义,弘扬了中华民族传统美德。

本案是"证据之辩"的典型案例,十分具有代表性,所涉问题在司法实践中富有争议,且在涉案领域具有一定的普遍性和代表性。本案前后历经四年半之久,过程十分艰难,法院两次判决被告人无罪,最终检察院撤回起诉。本案的判决体现了社会主义核心价值观和社会主义法治理念,对法治建设具有促进作用,对同类刑事案件具有很大的参考价值,对律师办案具有指导意义。

法律的底色是世道人心,见义勇为是中华民族的传统美德。当前,从国家到社会,都对见义勇为行为和见义勇为者给予鼓励和表彰,"让救人者大胆救人"的激励机制已经建立。面对违法,我们要坚决说不!面对需要救助者,我们要勇敢地站出来、走上去!

在酒精检测为醉酒的情况下成功完成危险驾驶罪无罪辩护

——案例 2：王某某危险驾驶案

焦朋彬* 王 振**

【案情简介】

2018 年 10 月 11 日 21 时许，犯罪嫌疑人王某某晚饭后和其朋友曹某某被代驾送到小区门口后，王某某正将车辆挪到停车场时，曹某某与在该停车场寻找停车位的段某某因停车问题发生口角并相互撕拽，后曹某某报警，新乡市公安局洪门分局对此事依法进行处理。在案件调解过程中，段某某指认后期到洪门分局帮朋友协调纠纷的王某某存在酒驾行为。办案民警抽取王某某、段某某的血样并将该血样放置在自己办公室的桌子上，未对该血样进行特殊保存。2018 年 10 月 14 日，洪门分局对王某某和段某某的血样进行酒精含量检测，检出王某某的血液酒精含量为 140mg/100mL，段某某的血液经检测未发现酒精成分。2018 年 10 月 17 日，洪门分局对王某某的血样再次进行检测，检出王某某的血液酒精含量为 118.25mg/100mL。王某某因涉嫌危险驾驶罪被取保候审。

【辩护意见】

笔者接受犯罪嫌疑人王某某的委托，担任其涉嫌危险驾驶罪一案的辩护

---

* 焦朋彬，新乡市刑事法律业务委员会委员、新乡市建筑房地产法律业务委员会委员。
** 王振，河南航创律师事务所执业律师。

律师。接受委托后,笔者仔细研究了本案案情及相关法律规定,认为现有证据尚不足以认定王某某构成危险驾驶罪,即使能够认定王某某饮酒,也不应当作为犯罪处理。具体辩护意见如下:

1. 完成前期取证的民警是治安民警,其本身并不了解交通执法的规范,取证程序违法,血样的检验结果不能作为认定本案案件事实的证据。

本案中,曹某某与段某某因停车问题发生争执并有轻微厮打行为,曹某某因此报警。新乡市公安局洪门分局的治安民警出警,对此治安事件进行处理。但该民警在处理犯罪嫌疑人涉嫌危险驾驶的案件时,未按照有关规定执法,取证时存在多处违法行为,致使血样的检验结果不能作为认定犯罪嫌疑人构成危险驾驶罪的证据。第一,最严重的问题便是没有将犯罪嫌疑人的血样低温保存、立即送检,导致血样腐败变质,不能作为检材进行鉴定;第二,办案民警在抽取血样后没有进行规范保存,而是将血样放置在人员流动极大的办公室进行保存,无法保证血样未被他人调包或拿错。

2. 因未低温保存并立即送检,导致犯罪嫌疑人的血样腐败变质,不再具备进行酒精含量检测的条件。

在前期办案民警和犯罪嫌疑人王某某到鉴定机构重新进行检测时,鉴定专家当着二人的面说,该民警提供的血样已经腐败变质,根本不具备进行鉴定的条件。后经该民警要求,鉴定专家不得不进行鉴定并出具检测结果(对该民警当时持有的执法记录仪的视频录像,辩护人要求依法予以调取),因此该结果根本不能作为认定犯罪嫌疑人醉酒驾驶的依据。按照公安部《关于公安机关办理醉酒驾驶机动车犯罪案件的指导意见》的要求,抽取的血样必须立即送检,在未立即送检的情况下也应当低温保存。民警在办理本案时既未将血样立即送检,也未进行低温保存,而是在抽取血样40多个小时后才送检,这样的血样早已腐败变质,因此按照我国法律规定,基于该血样作出的血液检测报告根本不能作为认定犯罪嫌疑人王某某构成危险驾驶罪的证据。

3. 送检血样并不能保证是犯罪嫌疑人之血液,不能以此认定犯罪嫌疑人构成危险驾驶罪。

前期办案民警在办理本案时并未对抽取的犯罪嫌疑人的血样进行严密保存,也无法保证该血样未被他人调包或拿错。按照该民警所说,犯罪嫌疑人的血样从抽取至送检的40多个小时内,一直在其办公室放置,在此期间有大量人员到该场所处理相关事务,人员繁杂,连其本人也不能排除血样被他人调包或拿错的可能,因此基于该血样作出的血液检测报告肯定不能作为认定犯罪嫌疑人有罪的依据。

综合考虑以上情节,犯罪嫌疑人王某某并未构成危险驾驶罪。

【案件结果】

新乡市公安局洪门分局出具新公直(交)撤案字〔2019〕1号撤销案件决定书,决定对王某某撤销刑事立案。

【案件评析】

1. 危险驾驶罪的规定及无罪辩护思路的确定。

《刑法》第133条之一规定,"在道路上驾驶机动车,有下列情形之一的,处拘役,并处罚金:(一)追逐竞驶,情节恶劣的;(二)醉酒驾驶机动车的;(三)从事校车业务或者旅客运输,严重超过额定乘员载客,或者严重超过规定时速行驶的;(四)违反危险化学品安全管理规定运输危险化学品,危及公共安全的。机动车所有人、管理人对前款第三项、第四项行为负有直接责任的,依照前款的规定处罚"。行为人存在醉酒驾驶机动车行为的,就应当承担危险驾驶罪的法律责任,本案犯罪嫌疑人被检测出的酒精含量明显符合醉酒驾驶的标准,且真实存在驾驶机动车的行为,案件无罪辩护的难度极大。接受委托后,笔者对本案进行了充分的研究,认为可以从确定酒精含量的时间、精准度,是否依法保存鉴定样本,是否存在法律上的因果关系等方面切入,进行无罪辩护,经过和委托人的充分沟通,笔者最终决定对本案进行无罪辩护。

2. "道路"与"醉酒驾驶机动车"的标准。

2004年施行的《道路交通安全法》将"道路"的范围明确为"公路、城市道路和虽在单位管辖范围但允许社会机动车通行的地方,包括广场、公共停车场等用于公众通行的场所"。这就把单位管辖范围内允许社会车辆通行的路段纳入了"道路"的范围,以更好地维护这些路段的交通秩序,保护事故受害者的合法权益。可见案发小区道路是否属于《道路交通安全法》规定的道路,要看该小区是否允许社会车辆出入。

根据国家质量监督检验检疫总局发布的《车辆驾驶人员血液、呼气酒精含量阈值与检验》的规定,饮酒后驾车是指车辆驾驶人员血液酒精含量大于或者等于20mg/100mL,小于80mg/100mL 的驾驶行为;醉酒驾车是指车辆驾驶人员血液酒精含量大于或者等于80mg/100mL 的驾驶行为。由于办案民警取证程序违法,检测结果并不能作为犯罪嫌疑人醉酒驾驶的证据。

3. 轻微刑事案件的非犯罪化。

面对犯罪率居高不下的现实,事后性的刑事调解工作在司法实践中显得捉襟见肘,应当提倡对轻微刑事案件非犯罪化处理。轻微刑事案件,是指犯罪性质不太严重,案件事实比较清楚,不需要运用专门技术和手段进行侦查,可由被害人或者其法定代理人直接向人民法院起诉的刑事案件。本案中,犯罪嫌疑人即使真的属于醉酒驾驶机动车,但其驾驶距离短、速度慢,未造成任何危害结果,将其不认为是犯罪体现了刑法的谦抑性精神,贯彻了宽严相济的刑事政策以及《刑法》和《刑事诉讼法》的相关规定,也让犯罪嫌疑人王某某真实感受到法律的公平和正义。

【结语及建议】

本案是一起报案人向公安机关报案,公安机关立案后又作出撤销案件决定的案件,辩护人最终达到了委托人被无罪处理的效果。

危险驾驶罪是《刑法》中的"第一大罪",驾驶人员血液酒精含量是认定本罪是否成立的重要标准。为了防止血液样本腐败、变质,导致鉴定结果不准确,公安部《关于公安机关办理醉酒驾驶机动车犯罪案件的指导意见》中明确规定,因特殊原因不能立即送检的,应当按照规范低温保存,经上级公安机关交通管理部门负责人批准,可以在 3 日内送检。就本案而言,在侦查期间,由于办案民警取证程序违法,未将血样低温保存,也未严密保存,而是放在一个人流量大的办公室内,无法保证血样未被调包或错拿,且间隔了 40 多个小时才送检,检验结果不具备参考性。这是为委托人进行无罪辩护的一个突破口。辩护意见被采纳的更重要的原因是,犯罪嫌疑人犯罪情节显著轻微,没有造成任何实质的危害结果。

酒后无论开什么车、在哪里开车,都是对自己、家人、路人不负责任的错误行为,但犯错与犯罪是不能画等号的,这也是刑事辩护律师的一个着手点。

刑事辩护律师要从行为的性质入手,在认清案件的本质之后,迅速采取有效办法介入刑事案件,在保证自身安全的前提下,为当事人提供力所能及的法律服务,并依据不断发生的案件新变化,调整策略、手法,进而在合法范围内实现当事人的法律利益最大化。

核心事实的证据不充分，被告人即使认罪认罚也不能认定有罪

——案例3：常某某危险驾驶案

魏俊卿*

【案情简介】

2018年10月12日2时30分许，被告人常某某饮酒后驾驶机动车沿河南省郑州市杨金路由东向西行驶至距中州大道2公里处时，与杨金路南半幅灯杆相撞，其驾驶的车辆发生侧翻，造成交通事故。事故发生后，常某某受伤，群众拨打电话报警，常某某被送至医院救治。经河南省郑州市公安局交通警察支队第五大队认定，常某某负事故全部责任。经郑州市公安局交通事故鉴定所鉴定，常某某血液酒精含量为232.62mg/100mL。

2020年10月13日，在值班律师的见证下，被告人常某某签署了认罪认罚具结书，并同意适用速裁程序审理。郑州市金水区人民检察院的量刑建议为：拘役4个月，并处罚金人民币3万元。

2020年10月15日，郑州市金水区人民检察院以郑金检一部刑诉〔2020〕2892号起诉书，指控被告人常某某犯危险驾驶罪，向郑州市金水区人民法院提起公诉，郑州市金水区人民法院依法予以受理。

【辩护意见】

根据本案发生时有效的最高人民法院、最高人民检察院、公安部《关于

---

* 魏俊卿，盈科中国区董事会董事，北京盈科（洛阳）律师事务所党支部书记、管委会副主任、刑事法律事务部主任。

办理醉酒驾驶机动车刑事案件适用法律若干问题的意见》第6条的规定,血液酒精含量检验鉴定意见是认定犯罪嫌疑人是否醉酒的依据。本案中,公诉机关提交的提取常某某血样检材视频这一客观证据,充分证明抽取被告人血样时用的是吉尔碘消毒液,吉尔碘消毒液中含有65%～75%乙醇成分。因此,本案提取血样的过程违反了国家强制性标准《车辆驾驶人员血液、呼气酒精含量阈值与检验》(GB19522—2010)第5.3.1条"不应采用醇类药品对皮肤进行消毒"的规定。检材受到污染后,不具备鉴定条件,故郑州市公安局交通事故鉴定所基于该已经污染的检材作出的《乙醇检验报告》,不能作为定案的根据。同时,《当事人血样提取登记表》中登记的提取的血样量与郑州市公安局交通事故鉴定所作出的《乙醇检验报告》中载明的送检的血样量明显不一致,这证明送检血样与提取的血样不具有同一性。据此,郑州市公安局交通事故鉴定所作出的《乙醇检验报告》不能作为定案的根据。而且,提取常某某血样检材视频显示,提取被告人血样时,被告人伤势严重,处于半昏迷状态,没有在《当事人血样提取登记表》上签名,提取血样时也没有见证人。因此,送检血样不能确定系被告人常某某的血样。根据《刑事诉讼法》第55条的规定,由于证据并未达到确实、充分的要求,本案应当作出有利于被告人的认定,不能认定送检血样就是被告人的血样。据此,郑州市公安局交通事故鉴定所作出的《乙醇检验报告》不能作为定案的根据。

综上所述,根据最高人民法院《关于适用〈中华人民共和国刑事诉讼法〉的解释》第98条第(三)项和第(四)项的规定,郑州市公安局交通事故鉴定所作出的《乙醇检验报告》不能作为定案的根据。《乙醇检验报告》不作为本案定案的根据后,本案用于证明被告人常某某驾驶机动车时属醉酒状态的证据不确实、不充分。根据《刑事诉讼法》第200条第(三)项的规定,本案应当作出证据不足、指控的犯罪不能成立的无罪判决。

【案件结果】

郑州市金水区人民法院适用普通程序对本案进行了公开审理,法庭辩论结束后,主审法官注意到本案证据存在的问题,当庭询问公诉人是否调整量刑建议,公诉人表示需要集体研究后再作决定。

2020年12月9日,郑州市金水区人民检察院以本案证据发生变化为由,决定对被告人常某某撤回起诉。2020 年 12 月 15 日,郑州市金水区人民法院作出(2020)豫 0105 刑初 783 号刑事裁定,裁定准许郑州市金水区人民检察院撤回对被告人常某某的起诉。

2021 年 1 月 14 日,郑州市金水区人民检察院以证据不足为由,出具郑金检一部刑不诉〔2021〕1 号不起诉决定书,同时出具不起诉理由说明书。郑州市金水区人民检察院认为,现有证据能够认定常某某酒后驾驶机动车发生交通事故的事实,但现阶段证据同样证明对常某某提取血样时使用了含醇类的消毒液,违反了国家质量监督检验检疫总局、国家标准化管理委员会发布的《车辆驾驶人员血液、呼气酒精含量阈值与检验》(GB19522—2010)第 5.3.1 条的强制性规定,即"抽取血样应由专业人员按要求进行,不应采用醇类药品对皮肤进行消毒",血样可能受到污染。本案血样提取程序违法,导致针对血液酒精含量所作的鉴定意见的合法性存疑,故本案《乙醇检验报告》不能采信,根据现有证据无法认定常某某系醉酒驾驶机动车。

【案件评析】

1. 本案中,郑州市公安局交通事故鉴定所作出的《乙醇检验报告》不能作为定案的根据。理由如下:

(1)本案提取被告人血样时采用了吉尔碘消毒液进行消毒,吉尔碘消毒液含有 65%～75%乙醇成分。因此,本案提取血样的过程违反了对涉嫌酒驾人员提取血样时不允许使用醇类药品对皮肤进行消毒的规定,检材已受到污染,直接影响鉴定意见的客观性、合法性。

公诉机关提交的提取常某某血样检材视频的 4:34:21—4:34:41 时段,非常清晰地证明,提取被告人血样前,护士明确告诉在场警察消毒用的是其常用的吉尔碘消毒液,并且明确告诉在场警察该消毒液含有一部分酒精,问警察有没有影响。护士还拿起吉尔碘消毒液瓶子让警察看成分表。在 4:36:38—4:38:10 时段,护士开始用蘸有吉尔碘消毒液的棉签对被告人进行消毒、抽血。更为重要的是,在 4:39:37—4:40:52 时段,在场警察让护士填写《当事人血样提取登记表》时将消毒液名称也写上,护士离开桌子去拿之前用于消毒的吉尔碘消毒液瓶子,在场警察明确说用的是"吉尔碘",护士将之前用的消毒液瓶子拿在手中,并且看着消毒液瓶子上的标签说出"吉尔碘"三个字,并在《当事人血样提取登记表》"消毒液名称"一栏填写了"吉尔碘"三个字。该视频作为客观证据,非常清晰地证明了本案提取被告人血样时采用了吉尔碘消毒液消毒,消毒液中含有65%～75%乙醇成分。《当事人血样提取登记表》"消毒液名称"一栏中护士原本填写的是"吉尔碘",后被他人涂改为"碘伏",与事实不符。护士罗某某在2020年9月24日的询问笔录中称:"民警刚进来时强调用不含酒精的消毒液,平时我们用的是吉尔碘,民警强调后我找了瓶碘伏,给伤者消毒时就用了碘伏,我当时还对民警说了一句……因为平时消毒用的是吉尔碘,顺手就写成吉尔碘了。"该证言的内容与公安机关制作的提取常某某血样检材视频这一客观证据完全相反,明显是一份假证,根本不应予以采信。

国家强制性标准《车辆驾驶人员血液、呼气酒精含量阈值与检验》(GB19522—2010)第5.3.1条规定,"对需要检验血液中酒精含量的,应及时抽取血样。抽取血样应由专业人员按要求进行,不应采用醇类药品对皮肤进行消毒"。最高人民法院《关于适用〈中华人民共和国刑事诉讼法〉的解释》第98条第(三)项规定,送检材料、样本来源不明,或者因污染不具备鉴定条件的,不得作为定案的根据。据此,应当认定,本案中的被告人血样在提取时已经受到污染,不具备鉴定条件,郑州市公安局交通事故鉴定所针对该已经污染的检材作出的《乙醇检验报告》,不能作为定案的根据。

(2)送检血样与提取的血样不具有同一性。本案提取常某某血样检材视频显示当天共提取被告人两试管血液,《当事人血样提取登记表》中"提取量"一栏显示,A样本提取量为3mL,B样本提取量为2mL,两试管样本均有相应编号。而郑州市公安局交通事故鉴定所作出的《乙醇检验报告》中却载明"2018年10月12日4时35分抽取常某某的血液4mL",送检血样也没有具体的编号。很显然,提取的血样量与送检的血样量相差明显,不能证明《乙醇检验报告》中鉴定的血样就是从被告人身上提取的血样。

最高人民法院《关于适用〈中华人民共和国刑事诉讼法〉的解释》第98条第(四)项规定,鉴定对象与送检材料、样本不一致的,不得作为定案的根据。据此,应当认定,本案中送检血样与提取的血样不具有同一性,郑州市公安局交通事故鉴定所作出的《乙醇检验报告》不能作为定案的根据。

(3)送检血样是否系被告人常某某的血样不能排除合理怀疑。提取常某某血样检材视频显示,提取其血样当天,常某某伤势严重,处于半昏迷状态,没有在《当事人血样提取登记表》上签名,现场也没有见证人。这足以证明,《当事人血样提取登记表》上"被提取人签名"一栏中"常某某"的签名不是被告人常某某在抽血当天亲眼见证、亲笔所签,盛装血样的两试管上尽管有编号但也没有被告人的签名,而郑州市公安局交通事故鉴定所作出的《乙醇检验报告》中载明的送检样本并没有具体的编号,送检血样是否系被告人常某某的血样不能排除合理怀疑。

根据《刑事诉讼法》第 55 条的规定,刑事案件的证据必须达到排除合理怀疑的证明标准。排除合理怀疑原则的立法目的在于,通过严格的证明标准查明案件事实,防止滥用追诉权,切实保障公民权利。如果不能排除合理怀疑,应当坚持疑罪从无原则,作出有利于行为人的认定。2016 年 7 月 20 日印发的最高人民法院、最高人民检察院、公安部、国家安全部、司法部《关于推进以审判为中心的刑事诉讼制度改革的意见》规定,"人民法院作出有罪判决,对于证明犯罪构成要件的事实,应当综合全案证据排除合理怀疑,对于量刑证据存疑的,应当作出有利于被告人的认定"。2017 年 2 月 17 日印发的最高人民法院《关于全面推进以审判为中心的刑事诉讼制度改革的实施意见》规定,"人民法院作出有罪判决,对于定罪事实应当综合全案证据排除合理怀疑"。

根据上述规定,本案应当作出有利于被告人的认定,不能认定送检血样就是被告人的血样,郑州市公安局交通事故鉴定所作出的《乙醇检验报告》不能作为定案的根据。

2. 郑州市公安局交通事故鉴定所作出的《乙醇检验报告》不作为本案定案的根据后,本案用于证明被告人常某某驾驶机动车时属醉酒状态的证据不足,不能认定被告人有罪。根据《刑事诉讼法》第 200 条第(三)项的规定,应当作出证据不足、指控的犯罪不能成立的无罪判决。理由如下:

(1)"案件事实清楚,证据确实、充分"是我国《刑事诉讼法》确立的刑事证明标准。《刑事诉讼法》第 51 条规定,"公诉案件中被告人有罪的举证责任由人民检察院承担"。根据《刑事诉讼法》第 200 条的规定,只有"案件事实清楚,证据确实、充分"的,才能认定被告人有罪。《刑事诉讼法》第 55 条明确规定,"证据确实、充分,应当符合以下条件:(一)定罪量刑的事实都有证据证明;(二)据以定案的证据均经法定程序查证属实;(三)综合全案证据,对所认定事实已排除合理怀疑"。最高人民法院《关于适用〈中华人民共和国刑事诉讼法〉的解释》第 69 条规定:"认定案件事实,必须以证据为根据。"最高人民法院、最高人民检察院、公安部、国家安全部、司法部《关于推进以审判为中心的刑事诉讼制度改革的意见》规定,"严格按照法律规定的证据裁判要求,没有证据不得认定犯罪事实""证据不足,不能认定被告人有罪的,应当按照疑罪从无原则,依法作出无罪判决"。最高人民法院《关于全面推进以审判为中心的刑事诉讼制度改革的实施意见》要求,"坚持证据裁判原则,认定案件事实,必须以证据为根据""没有证据不得认定案件事实""坚持疑罪从无原则,认定被告人有罪,必须达到犯罪事实清楚,证据确实、充分的证明标准""定罪证据不足的案件,不能认定被告人有罪,应当作出证据不足、指控的犯罪不能成立的无罪判决"。

本案中,提取被告人血样时采用了含有乙醇成分的消毒液消毒,这是提取常某某血样检材视频这一客观证据足以证明的客观事实。而且,《当事人血样提取登记表》中登记的提取的血样量与郑州市公安局交通事故鉴定所作出的《乙醇检验报告》中载明的送检的血样量明显不一致,不能证明《乙醇检验报告》中鉴定的血样就是从被告人身上提取的血样。根据最高人民法院《关于适用〈中华人民共和国刑事诉讼法〉的解释》第 98 条的规定,对该检验报告不予采信后,本案认定被告人醉酒驾驶的证据不确实、不充分,应当按照疑罪从无的原则,认定被告人无罪。

(2)尽管本案被告人在驾车前曾经饮酒是事实,但是,根据最高人民法院、最高人民检察院、公安部、司法部《关于办理醉酒危险驾驶刑事案件的意见》第 4 条的规定,在道路上驾驶机动车,血液酒精含量达到 80mg/100mL 以上的,才属于醉酒驾驶机动车,以危险驾驶罪定罪处罚。该条还规定,血液酒精含量鉴定意见是认定犯罪嫌疑人是否醉酒的依据。本案不能仅仅因为被告人确实在驾车前有过饮酒行为,就推定被告人属于醉酒驾驶。

根据《刑法》和相关司法解释的规定,我国只允许对三类要素进行推定:一是巨额财产来源的非法性要素;二是毒品犯罪和掩饰、隐瞒犯罪所得罪等犯罪中的"明知"要素;三是以非法占有为目的的犯罪中的"目的"要素。《刑事审判参考》第 265 号严静收购赃物案指出,推定规则的运用具有辅助性。推定只是认定案件事实的一种辅助方法,只能限定在特定的条件下运用。就事实推定规则而言,其适用的辅助性主要体现在:在能够通过收集其他证据直接证明待证事实的情况下,不允许运用推定方式认定该事实。此外,无论是法律推定还是事实推定,一般只能用于认定案件的某一方面事实,比如行为人的主观目的,而不能直接用来推定被告人有罪。本案作为危险驾驶刑事案件,被告人是否属于醉酒驾驶,完全可以通过有效的血液酒精含量检验鉴定予以认定,而不能运用推定来证明。因此,本案在排除了《乙醇检验报告》

对血液酒精含量的鉴定意见后,不能采用推定方式认定被告人属于醉酒驾驶。本案侦查机关违反现行的、明确具体的操作规范,未尽到职责,不论是从有利于规范执法的角度,还是从责任自担的角度,都应当让侦查机关对自己的违规行为承担不利的结果,侦查机关的过错不应由作为相对人的被告人承担。

【结语及建议】

细节决定成败,严谨成就辉煌。刑事案件的辩护成功,大都源于细节。本案被告人在审查起诉阶段已经签署认罪认罚具结书,公诉人在提起公诉前、主审法官在开庭前也都没有发现本案证据存在问题。辩护人本着严谨、细心、认真的工作作风,从控方证据《当事人血样提取登记表》中"消毒液名称"一栏填写的"吉尔碘"被改为"碘伏"这一细节展开,先是查询到"吉尔碘"含有 65%~75% 的酒精成分,后通过认真查看控方提供的提取常某某血样检材视频,确定当时消毒用的是吉尔碘消毒液,并从《当事人血样提取登记表》与《乙醇检验报告》的对比中发现,送检的血样量与提取的血样量不一致,最终得出结论:认定被告人构成醉酒驾驶的血液酒精含量的鉴定意见不能作为本案定案的依据。正是发现了控方证据存在问题,才使得本已认罪认罚的案件最终以检察院撤回起诉、作出不起诉决定结案。所以,刑辩律师必须具备严谨、细心、认真的办案作风,用心去办理每一个案件。

刑事案件无小事。每一起刑事案件,对律师来说只是办理的众多案件中极其普通的一个;但对当事人来说,却可能是身家性命之依托。哪怕是法定最高刑只有 6 个月拘役的危险驾驶罪,对当事人及其后代在就业等方面的影响也是很大的。本案中,在被告人认罪认罚的情况下,笔者从细节出发,抓住核心证据,最终以"认定案件事实的证据应当确实、充分,本案合理怀疑无法排除"作为自己的辩护策略,并取得了比较好的结果。不论是当事人委托的律师,还是法律援助律师、值班律师,都应该本着对当事人负责的态度,仔细阅卷、认真分析、积极准备,做有效辩护,充分维护当事人的合法权益,尽到作为一名律师的责任,对得起自己的良心。

公益不能成为不负责任的理由。我国《刑事诉讼法》在 2018 年修正时确立了认罪认罚制度,《刑事诉讼法》第 174 条规定,"犯罪嫌疑人自愿认罪,同意量刑建议和程序适用的,应当在辩护人或者值班律师在场的情况下签署认罪认罚具结书"。最高人民法院、最高人民检察院、公安部、国家安全部、司法部《关于适用认罪认罚从宽制度的指导意见》也规定,"值班律师应当维护犯罪嫌疑人、被告人的合法权益"。可是,实践中,值班律师见证犯罪嫌疑人签署认罪认罚具结书变成了"走过场",在见证签署前,很少有人去查阅案卷材料。在犯罪嫌疑人无权阅卷的情况下,值班律师不阅卷就见证其签署认罪认罚具结书,致使犯罪嫌疑人的辩护权很难得到保障。不仅如此,在刑事法律援助案件办理过程中,法律援助律师不阅卷、不会见、不负责任,只进行形式辩护的情况也比比皆是。因此,在刑事案件律师辩护全覆盖试点工作不断推进的大背景下,如何提升法律援助律师的责任感,让受援助人能免费享受到高质量的,至少是尽到责任的专业辩护,已经成为当务之急。

规范执法、规范办案是一个永恒的话题。作为辩护人,每成功办理一个案件,特别是因侦查机关取证不合法、证据出现问题导致的无罪、不起诉案件,笔者都会反思,自己的辩护是不是在纵容犯罪、助纣为虐?可是,法治社会要求我们必须严格司法。本案被告人酒后驾驶机动车在道路上行驶,毫无疑问是一个客观事实。可是,由于侦查机关未尽到职责,违反提取血样的操作规范,在送检时又审查不严,致使鉴定书载明的送检的血样量与提取的血样量不符,最终导致鉴定结论无法采用,本该承担刑事责任的被告人无法被追究,从社会治理的角度来看,这显然不是一件好事。但是,无论是从严格司法的角度,还是从有利于促进侦查机关规范取证、规范办案的角度,本案的不起诉决定显然都是正确的。人民检察院作为法律监督机关,人民法院作为审判机关,只有依照法律规定严格司法,才能促进侦查机关规范化办案,提升办案质量和水平,提升我国的法治化水平。

新法修订致使案件关键证据无效

——案例 4：陈某销售假药案

刘兆庆[*]

【案情简介】

2016 年起至案发，邓某文通过他人购进印度 NATCO 生产的 Hepcinat-LP、Hepcinat、Natdac、Geftinat、Erlonat、Sorafenat 等药品，后将上述药品邮寄至香港特别行政区。辛某联系谢某峰将上述药品从香港特别行政区带至辛某在深圳经营的某国际物流快递公司，并向谢某峰支付报酬。该药品被带至深圳后，邓某文通过微信指使辛某、莫某某、赵某某将药品邮寄给患者或经营者，涉案金额 92 万余元。2016 年 8 月以来，被告人陈某从邓某文处购进 Hepcinat-LP、Hepcinat、Natdac、Geftinat 等药品，销售给胡某某、王某娟等人，销售金额 13 万余元。

方城县人民检察院出具方检公诉刑诉〔2018〕665 号起诉书，指控被告人辛某、莫某某、赵某某、谢某峰、周某某、陈某、鲁某犯销售假药罪，于 2018 年 10 月 22 日向方城县人民法院提起公诉。笔者接受被告人陈某委托，为其在一审中进行无罪辩护。法院于 2019 年 6 月 25 日作出刑事判决，判决 7 名被告人构成销售假药罪，分别判处有期徒刑，并适用缓刑。

陈某不服一审判决，提出上诉。南阳市中级人民法院二审裁定发回重审后，笔者继续坚持无罪辩护。在详细阅卷和多次会见被告人的基础上，笔者

---

[*] 刘兆庆，北京市京师(郑州)律师事务所管委会委员、刑事法律事务部主任、文化品牌委员会主任，京师全国刑委会理事。

又数次与承办人及负责公诉的检察官当面就事实认定、证据适用以及准确适用法律等问题进行了沟通。

2019年12月18日,方城县人民法院开庭审理此案,笔者出庭继续为陈某进行无罪辩护。在诉讼过程中,公诉机关变更起诉罪名为非法经营罪。笔者认为,根据最高人民法院、最高人民检察院《关于办理危害药品安全刑事案件适用法律若干问题的解释》的规定,陈某接受他人委托,协助患者购买印度抗癌药品的行为,不是真正法律意义上的商品销售行为,陈某等人不构成非法经营罪。庭审后,方城县人民检察院以法律法规发生变化为由,决定撤回起诉。

【辩护意见】

1. 本案中的鉴定报告所依据的法律规定已经被废止,该报告不能作为证据使用,涉案药品不能认定为假药。

关于本案涉案抗癌药品是否属于假药,方城县食品药品监督管理局请求南阳市食品药品监督管理局出具两份《认定意见函》。该意见函对涉案抗癌药品的外观、标签、说明书进行了分析说明,但并未对其成分或者疗效进行任何认定。最终,南阳市食品药品监督管理局依据《药品管理法》(2015年修正)第48条"有下列情形之一的药品,按假药论处:……(二)依照本法必须批准而未经批准生产、进口,或者依照本法必须检验而未经检验即销售的"的规定,认定涉案抗癌药品为假药。

2019年8月26日,全国人民代表大会常务委员会对《药品管理法》进行修订,新法于2019年12月1日起施行。《药品管理法》(2019年修订)修改了以上条款,废止了将"依照本法必须批准而未经批准生产、进口"的药品按假药论处的规定。因此,南阳市食品药品监督管理局出具的两份《认定意见函》的法律依据已经被废止,不能再作为证据使用。涉案抗癌药品是否属于假药缺乏客观证据,不能认定为假药。《药品管理法》(2019年修订)关于假药的认定有了新的规定,依据相关规定,涉案抗癌药品不应认定为假药。

2. 依据《药品管理法》(2019年修订),陈某等人未经批准进口境外合法上市药品,属于行政管理范围,陈某等人不构成销售假药罪,不应对其进行刑事处罚。

《药品管理法》(2019年修订)第124条明确规定,对于未取得药品批准证明文件生产、进口药品等情形,应给予相应的行政处罚,不再追究刑事责任。本案中,陈某最初是为了治疗亲属的肝癌,开始购买少量印度抗癌药供亲属治病所用,该情节极为轻微。后来,一些癌症患者无法支付高额的药品费用,于是通过朋友介绍委托陈某从印度代购此类药品。在长达一年半的时间里,陈某仅收取了5000元左右的邮寄和劳务费用,其代购行为情节轻微,对其可免予行政处罚。

任何一个刑事案件都必须从"主客观相一致"的角度把握案件的定性,这也是犯罪构成的核心要求。"客观"主要表现在犯罪造成的后果,比如人员伤亡、财产损失等;"主观"主要表现为直接故意和间接故意。本案中,陈某帮助患者购买印度抗癌药品的行为,主观上没有犯罪的故意,客观上没有任何社会危害性,也没有任何证据证明造成他人伤害后果或者延误诊治,反而救助了生命垂危的肝癌患者,从犯罪构成理论上看,陈某的行为不成立犯罪。

保护人的生命权、健康权是销售假药罪立法的核心意旨。本案中的假药是未经批准进口而以假药论处的法律拟制型假药,根据本案证据,得到陈某帮助的肝癌患者购买、服用了这些药品后,身体没有受到任何伤害,有的还得到了治疗,陈某帮助他们延续了生命,其行为没有侵害销售假药罪指向的法益。同时,还应指出的是,如前所述,陈某虽有违反《药品管理法》的行为,但存在无奈之处。目前合法的对症治疗肝癌的药品价格昂贵,一般患者难以承受。从刑事侦查卷宗中可以看出,自2016年8月以来,部分患者无法继续支付高额的药品费用,于是通过朋友介绍委托陈某从印度代购此类药品。在长达一年半的时间里,陈某仅收取了5000元左右的邮寄和劳务费用,其行为不具有社会危害性和营利目的。陈某的行为没有侵害他人的生命健康权,没有社会危害性,因此不构成销售假药罪。

3. 陈某的行为只是一种帮助购买或者代购行为,不属于商品销售行为,不能认定为犯罪行为。

销售是以货币为媒介的商品交换过程中卖方的业务活动,是卖出商品的行为,卖方寻求的是商品的价值,而买方寻求的则是商品的使用价值。综合全案卷宗分析,陈某的行为是买方行为,并且是肝癌患者群体购买药品这一整体行为中的组成行为,寻求的是印度抗癌药品的使用价值,单方的买入行为是不构成犯罪的,陈某代表的是买方而不是卖方。当买卖成交时,买方的行为自然在客观结果上为卖方提供了帮助,如果因此把买方视为共同卖方,那就从根本上混淆了买与卖的关系。同理,如果将陈某的行为视为邓某文的共同销售行为,也混淆了买与卖的关系,脱离了判断本案的逻辑前提,违背事实真相。

结合本案一审中陈某的陈述和法庭调查,陈某从邓某文处购买抗癌药品的起因是自己的一个亲属患有严重的肝癌,家庭贫困,没有能力购买价格昂贵的正规进口药品。陈某从事药品销售工作,该亲属便委托其代为购买。陈某本着帮助危难亲属的心态,在网络上花费大量时间询问购买印度抗癌药品的渠道,最终联系上了邓某文,并多次帮助该亲属购买,而且是以原价寄送给该亲属。由于涉案抗癌药品的价格与同类正规进口药品相比极为便宜,且治疗效果明显,其他患者主动通过介绍让陈某代为购买,在邮寄的过程中,自然会产生邮寄和劳务费用,陈某便每盒加收了30～100元不等的费用,涉及的人员不足30人。不能简单地将加价行为认定为销售行为,这种接受他人委托后协助购买的行为与销售行为有本质不同,协助他人购买是基于特定患者的需求和利益,而销售是单纯为了营利而出卖给不特定的人。陈某在本案中的行为并非主动向不特定的人兜售该药品,而只是一种帮助购买或者代购行为。

2018年电影《我不是药神》的上映引起了全国观众的强烈反响,电影根据现实案例改编,故事的原型人物陆勇是位慢性粒细胞白血病患者,在没有能力购买高价药的情况下,走上了从海外代购国外仿制药的道路,被称为"抗癌药代购第一人"。因为代购仿制药,他被沅江市人民检察院指控涉嫌妨害信用卡管理罪和销售假药罪。但2015年1月27日,沅江市人民检察院向法院请求撤回起诉。沅江市人民检察院沅检公刑不诉〔2015〕1号不起诉决定书载明:"本院认为,陆勇的购买和帮助他人购买未经批准进口的抗癌药品的行为,违反了《中华人民共和国药品管理法》的相关规定,但陆勇的行为不是销售行为,不符合《中华人民共和国刑法》第一百四十一条的规定,不构成销售假药罪。"本案中,陈某的行为与陆勇的行为模式一致,都是接受患者委托帮助他人购买,其行为也不能认定为销售行为,陈某等人不构成非法经营罪。

4. 公诉机关未提供陈某销售药品的证据,指控陈某销售药品的金额系办案机关估算,二审法院以事实不清、证据不足为由发回原审法院重新审理,但公诉机关未提供新证据,本案仍然事实不清、证据不足。

5. 本案中,陈某等人未经批准擅自代他人购买进口药,尽管违反了我国药品管理制度,但并未实际危害人体健康,相反对治疗有关疾病确有效果,对此类案件,如不论数量多少、是否造成实际危害,一律定罪处罚,则不符合实事求是的精神,也难以为社会公众理解。非法经营行为以营利为目的,这是非法经营罪作为一种经济犯罪所应具备的一个基本特征。如果某种所谓的"经营活动"不是以营利为目的,而是为了公益或者慈善目的,则即便该行为的某些方面不符合有关法律的规定,也应将其排除出非法经营罪。非法经营罪在犯罪情节上要求情节严重的才构成犯罪,而认定情节是否严重,应以非法经营数额和所得数额为起点,并且要结合行为人是否实施了非法经营行为,是否给国家造成重大损失或者引起其他严重后果,是否经行政处罚后仍不悔改等来判断。具体到本案中,陈某的行为不构成非法经营罪。

6. 从刑事立法宗旨以及刑事司法价值观的角度看,陈某的行为虽然在一定程度上违反了国家对药品的管理规定,但若认定为犯罪,显然有悖司法为民的价值观,有悖社会公平正义。

2014年公布的最高人民法院、最高人民检察院《关于办理危害药品安全刑事案件适用法律若干问题的解释》第7条规定,"违反国家药品管理法律法规,未取得或者使用伪造、变造的药品经营许可证,非法经营药品,情节严重的,依照刑法第二百二十五条的规定以非法经营罪定罪处罚……非法经营数额在十万元以上,或者违法所得数额在五万元以上的,应当认定为刑法第二百二十五条规定的'情节严重'"。第11条规定,"销售少量根据民间传统配方私自加工的药品,或者销售少量未经批准进口的国外、境外药品,没有造成他人伤害后果或者延误诊治,情节显著轻微危害不大的,不认为是犯罪"。该司法解释的根本目的是依法惩治危害药品安全的犯罪,保障人民群众生命健康安全,维护药品市场秩序。

本案中,几名被告人受亲友委托购买印度进口药,大多是出于治病救人的目的,同时也是为了养家糊口,主观上没有扰乱市场秩序和妨害药品管理秩序的故意。有的被告人是快递公司的员工,有的还是残疾人,他们是基层的劳务人员,如果不顾及其具体情况而片面地将陈某等人在主观上、客观上都惠及肝癌患者的行为认定为犯罪,显然有悖司法为民的价值观。

我国在刑罚适用或诉讼权利、诉讼程序上,对弱势群体适用相应"区别对待"的规定,体现了对弱势群体的特别保护,彰显了刑事司法的人文关怀,与坚持法律面前人人平等的原则并行不悖。本案中,肝癌患者群体也是弱势群体,如果将这种帮助弱势群体购买救命药品的轻微违法行为作为犯罪对待,显然有悖刑事司法应有的人文关怀。

【案件结果】

方城县人民法院于 2019 年 12 月 28 日作出 (2019) 豫 1322 刑初 744 号刑事裁定,裁定准予方城县人民检察院撤回对陈某等人的起诉。

【案件评析】

1. 新法修订致使旧法规定失效,公诉方关键证据无效。

2019 年 8 月 26 日,全国人民代表大会常务委员会对《药品管理法》进行修订,新法于 2019 年 12 月 1 日起施行。《药品管理法》(2019 年修订)废止了将"依照本法必须批准而未经批准生产、进口"的药品按假药论处的规定。因此,南阳市食品药品监督管理局出具的两份《认定意见函》的法律依据已经被废止,该认定意见不能再作为证据使用。

2. 新法对代购药品行为的定性。

《药品管理法》(2019 年修订)第 124 条明确规定,对于未取得药品批准证明文件生产、进口药品等情形,应给予相应的行政处罚,不再追究刑事责任。本案中,陈某最初是为了治疗亲属的肝癌,开始购买少量印度抗癌药品供亲属治病,该情节极为轻微。后来,一些癌症患者因为无法支付高额的药品费用,便通过朋友介绍,委托陈某从印度代购此类药品。在长达一年半的时间里,陈某仅收取了 5000 元左右的邮寄和劳务费用,其代购行为情节轻微,对其可免予行政处罚。

陈某帮助患者购买印度抗癌药品的行为,主观上没有犯罪的故意,客观上没有任何社会危害性,也没有任何证据证明造成他人伤害后果或者延误诊治,反而救助了生命垂危的肝癌患者,其行为即使违反行政法规,也应由药品监督管理局对其进行行政处罚,而不应受到刑事追究。

3. 从刑事立法宗旨以及刑事司法价值观的综合角度来看待本案。

刑事司法的价值取向表现为人权保障与社会保护两个方面,对社会秩序的保护从根本上讲也是维护人民的共同利益需求。党的十八届四中全会强调"坚持人民司法为人民""通过公正司法维护人民权益";同时强调"必须坚持法治建设为了人民、依靠人民、造福人民、保护人民,以保障人民根本权益为出发点和落脚点"。陈某的行为虽然在一定程度上违反了国家对药品管理的规定,但其行为的实际危害程度,相对于肝癌患者群体的生命权和健康权来讲,是难以相提并论的。

【结语及建议】

本案是一起新法修订致使案件关键证据无效的典型案件,笔者从证据漏洞入手,融合法理、情理和道理,在正确适用刑事法律的前提下,衡量天理、国法和人情,最终达到了委托人被无罪处理的辩护效果。笔者及时关注到全国人民代表大会常务委员会对《药品管理法》的修订情况,从本案的事实、证据、刑事司法价值观等方面综合进行辩护。笔者在辩护中引用了陆勇销售假药案不起诉决定书中的观点,以及电影《我不是药神》的影响,从而推动案件往有利的方向发展。方城县人民检察院撤回起诉的决定和方城县人民法院准予撤回起诉的刑事裁定,最终让7名被告人获得无罪的结果,体现了让人民群众在每一个司法案件中感受到公平正义的司法理念,应该予以充分肯定。

建议辩护人在辩护工作中,关注新法修订的进展以及修订草案的公布消息,以取得好的辩护结果;用细致的洞察发掘入罪证据的漏洞,用缜密的逻辑推导出罪的理由,用关怀而理性的分析衡量法理和伦理之间的冲突;娴熟掌握新旧刑事法律规定,秉承"认真、仔细、全面"的理念寻找决胜的辩点,充分维护好每一个当事人的合法权益,使法律真正体现出应有的公平和公正。每一个生效的无罪判决都是对公平正义的一种抵达和实现。刑辩律师总是受命于危难之际,效力于是非曲直之间,运用自己精湛的法律专业技能,以非凡的勇气和担当,以极大的责任心和使命感,使诸多重大疑难,甚至生死攸关的案件变被动为主动,变复杂为简单,挽狂澜于既倒,化腐朽为神奇,从而有力地维护当事人的合法权益,最终使公平正义以看得见的方式得以实现,实现法律效果和社会效果的统一。

"倒贷"不构成骗取贷款罪

——案例5：张某伪造国家机关证件、骗取贷款案

李红新*

【案情简介】

1993年和1998年,河南××工业(集团)有限公司(以下简称"工业公司")、河南××纺织有限公司(以下简称"纺织公司")在新乡市注册成立,张某均任法定代表人兼董事长。

2016年,新乡市牧野区人民检察院以新牧检公诉刑诉〔2016〕1号起诉书指控被告单位纺织公司、被告人张某骗取贷款罪,被告人张某伪造国家机关证件罪。新乡市中级人民法院于2020年10月28日作出(2020)豫07刑再7号刑事裁定,裁定新乡市牧野区人民法院再审。新乡市牧野区人民法院于2020年11月24日立案,另行组成合议庭,公开开庭审理了本案。

公诉机关指控:张某于2002年至2012年多次伪造工业公司、纺织公司等的国有土地使用证、房屋所有权证,用于2009年至2012年两公司在工商部门的年检、资本变更等事务。张某采用变造审计报告、伪造购销合同等手段,自2007年至2013年陆续在中国××发展银行(以下简称"发展银行")新乡市分行营业部贷款。2013年1月29日、2013年12月3日,纺织公司法定代表人张某采用同样手段分两次从该银行营业部贷款3950万元,用于归还纺织公司以前的借款。纺织公司在该银行营业部的3950万元贷款逾期

---

* 李红新,北京大成律师事务所高级合伙人、中国区刑事专业委员会副主任,北京大成(郑州)律师事务所刑事部主任。

后,2014年7月25日,保证人新乡市××食品有限公司(以下简称"食品公司")代其偿还银行借款1000万元。2014年9月22日,发展银行新乡市分行营业部扣除纺织公司保证金267.5万元后,发展银行河南省分行于2014年12月23日通过竞拍将纺织公司的2682.5万元债权以234万元的价格转让给中国××资产管理有限公司河南省分公司(以下简称"资产公司"),造成发展银行新乡市分行营业部直接经济损失2448.5万元。公诉机关据此认为,张某作为纺织公司法定代表人,采取欺骗手段取得银行贷款,给银行造成特别重大损失,应当以骗取贷款罪追究被告单位及被告人的刑事责任。被告人张某伪造国家机关证件,应当以伪造国家机关证件罪追究其刑事责任。

【辩护意见】

笔者认为无论是从犯罪构成、事实与证据方面,还是基于谦抑性原则,张某均不构成犯罪,并发表以下意见:

1. 张某不构成伪造国家机关证件罪。

张某是否构成伪造国家机关证件罪的争议焦点最主要体现在两个方面:一是有无原始证据印证,二是是否具有社会危害性及情节如何认定。

关于有无原始证据印证。本案自始至终未见指控伪造的证件的原件,本案是否有"原件",是无法确定的事实。办案单位的补充侦查报告也说明了工商管理部门称企业年检不需要提供原件。企业档案中的复印件是否系伪造、复印件是真是假,也没有相关其他证据予以印证。同时,办案单位出具了一份情况说明,称无法鉴定涉案国有土地使用证和房屋所有权证上印章的真伪,这证明无法确定复印件的真伪。检察机关因证据不足撤销了对同案犯该企业副总刘某的指控。刘某称从来没有伪造过任何证件,张某也没有安排其伪造。在此情况下,仍指控张某伪造证件,显然证据不足。

关于是否具有社会危害性及情节如何认定。涉案的国有土地使用证、房屋所有权证的复印件仅在企业年检中使用,没有造成任何社会危害,也没有造成任何后果,更没有给利害关系人造成任何损害。并且从2014年起,企业就不需要进行企业年检,这证明企业年检制度本身对社会而言无较大的利害关系。

因此,本案无证据证明张某亲自伪造了证件,刘某也不承认其伪造了证件,伪造的证件也没有原件。在策划、指使、承办,以及证件来源都无法证明,且证据之间存在重大矛盾的情况下,认定张某构成伪造国家机关证件罪,显然证据不足,达不到确实、充分的证明标准。

2. 张某不构成骗取贷款罪。

(1)张某不存在骗取贷款的主观故意,发展银行配合续贷的行为证实该银行并未被骗。公诉机关指控的纺织公司骗取的两笔贷款,并不是真正意义上的贷款,而是以贷还贷,即续贷,俗称"倒贷"。该事实有相关证人予以证实。在这个前提下,下列一系列的行为都顺理成章了:为了让纺织公司还上前期贷款,以便于银行内部的资金平衡和考核,银行的工作人员联系了所谓贷款用途的另一方当事人,协助纺织公司签订了购销合同,并安排第三人的账户进行"过桥资金"的转账;同样为了银行内部的资金平衡和考核的需要,纺织公司配合完成了将该笔贷款剥离给资产公司的操作。在以贷还贷的前提下,发展银行并不存在被骗的情况;在发展银行安排所有操作的情况下,纺织公司和张某不存在骗取贷款的故意和犯罪动机。

(2)不能认定银行遭受损失。本案指控认定的损失,是发展银行将债权转让给资产公司的价格(234万元),与纺织公司所欠贷款数额(2682.5万元)的差额部分(2448.5万元),但这是不准确的。逾期贷款因剥离而形成的损失,不是刑法意义上的直接经济损失,也并非不可挽回的直接经济损失。不良贷款的剥离系银行的政策性商业行为,属于银行对企业积欠债务的处理,以减轻国有商业银行的负债"包袱"。因此,该损失不是纺织公司直接行为所造成的,不宜认定为刑法意义上的损失。

发展银行将该笔债权转让的行为是银行单方行为,没有和纺织公司进行沟通,也没有询问纺织公司是否愿意回购该债权。因为本案涉案债权最后是以234万元卖出的,纺织公司当时完全有能力回购,而不至于现在还要承担资产公司起诉和索要全部债权数额的风险。

发展银行没有用尽所有手段而将纺织公司的贷款转为不良资产,并进行低价卖出,显失公平,因此其损失不能作为认定刑法意义上的损失的依据。办案单位在2018年5月补充侦查的材料中汇总了发展银行转让纺织公司债权的档案,其中有一份河南省某资产评估公司在2014年9月15日所作的《债权价值分析报告》,结论是:"分析基准日为2014年7月31日,通过对债务人和担保人进行一般债权债务分析,债权预期可实现价值为1444.9万元(其中保证人代偿金额为300万元),占债权资产的比例为39%。"还有一份河南某律师事务所在2014年9月25日出具的《法律意见书》,结论性意见是:"债权合法有效,均处于诉讼时效期间,贵行实现债权具有可能性。"发展银行新乡市分行营业部在2014年8月25日的"请示"中,也认为"预计通过变卖××印染公司(纺织公司的关联公司)的土地、房屋能收回300万元""预计损失率为50%以上"。

以上材料显示,如果发展银行通过起诉的方式追索贷款,则有收回50%以上的债权的可能性。食品公司为纺织公司代为归还的1000万元贷款就是一个很好的例子。但是发展银行却直接将债权打包转让给了他人,因此不能以此认定该差额就是发展银行的损失。

(3)银行内部剥离不良资产的行为造成的后果不能作为认定被告人骗取贷款的依据。纺织公司的续贷行为和发展银行剥离不良资产所致的损失不存在直接的因果关系,剥离工作由发展银行操作,纺织公司配合,并且也是为了满足《金融企业不良资产批量转让管理办法》规定的批量转让不良资产必须达到"10户/项以上"的要求。按照规定,所造成的逾期贷款余额损失,已经为国家政策豁免,因此不能归责于纺织公司。

发展银行的剥离及拍卖行为导致价格存在很大的或然性。本案债权卖出的价格是234万元,这个价格是如何中标而来的?起拍价是多少?是如何定价的?如何对该笔债权定义?指控并无相关证据证明其真实性、合法性。并且,100万元与2000万元(剩余448.5万元)的拍卖价,后果是完全不一样的。因此,以发展银行剥离及拍卖的行为导致的差额计算纺织公司造成的损失,没有法律依据,并且显失公正。

指控纺织公司应退赔发展银行2448.5万元,与本案的民事事实不符。本案债权从民事的角度已经转让给了资产公司,发展银行已经没有受偿的权利,并且发展银行的损失国家已经豁免,即没有损失。

另外,既然本案债权已经转让给了资产公司,资产公司必然会向纺织公司追索债务,如果资产公司通过诉讼执行了纺织公司、保证人食品公司的财产并追回了全部债权,本案却以造成发展银行损失为由追究纺织公司及张某的责任,显然是不公平且矛盾的。

【案件结果】

法院判决:
1. 被告单位纺织公司无罪。
2. 被告人张某无罪。

【案件评析】

1. 关于张某是否构成伪造国家机关证件罪。

伪造国家机关证件罪属于《刑法》第六章妨害社会管理秩序罪中的第一节扰乱公共秩序罪。但是企业年检从 2014 年开始,已经被有关部门取消。因此,本案纺织公司在企业年检时使用的即便是虚假证件,也因已经不具有妨害性而不应予以追究。工商管理部门也并没有认为纺织公司的行为构成妨害社会管理秩序,办案单位出具的情况说明称工商管理部门拒绝提供证明材料,也表明了工商管理部门作为管理方的态度。

最高人民检察院法律政策研究室《关于买卖伪造的国家机关证件行为是否构成犯罪问题的答复》(1999 年 6 月 21 日公布)规定,"对于买卖伪造的国家机关证件的行为,依法应当追究刑事责任的,可适用刑法第二百八十条第一款的规定以买卖国家机关证件罪追究刑事责任"。从该答复可以看出,对于伪造国家机关证件的行为,只有依法应当追究刑事责任的,才追究其刑事责任,而不是全部入罪,还应当考虑相关情节、目的与动机。因此,该答复和刑法的基本精神是一致的。《刑法》第 13 条但书规定,"情节显著轻微危害不大的,不认为是犯罪"。

《治安管理处罚法》第 52 条规定,伪造、变造或者买卖国家机关、人民团体、企业、事业单位或者其他组织的公文、证件、证明文件、印章的,处 10 日以上 15 日以下拘留,可以并处 1000 元以下罚款;情节较轻的,处 5 日以上 10 日以下拘留,可以并处 500 元以下罚款。也就是说,伪造证件,并不一定都由刑法规制,如果并未造成严重的社会影响和危害,行政处罚足以达到处罚和教育的目的。根据法秩序统一性原理,形式上按照前置法的规定认定为违法,但基于对刑法上的规范目的考虑而得出无罪结论的情形在实务中大量存在,只有坚持实质化、规范化的思路,才能准确地在违反前置法的基础上判断刑事违法性,进而抑制司法实践中随时有可能滋长的刑事处罚冲动。伪造国家机关证件的行为显然触犯《治安管理处罚法》,但是否触犯《刑法》,要看是否达到刑事立案的标准。我国并没有相关规范性文件对伪造国家机关证件罪的立案标准作出明确规定,结合本案的事实与证据,可以认定本案伪造国家机关证件的行为不具有刑法意义上的社会危害性,不应当认定为犯罪。并且,对于仅仅是为了年检时(而不是初始登记注册时)使用,而没有其他非法目的,也没有造成其他任何后果的伪造国家机关证件的行为,如果按照犯罪处理,追究其刑事责任,则有悖刑法的谦抑性。

2. 关于张某是否构成骗取贷款罪。

骗取贷款罪的保护法益是贷款秩序,具体内容包括金融机构信贷资产的所有权、信贷资产的安全,以及贷款使用的整体效益。在行为人实施本案的"倒贷"行为时,如果担保人提供了更优的担保条件,更好地保障了银行的债权,且银行明知"倒贷"行为的存在,则说明银行没有被骗,"倒贷"的行为不构成骗取贷款罪。在没有充足证据证明骗贷的行为给银行或者其他金融机构造成重大损失的情况下,张某的行为不构成骗取贷款罪。

发展银行转让涉案债权的依据是财政部、中国银监会在2012年1月18日实施的《金融企业不良资产批量转让管理办法》,该办法所称的批量转让就是金融企业对一定规模的不良资产(10户/项以上)进行组包,定向转让给资产管理公司的行为,并且要求样本资产金额不低于每批次资产的80%。金融企业应在卖方尽职调查的基础上,采取科学的估值方法,逐户预测不良资产的回收情况,合理估算资产价值,作为资产转让定价的依据;买方资产管理公司通过买方尽职调查,补充完善资产信息,对资产状况、权属关系、市场前景等进行评价分析,科学估算资产价值,合理预测风险。对拟收购资产进行分析,认真测算收购资产的预期收入和成本,根据资产管理公司自身的风险承受能力理性报价。制定不良资产收购管理制度,设立收购业务审议决策机构,建立科学的决策机制,有效防范经营风险。也就是说,转让不良资产本身就是一个经营行为,资产包好的、可以盈利的,资产管理公司才进行购买;不好的、没有价值的,资产管理公司是不会购买的。为了能够交易,拍卖的价格会更低,因为拍卖的市场规则是底价竞拍。因此,以发展银行内部单方转让,以资产公司的买入价来计算损失,显失公平且无法律依据。

【结语及建议】

刑法的目的与任务是保护法益,但是这并不意味着对任何侵犯法益的行为都必须规定或者认定为犯罪,要采取谦抑的法益保护原则。就本案而言,张某构成伪造国家机关证件罪的证据是不足的。刑法设立骗取贷款罪,从立法角度上看,是为了保护银行贷款资金的安全,防范贷款风险,而不是要惩罚一切不合规的贷款行为。骗取贷款罪要求行为人具有采取欺骗手段造成银行等金融机构陷入错误认识发放贷款,从而使行为人获取贷款,并给银行或者其他金融机构造成重大损失或者具有其他严重情节。而本案起诉书指控的骗取贷款的行为,其实就是一个借新还旧的贷款行为。财务报表在贷款中只是一个形式而已。并且,银行为了内部绩效考核而剥离不良资产的行为,不能认定为已经给银行造成了损失。该判决的重点是认定了"无法排除银行工作人员为维护银行利益、防范银行风险而实施帮助、指导企业寻找购销合同相对人、借用第三方账户、放贷后归还过桥资金行为的合理怀疑",从而判决被告企业和被告人无罪,对于实践中大量存在的类似情况,具有重要价值和司法判例意义。

近年来,我国司法环境和司法理念不断改善,特别是最高人民法院先后出台的《关于依法平等保护非公有制经济促进非公有制经济健康发展的意见》《关于充分发挥审判职能作用切实加强产权司法保护的意见》《关于充分发挥审判职能作用为企业家创新创业营造良好法治环境的通知》等文件,强调了对企业和企业家的保护,不因为瑕疵行为而归罪,促进和增强了企业家人身、财产安全感和干事创业的信心,本案就是一个典型的例子。本案当事人是省政协常委、省工商联副会长,本案在立案时就引起了政协系统、全国工商联及企业行业协会的关注,本案的无罪判决,对于稳定企业、稳定市场投资环境具有重要意义。

本案于2014年7月立案侦办,一审判决有罪,二审发回重审,重审一审判决有罪,当事人提出上诉,二审维持原判,再审指令重审,最终获得无罪,足足历经7年有余,体现了罪与非罪的重大争议以及笔者、当事人对正义和真理的不懈坚持。笔者认为,在案件事实和证据的基础上,只有从专业的角度准确把握案件的性质,找准案件的突破口,并且有效地和相关部门进行沟通,坚持正确意见,才能为当事人争取最大的自由和利益,因为我们办的不是案件,而是别人的人生!

行政处罚决定并不必然成为构罪依据

——案例6：买某内幕交易案

朱 燕[*]

【案情简介】

犯罪嫌疑人买某任职某股份有限公司期间作为管理层入股持有某某股票。买某持有的某某股票解禁后，分批次进行了减持。2017年至2018年11月2日，买某账户未交易其他股票，仅交易某某股票。2018年11月1日，河南省某委领导李某某到买某所在单位调研，杨某、买某等对其进行接待。当天中午，李某、万某、杨某、买某等陪同李某某共进午餐。李某、万某、杨某均为内幕信息知情人员，买某与内幕信息知情人员存在接触。买某于2018年11月2日（周五）由其本人决策下单，交易终端为其本人办公室台式电脑及其本人使用的手机号。买某全仓买入某某股票，共计332000股，证券交易金额累计为1426651.89元，该股票于2018年11月5日（周一）停牌。中国证券监督管理委员会认定某某股票内幕信息敏感期为2018年10月16日至2018年11月6日。买某在敏感期内与内幕信息知情人员有接触，在内幕信息敏感期内交易某某股票。2020年9月29日中国证券监督管理委员会向买某作出行政处罚决定。2021年11月9日，本案第一次侦查终结。

平顶山市公安局于2021年11月9日以平公（经）诉字〔2021〕8号起诉意见书指控：犯罪嫌疑人买某在内幕信息敏感期内交易某某股票，且敏感期内与内幕信息知情人员有接触，涉嫌内幕交易罪。2021年11月23日，笔者

---

[*] 朱燕，河南物华律师事务所律师，平顶山市律师协会女律师工作委员会主任。

接受委托,为嫌疑人买某提供刑事辩护服务。在详细阅卷和多次会见嫌疑人的基础上,笔者又数次与承办民警及负责公诉的检察官等当面就事实认定、证据适用以及准确适用法律等问题进行了沟通。

2021年12月2日,笔者向新华区人民检察院提交了专业审慎的法律意见书,认为指控买某涉嫌内幕交易罪的事实不清、证据不足,不应对其提起公诉。

2021年12月18日,案件被新华区人民检察院退回平顶山市公安局补充侦查。2022年1月17日,平顶山市公安局补充侦查终结。买某辩解其在2018年10月19日至10月24日卖出股票是为了还款,为核实该辩解,侦查机关调取了某某股票2018年10月至11月的走势及价格情况并落实买某的借款和还款情况。为查明买某是否获知内幕信息,侦查机关调取了2018年11月1日与买某、李某等人一起吃饭的李某某及其他人员的证言;调查杨某、马某、张某等班子成员,某某证券常某、陶某等所有知道内幕信息的人员与买某之间是否存在亲属、同学、战友等关系,是否在内幕信息敏感期内与买某接触,是否将信息告知买某或者在买某面前提及重组之事;还调查了2018年11月1日买某与万某的通话内容。补充侦查查明,没有证据证明买某从内幕信息知情人员处获取了内幕信息。

【辩护意见】

本案中,犯罪嫌疑人买某从何处获知了内幕信息,没有查明,事实显然不清。仅仅因为买某与内幕信息知情人员因工作关系有接触,就推定其获知了内幕信息,证据显然不足。

买某不是证券、期货交易内幕信息的知情人员。买某不是非法获取证券、期货交易内幕信息的人员,买某未通过任何渠道获取某某能源重组的内幕信息。在某某能源重组停牌的内幕信息公开前,买某不知道谁是内幕信息知情人员,也没有渠道了解该信息,更不存在非法获取该内幕信息的行为。

买某未从内幕信息知情人员李某、万某处获得内幕信息。李某、万某与买某均属工作关系,没有私交。李某、万某与买某的工作接触也非常有限,工作上很少联系,更无私交,买某不存在因履行工作职责而知悉与某某能源重组相关的内幕信息的情况。李某、万某、杨某均证实,2018年11月1日,河南省某委领导到公司调研,公司安排买某具体负责接待事务。调研的内容主要是省管企业党建、干部选拔任用和职业经理人选聘等工作。买某接待调研是职务行为，纯属工作。当天中午，李某、万某、杨某、买某陪同李某某共进午餐，也是工作需要，买某在与李某、万某、杨某接触的过程中未触及某某能源内幕信息，李某、万某、杨某均证实当天无论是在调研期间还是共进午餐期间，所谈话题均未触及某某能源内幕信息，没有任何人谈及某某能源重组的事项。2018年11月1日上午，买某与万某有两次短暂通话，第一次是请万某参加中午的工作午餐，第二次是告诉万某工作午餐的房间，通话时间极短，没有涉及任何与某某能源重组有关的事情。该三人均证实从没有告知过买某某某能源重组事项。

内幕信息知情人员没有将某某能源内幕信息泄露给买某的任何动机。买某与李某、万某、杨某除了工作关系，没有私下交往，上述三人没有将某某能源内幕信息泄露给买某的任何动机，没有明示、暗示买某从事上述交易活动的任何举动和行为，也没有任何利益关联。

买某于2018年11月2日进行的股票交易有正当理由，其交易某某股票属于正常交易行为。交易不背离，前后两次交易均价差0.19元，属于正常交易范畴。2018年11月2日的交易符合买某的交易习惯和投资风格，并且买某的股票账户交易资金没有进出，资金没有变化。从入股到最后卖出，十年间没有任何新增资金，更没有进行配资、杠杆融资，这次交易不存在异常情况。

买某账户交易资金进出与内幕信息知情人员没有任何关联或者利害关系或者利益关联，和其他任何人，包括父母、兄弟姐妹，均无关联或者利害关系或者利益关联。买某2018年10月19日至10月24日卖出股票的资金未转出账户，符合其将该资金作为家庭开支的理由。

买某对中国证券监督管理委员会的行政处罚没有继续申请行政复议和法律诉讼，系基于律师建议并出于不想因此给所在单位造成更大影响的考虑，并非对处罚结果的认同。买某买入股票的时间节点处于敏感期纯属巧合，但不能以此认定其交易不正常，也不能仅凭时间上的巧合就推断或认定买某进行了内幕交易。

综上，笔者认为指控买某涉嫌内幕交易罪的事实不清、证据不足，不应对其提起公诉。

【案件结果】

2022年3月4日,平顶山市新华区人民检察院作出平新检刑不诉〔2022〕16号不起诉决定,认为买某通过非法渠道获知某某股票内幕信息的事实不清,平顶山市公安局认定的犯罪事实不清、证据不足,不符合起诉条件,并依照《刑事诉讼法》第175条第4款的规定,决定对买某不起诉。

【案件评析】

1. 内幕交易的法律分析。

内幕交易行为是行为人依据其掌握的股票证券内幕信息,通过泄露给他人或加以利用,以实施股票证券交易的方式,非法获利的行为。内幕交易犯罪不仅违背了证券市场"公开、公平、公正"的原则,极大地破坏市场交易秩序,也损害了广大中小投资者的利益,成为当前证券市场健康发展的"毒瘤"。内幕交易足以摧垮一个国家的资本市场,严重拖累实体经济的发展。1993年9月国务院公布的《禁止证券欺诈行为暂行办法》(已失效)首次规定对内幕交易行为进行法律制裁。1997年3月14日,全国人民代表大会修订《刑法》,将内幕交易行为正式列为刑事犯罪予以打击。随着证券市场的发展,内幕交易犯罪呈现出犯罪主体多元化、内幕交易形式多样化、操作手段隐蔽化等特点。我国内地现行的有关内幕交易犯罪的法律法规、司法解释虽然吸收了美国、欧盟及我国香港特别行政区的先进经验,但规定仍较为原则。内幕信息知情人员及其近亲属在内幕信息敏感期内进行交易,一般推定构成内幕交易,但行为人能作出合理解释的除外。

2. 关于行为人在内幕信息敏感期内买卖股票,其行为是否属于"相关交易行为明显异常"的问题。

司法实践中,中国证券监督管理委员会在移送犯罪线索的同时,通常会出具认定函,包括内幕信息敏感期的时间、具体内容及内幕信息知情人员或者非法获取内幕信息的人员名单等。最高人民法院、最高人民检察院、公安部、中国证券监督管理委员会《关于办理证券期货违法犯罪案件工作若干问题的意见》第4条规定,证券监管机构可以根据司法机关办案需要,依法就案件涉及的证券期货专业问题向司法机关出具认定意见。《刑事诉讼法》第54条第2款规定,行政机关在行政执法和查办案件过程中收集的物证、书证、视听资料、电子数据等证据材料,在刑事诉讼中可以作为证据使用。因此,行政机关依据上述实物证据,基于其专业知识、经验而出具的认定意见,经司法机关审查后,对于其中具有客观性、真实性、合法性的内容,司法机关可以依法采纳并作为刑事诉讼的证据使用。但这并不意味着司法机关可以依据认定函的内容直接定罪量刑,而要综合全案证据分析判断。虽然犯罪嫌疑人在内幕信息敏感期内有交易行为,但仍需重点审查是否存在"相关交易行为明显异常"的情形。

最高人民法院、最高人民检察院《关于办理内幕交易、泄露内幕信息刑事案件具体应用法律若干问题的解释》(以下简称《内幕交易司法解释》)第3条规定,对于"相关交易行为明显异常",要从时间吻合程度、交易背离程度和利益关联程度等方面综合予以认定。本案中,犯罪嫌疑人买某购买某某股票的行为仅符合在交易敏感期内的时间条件,交易背离和利益关联条件均不符合,不应当认定为"相关交易行为明显异常"。

3. 关于如何认定犯罪嫌疑人具有正当信息来源。

依据《内幕交易司法解释》第2条、第4条的规定,内幕信息知情人员的近亲属在内幕信息敏感期内从事与该内幕信息有关的证券交易,必须对相关明显异常交易行为或获得的信息来源作出合理解释或提出正当信息来源。否则,则认定为非法获取内幕信息的人员。该规定并非举证责任的倒置,实质是在敏感时期、敏感身份、敏感行为等基本事实的基础上,让行为人作出合理解释、合理抗辩。

本案中,犯罪嫌疑人买某自始至终只持有过某某股票,且系其担任高管时入股买入,在其将股票全部卖出后看到股票趋势逐渐走稳,意识到持有多年的股票可能被自己在价格最低的时候卖出了。2018年11月1日在看了习近平总书记在民营企业座谈会上的讲话后,其对某某股票重拾信心,故用卖出股票的钱将股票又买了回来。该解释合情合理,符合一个没有炒股习惯、自始至终只持有一只股票的社会自然人的习惯和风格,故对买某不能认定为通过不正当的手段或者其他途径获得内幕信息,并根据该内幕信息交易股票。

4. 关于"关系密切人"的理解与适用。

《刑法修正案(七)》在斡旋受贿犯罪中最早使用了关系密切人的概

念,其范围是从关系紧密程度的角度进行划分的,至于关系的性质是身份关系还是利益关系,则在所不问,只要该种关系紧密到一定程度,就可以归入"关系密切人"的范畴。因此,对于关系密切人的定性主要依据关系紧密程度。《内幕交易司法解释》对"关系密切人"也未作专门具体的规定。

本案中,买某与内幕信息知情人员李某、万某、杨某之间除了工作关系,没有任何私下交往,不能因一次职务行为的共进工作餐即推定买某从内幕信息知情人员处获取了内幕信息。因此,买某不能被认定为非法获取内幕信息的人员,其相关交易行为不能认定为构成内幕交易罪。

综上,平顶山市新华区人民检察院最终以犯罪事实不清、证据不足为由决定对买某不起诉是正确的。

【结语及建议】

有些内幕交易案件的交易金额或违法所得达到了刑事追诉标准,但是在行政处罚后未被移送给公安机关,或者虽然被移送给公安机关但最终未被认定构成内幕交易罪进行刑事处罚,这主要是因为,认定内幕交易构成行政违法的证明标准与认定内幕交易罪的证明标准不同。认定内幕交易构成行政违法适用明显优势证明标准,认定内幕交易罪则适用排除合理怀疑的证明标准。

通行的证据法理论一般认为,民事诉讼采用优势证明标准,行政诉讼采用明显优势证明标准,刑事诉讼采用证据确实、充分或排除合理怀疑的证明标准。中国证券监督管理委员会《证券市场内幕交易行为认定指引(试行)》(已失效)第26条规定:"内幕交易行为的认定,应当适用明显优势证明标准。"显然,在认定内幕交易行政违法行为并进行行政处罚时,应当适用明显优势证明标准。

实践中,内幕交易案件的前期调查工作均由证券监管机构完成,只是在调查终结后才产生刑事处理或行政处理的分流。从近几年证券监管机构的实际做法看,基本都是在行政处罚后才会考量是否移送刑事处理的问题。

虽然所有内幕交易行为,不管是入罪处理还是行为行政违法处理,都有着共同的本质,但是,二者的证明标准不同。在我国,刑事案件证明标准采用的是证据确实、充分标准,这是刑事案件的基本证据准则,由《刑事诉讼法》第55条规定。根据该条规定,证据确实、充分应当符合三项条件:定罪量刑的事实都有证据证明;据以定案的证据均经法定程序查证属实;综合全案证据,对所认定事实已排除合理怀疑。因而,认定内幕交易罪的证明标准也是证据确实、充分标准。

据此,即便证券监管机构的调查结论依据明显优势证明标准认定特定行为构成内幕交易,并在行政处罚后将案件移交给公安机关,公安机关、检察机关、人民法院也不应对证券监管机构的调查结论和行政处罚结论照单全收,而应该适用证据确实、充分的证明标准查证证据,审酌全案,最终判断是否构成内幕交易罪。证券监管机构在调查案件和作出行政处罚时采用的是明显优势证明标准,这充其量只是高度盖然性,尚无法排除合理怀疑,无法达到证据确实、充分的要求。符合明显优势证明标准,只是证券监管机构作出行政处罚的证明标准合格线,在此基础上,还需进一步达到证据确实、充分标准,才能最终认定构成内幕交易罪。因而,证券监管机构认定构成内幕交易但被公安机关、检察机关或审判机关否决,属于适用不同证明标准进行实质性评价后得出的相异结论,应属正常和正当。故在本案中,虽然买某因内幕交易被中国证券监督管理委员会下达了行政处罚决定,但认定其构成内幕交易罪的事实不清、证据不足,故平顶山市新华区人民检察院最终决定对买某不起诉。

建议辩护人在受理案件后,针对罪名的构成要件,有针对性地尽快找到出罪的辩点,娴熟运用案件所涉的法律规定和相关司法解释,切实维护好当事人的合法权益,维护法律的公平公正。

根据刑法谦抑性原则不宜认定为职务侵占罪

——案例 7：沈某某职务侵占案

尚旭辉*

【案情简介】

沈某某，系洛阳××假日酒店有限公司（以下简称"假日酒店"）股东、副总经理。案发时，姚某某占股 70%，沈某某占股 20%，常某某占股 10%。假日酒店自 2009 年 12 月成立以来，自身矛盾不断，出现退股、转股以及名义股东、公司高管、财务人员不停更换等情况。沈某某因涉嫌挪用资金罪于 2015 年 6 月 17 日被洛阳市公安局洛龙分局刑事拘留，同年 6 月 19 日被取保候审。2016 年 6 月 27 日至 2017 年 8 月 16 日，洛阳市洛龙区人民法院决定对其取保候审。2017 年 8 月 17 日至 2019 年 8 月 19 日，沈某某被决定监视居住，2019 年 8 月 20 日再次被决定取保候审。公诉机关以职务侵占罪指控被告人姚某某、沈某某在 2010 年 10 月 1 日至 2011 年 11 月 30 日期间，经预谋后利用职务之便，在无任何业务往来的情况下，指使酒店财务人员将人民币 376 万元分 11 次转至灵宝××实业有限公司（以下简称"灵宝实业有限公司"）、灵宝××置业有限责任公司（以下简称"灵宝置业有限公司"）、洛阳市××实业有限公司（以下简称"洛阳实业有限公司"），并据为己有。公诉机关认为，被告人姚某某、沈某某利用职务上的便利，将本单位财物非法据为己有，数额巨大，犯罪事实清楚，证据确实、充分，应当以职务侵占罪追究其刑事责任。

---

* 尚旭辉，河南诚然律师事务所主任，河南省律师协会刑事法律专业委员会副主任，洛阳市律师协会副会长兼秘书长，洛阳市刑法学研究会常务理事。

【辩护意见】

笔者对现有证据材料分析研判后,从五个方面提出自己的辩护观点:(1)被告人沈某某与姚某某二人存在很大的矛盾,不存在预谋;(2)沈某某不懂财务,仅是按流程签字,不存在利用职务之便指使财务人员的行为;(3)假日酒店与洛阳实业有限公司存在大量业务往来,公诉机关指控的不存在一定的业务往来是错误的;(4)假日酒店至今仍欠沈某某大量垫付款等资金未还,沈某某不存在侵占的可能性;(5)假日酒店财务管理混乱,财务账目不完善,司法鉴定意见缺乏依据,不能被采信。通过提炼上述辩护观点,笔者认为沈某某构成职务侵占罪的事实不清,证据不足,定罪依据不充分,根据刑法谦抑性原则和疑罪从无原则,依据现有证据不能证明被告人沈某某的行为构成职务侵占罪。具体理由如下:

1. 被告人沈某某与姚某某二人存在很大的矛盾,不存在预谋。

被告人姚某某、沈某某仅是工作上合作伙伴的关系,同样是假日酒店的股东。从本案卷宗中的被告人供述和辩解、证人证言和其他书证来看,两人之间是相互制约的关系,而且还有矛盾,不存在共同预谋。

(1)在被告人沈某某担任主管酒店财务的副总经理时,财务流程规定,所有对外转账都要姚某某和沈某某签字,这说明两人之间是相互制约、相互监督的关系。

(2)被告人沈某某在担任主管酒店财务的副总经理时,因与姚某某之间有矛盾,于2010年4月至2010年12月安排常某某负责财务事务,以此来制约姚某某,这也说明各股东之间有一定的矛盾。证人陈某某等可证实这一点,并且庭审过程中也查明两被告人存在很大的矛盾。

(3)洛阳市中级人民法院(2014)洛民终字第1532号民事判决书的内容显示,"本院认为:由于各股东之间矛盾重重,经营理念各不相同,以致互不信任,互相拆台",这是关于假日酒店股东之间民事纠纷的判决,说明被告人沈某某与被告人姚某某之间不但有矛盾,而且矛盾很深。

(4)2013年12月22日,沈某某、刘某某、常某某签署的《恢复营业申请书》《同意并希望恢复营业声明》更加证明了被告人姚某某和被告人沈某某及其他股东之间存在矛盾。

(5)公诉机关指控的涉嫌犯罪的11笔转款均发生在2010年12月31日

至2011年12月26日之间,而假日酒店由于股东之间的矛盾于2012年5月停业。

故笔者认为,被告人沈某某和被告人姚某某之间存在矛盾,不可能预谋实施侵占公司财物的行为。

2. 沈某某不懂财务,仅是按流程签字,不存在利用职务之便指使财务人员的行为。

(1)被告人沈某某虽然是假日酒店负责财务的股东,但是其并不懂财务,财务都由酒店财务部的财务总监、会计、出纳负责,沈某某只负责核对金额并签字。

(2)假日酒店对于对外转账虽然没有明确的财务规定,但对外转账都需要由法人姚某某和负责财务的副总经理签字,然后由财务总监、出纳办理才可以进行转账,这种转账流程已经形成了一种稳定的财务制度,并且在银行,要有姚某某和沈某某共同的签名才能办理转账业务。假日酒店出纳张某某、姚某1的询问笔录,财务总监马某某、陈某某的询问笔录以及多份书证可以对此予以证明。

(3)2010年4月至2010年12月,假日酒店负责财务的副总经理由沈某某更换为常某某,财务付款的流程不变,故沈某某不可能利用职务便利指使假日酒店财务人员违法转款。

(4)从公诉机关提交的证据来看,假日酒店的所有财务人员没有一人证实是沈某某指使其违法转款,也没有人证实是沈某某不让入账,更没有人证实是沈某某负责记账或故意不入账。

故被告人沈某某不可能有利用职务之便指使财务人员违法转账或不入账,并将公司资金据为己有,数额巨大,拒不返还的行为。

3. 假日酒店与洛阳实业有限公司存在大量业务往来,公诉机关指控的不存在一定的业务往来是错误的。

(1)假日酒店向洛阳实业有限公司所转的30万元款项是合法的。虽然假日酒店账目混乱,没有记载这30万元,但庭审查明的事实可以证明,30万元转款不是假日酒店垫付款就是假日酒店归还沈某某的借款。

(2)假日酒店账目混乱,导致被告人沈某某替该酒店垫款或借款的很多记账凭证缺失,而这些都是有利于沈某某的证据。根据洛阳市××会计师事务所(以下简称"会计师事务所")出具的司法鉴定意见书"其他应付款—借款明细账"部分,沈某某尚欠假日酒店人民币1万元。笔者当庭提供的11组证据,可以证实假日酒店仍欠沈某某1851852.8元未付,也未入账。从笔者提交的凭证可以看出,每份收据上均有法定代表人姚某某、出纳姚某1或出纳张某某或会计王某某的签字,并加盖有假日酒店财务专用章。

(3)公诉机关提供的卷宗材料显示,洛阳实业有限公司与假日酒店之间也存在多笔转款业务。

(4)笔者当庭所提交的"证据清单"中的第二组证据,可证明沈某某以洛阳实业有限公司的名义通过银行转给假日酒店20万元,该款项系借款,假日酒店至今未偿还。

故公诉机关认为被告人沈某某及其所控股的洛阳实业有限公司与假日酒店不存在一定的业务往来是错误的。

4. 假日酒店至今仍欠沈某某大量垫付款等资金未还,沈某某不存在侵占的可能性。

(1)假日酒店给被告人沈某某的转款,是为了偿还该酒店在设立、成立、经营过程中,因其需要,沈某某所垫付的各种款项或借款。

(2)假日酒店除了注册资金,其他所有的流动资金均是两被告人沈某某和姚某某垫付的,这在庭审中已经查明。沈某某主观上没有任何侵占的故意。

(3)截至假日酒店停业,被告人向法庭提供的证据显示,假日酒店仍欠沈某某1851852.8元未付,假日酒店转给洛阳实业有限公司的30万元完全可以认定为归还沈某某的借款或垫付款。

5. 假日酒店财务管理混乱,财务账目不完善,司法鉴定意见缺乏依据,不能被采信。

(1)假日酒店在经营管理过程当中,各股东之间矛盾重重,造成财务部门内部人员频频更换,导致财务账目记载不全。负责财务的副总经理在酒店成立时是沈某某,在2010年4月左右换成常某某,后又换成沈某某;财务总监在酒店成立时是沈某某,在2010年8月换成郭某某,在2011年11月或12月换成马某某;出纳在酒店成立时是张某某,在2011年5月左右换成姚某1;会计在酒店成立时是蔡某,后换成王某某。交接过程中也存在工作交接不全等问题。

(2)虽然对假日酒店2009年5月1日至2011年11月30日的财务账目进行了专项审计,但是司法鉴定意见书中也提到了该公司财务资料一直未调取完整,仅对已调取的会计资料进行审计。这证明,侦查机关所依据的司法鉴定意见书是不完整、不全面、有失公允的。

(3)在假日酒店没有明确的财务记账制度的前提下,侦查机关应当全面调取证据、调查事实,而不能仅凭记载不全的财务账目就认定被告人沈某某应当承担刑事责任。

综上所述,笔者认为,被告人沈某某没有和被告人姚某某经预谋后利用职务之便,在无任何业务往来的情况下,指使假日酒店财务人员将人民币376万元分11次转至灵宝实业有限公司、灵宝置业有限公司、洛阳实业有限公司并据为己有的行为。被告人沈某某既没有侵占假日酒店资金的客观行为,也没有侵占假日酒店资金的主观动机,其行为不符合《刑法》第271条职务侵占罪的犯罪构成要件。公诉机关指控的犯罪事实不清、证据不足,没有形成完整的证据链条,没有达到犯罪事实清楚,证据确实、充分的定罪要求,公诉机关的指控不能成立,法院应当依法宣告被告人无罪。

【案件结果】

法院认为,本案公诉机关指控两名被告人犯职务侵占罪,证据不完整,难以反映假日酒店从筹备成立至立案的全部经营活动,无法形成完整的证据链条,没有达到犯罪事实清楚,证据确实、充分的定罪要求,认定两名被告人共谋利用职务便利将公司财物非法据为己有,构成职务侵占罪的事实不清,证据不足。笔者的辩护意见,法院予以采纳,依法判决被告人姚某某、沈某某无罪。

【案件评析】

《刑法》第271条规定,"公司、企业或者其他单位的工作人员,利用职务上的便利,将本单位财物非法占为己有,数额较大的,处三年以下有期徒刑或者拘役,并处罚金;数额巨大的,处三年以上十年以下有期徒刑,并处罚金"。

本罪是真正身份犯,要求行为人是公司、企业或者其他单位的工作人员,这也是与贪污罪主体(国家工作人员)的重要区分,本罪的实质是非国家工作人员的贪污罪。本罪的犯罪行为是将本单位财物非法占为己有,并且要求利用职务上的便利,而且是主管、管理等实质利用而非形式利用,这是与盗窃罪等相关财产犯罪的重要区分。本罪的犯罪对象是本单位财物，包括动产和不动产，也包括债权等无形物。

本案中，沈某某并非一家公司的股东或者领导，为假日酒店垫付了大量资金，相关涉案公司具有财务来往，假日酒店工作人员不断更替导致财务记账混乱、财务管理不完善。本案中的关键问题是转账资金未及时、全面入账是否应被认定为职务侵占。虽然公诉机关提供了大量证据，并委托鉴定机构对财务进行了审计，但纵观本案，根据疑罪从无原则，是不构成职务侵占罪的。比如相关的鉴定意见、鉴定材料是不全面、不完整的，鉴定意见仅反映企业经营过程中一年左右的财务情况，不能全面反映公司的经营活动，无法作为定案依据。本案涉案公司内部比较复杂，被告人沈某某在假日酒店成立后仍旧投入了大量的精力，为其垫付不菲的资金，假日酒店至案发仍欠被告人沈某某180多万元，这也从侧面反映了被告人沈某某无非法侵占财物的主观意愿。本案是公司股东内斗、内部管理不善导致财务记账混乱从而引起的民事纠纷，涉及罪与非罪的区分与认定。本案被告人沈某某是否构成职务侵占罪，需要分析其客观上是否存在利用职务上的便利侵占本公司财产的行为，主观上是否存在非法占有本单位财产的目的，是否利用职务上的便利即利用自己主管、管理、经手单位财物的便利条件。从本案客观事实看，沈某某是负责财务的股东，确实有职务，但问题的关键是，沈某某既没有利用该职务便利的条件，也没有侵占本单位财物的事实，故指控沈某某职务侵占的客观事实并不成立。笔者以公诉机关提交的证据材料和指控的案件事实为辩护切入口进行辩护，最终取得了一个令人满意的、公平的、公正的结果。

【结语及建议】

本案是一次非常成功的无罪辩护。本案是因股东之间的矛盾，由小股东举报另外两名大股东而引发的案件。现实生活中，公法干预私法领域的案例层出不穷，某些主体为了自身利益假借违法犯罪等公法之名打击相关人员和竞争对手，以此实现自己不可告人的目的，使法律成为某些别有用心之人的工具，这是对市场经济的严重破坏，与关于营造良好营商环境的政策背道而驰。所以应当严格区分私法与公法领域，还市场一个公平竞争的自由环境。

刑法是法治社会的最后一道枷锁，科之以刑法，必须要有充分的事实依据与论证，刑法与相关法律虽无效力等级的不同，但有适用等级的不同，要严格区分民事纠纷与刑事犯罪的具体界限。刑法的谦抑性原则,是指刑法需时刻保持谦卑性,非必要不得将违反法律秩序的行为划定为犯罪行为,即刑法只有在不得已的情况下才能适用。这一原则是现代法治文明的共性要求,在办理案件过程中具有非常大的适用空间,律师要善于把握和适用这一原则。疑罪从无原则是刑法谦抑性原则运用于刑事司法过程的最主要的表现形式,是现实中许多无罪案件最常适用的原则,也是刑事辩护律师办案过程中的一把利剑。办案人员要时刻将疑罪从无原则牢记于心,办理刑事案件必须达到犯罪事实清楚,证据确实、充分的证明标准,当证据不足以支持犯罪认定时,根据疑罪从无原则,司法机关应作出无罪的判断。侦查、公诉机关在办理案件过程中,对于证据的收集可能会存在各种纰漏与疏忽,导致相关案件的事实无法被查清或根本无法查清,这给了辩护律师极大的辩护空间,有利于维护当事人的合法权益。

刑事案件的认定要严格坚守罪刑法定原则
——案例8：万某磊挪用资金案

靳祥钰*

【案情简介】

万某磊，男，汉族，初中肄业，经商，住河南省夏邑县何营乡，系本案被告人。

2013年5月31日，置业公司将本公司位于夏邑县曹集乡的房产抵押给A公司，贷款1050万元。该笔贷款贷出后，2013年5月31日，A公司将501万元汇入公司股东刘某的农村信用社账户中；2013年6月3日，刘某将其账户中的500万元汇入股东万某磊的建设银行账户中，剩余1万元用于置业公司。

万某磊对其账户上的500万元属于公司贷款一事，并不知情。万某磊在收到500万元转账后，于2013年6月3日将其中的74万元用于偿还对李某山的个人债务；于2013年6月4日分别汇入B期货有限公司个人账户200万元、C期货有限公司个人账户200万元；于2013年6月14日汇入B期货有限公司个人账户20万元，用于购买期货进行营利活动。剩余6万元被万某磊分多次从ATM机转账、支取。

2017年12月8日，万某磊因涉嫌挪用资金罪被夏邑县公安局执行逮捕，后万某磊的亲属委托笔者担任万某磊的辩护人。2018年6月19日，置业

---

* 靳祥钰，北京雍文（郑州）律师事务所创始人、主任，北京雍文律师事务所刑事业务全国专业委员会主任。

公司的法定代表人赵某某向夏邑县公安局控告刘某挪用公司资金500万元。2018年8月29日,夏邑县人民检察院以万某磊涉嫌挪用资金罪向夏邑县人民法院提起公诉。

【辩护意见】

1. 起诉书中指控被告人有罪的主要证据不足,不能达到指控被告人万某磊构成挪用资金罪的目的。

本案起诉书指控的被告人万某磊的犯罪事实与本案的事实不符,证据不足。夏邑县人民检察院的起诉书指控的事实是:被告人万某磊作为置业公司股东,将该公司在A公司贷款的1050万元中的500万元,用于购买期货进行营利活动和偿还自己的债务。但根据案卷材料和证据,刘某私自将501万元贷款汇入其个人账户一事,赵某某和万某磊均不知情,万某磊对刘某转入自己账户中的500万元系公司资金也不知情。以下对本案证据一一进行分析:

(1)2016年8月29日对赵某某的询问笔录证明,对于A公司的贷款,刘某没有全部转给置业公司的会计。在刘某的要求下,A公司将501万汇入刘某的个人账户。2017年5月3日对赵某某的询问笔录证明,置业公司在A公司的1050万元贷款是刘某联系办理的。赵某某与万某磊的通话内容证实,他们两个人都不知道刘某让A公司汇入其账户501万元的事情。A公司工作人员黄某某证明,贷款业务具体由刘某办理。A公司出具的证明可以证实,A公司汇款时赵某某和万某磊都不在现场。以上内容可以充分证明,对刘某私自将501万元贷款汇入其个人账户一事,赵某某和万某磊都不知情,因而万某磊向刘某借钱时,完全有理由相信刘某借给他的500万元是刘某个人的财产。

(2)2016年9月2日对万某磊的讯问笔录,存在诱供、骗供行为。首先,在该笔录中,讯问地点记录为夏邑县公安局经侦大队,但实际讯问地点却是孔祖大酒店,属于程序违法。其次,在该笔录中,侦查人员问道:"2013年6月3日,刘某将在A公司贷款的500万元转到你账户上,有这回事吗?"万某磊对此笔款项为公司贷款并不知情,侦查人员却直接将该事实强加在被告人万某磊身上,引导万某磊误认其有犯罪事实。最后,根据被告人万某磊的情况说明,是刘某安排万某磊在讯问笔录中称,转入万某磊账户中的500万元,是为了让万某磊给公司办理业务。被告人万某磊提供了2016年9月2

日当事人和办案人员在孔祖大酒店的录音,说明侦查人员的侦查行为违法。因此,被告人万某磊事先对转入自己账户内的500万元系公司贷款这一事实并不知情。侦查人员通过严重违法的程序得到被告人的讯问笔录,违反了证据的合法性、客观性,该证据自然不能作为实体上认定被告人万某磊有罪的证据。

(3)2015年12月17日万某磊与赵某某、刘某签订的股权转让协议书证明,万某磊系置业公司前股东,因万某磊没有参与公司的经营而转让其持有的30%股份。2013年间,万某磊虽然是置业公司的实际股东,但是其并不参与公司的业务。刘某本人的证言可以证明,万某磊基本不去公司。赵某某的多份证言证明,置业公司在郑州并没有业务;但刘某数次陈述万某磊在郑州办理公司业务,这与赵某某的证言相矛盾,故赵某某的证言不能作为本案认定事实的依据。因此,被告人万某磊只是公司的挂名股东,并不参与公司的经营管理,更没有利用职务之便的事实行为。

(4)公诉机关提供了A公司提供的置业公司的抵押贷款证明,该证据只能证明置业公司向A公司进行了抵押贷款,但并不能证明万某磊对转入其账户的款项系公司贷款这一事实知情。关于刘某向万某磊汇款500万元的银行汇款记录,该证据只能证明刘某向万某磊汇款500万元,且该款项系从刘某个人账户汇出,不能证明万某磊具有挪用公司资金的故意。关于万某磊建设银行账户交易明细,以及B期货有限公司和C期货有限公司提供的万某磊个人账户交易记录,只能证明万某磊银行账户内的资金流向,但不能直接证明万某磊有挪用公司资金的行为,亦不能证明万某磊有挪用公司资金的故意。故以上证据都不能作为本案认定被告人万某磊涉嫌挪用资金罪的依据。

综上所述,夏邑县人民检察院指控万某磊涉嫌挪用资金罪的事实不清、证据不足。依据《刑事诉讼法》及其司法解释等相关规定,指控被告人有罪的举证责任由检察院承担,根据本案卷宗中的证据,不足以认定被告人有罪。《刑事诉讼法》第55条规定:"对一切案件的判处都要重证据,重调查研究,不轻信口供。只有被告人供述,没有其他证据的,不能认定被告人有罪和处以刑罚;没有被告人供述,证据确实、充分的,可以认定被告人有罪和处以刑罚。证据确实、充分,应当符合以下条件:(一)定罪量刑的事实都有证据证明;(二)据以定案的证据均经法定程序查证属实;(三)综合全案证据,对所认定事实已排除合理怀疑。"因此,应严格贯彻疑罪从无原则,认定被告无罪。

2. 从实体法层面分析，万某磊的行为不符合挪用资金罪的构成要件，其行为不构成犯罪。

（1）在客观方面，万某磊没有实施犯罪行为。由于万某磊并不能知道刘某汇给他的500万元是公司的资金，因而收到钱后他认为自己可以任意支配。由万某磊的多次供述可以得知，万某磊在前期曾借给刘某30万元，后又替刘某支付给周某某80万元拆迁款，在郑州为刘某的朋友办事也花费了大量的资金。因此两人之间多有经济往来，他们之间的资金转账纯属个人经济往来，与公司没有任何关系，这一事实由赵某某的多次证言也可以得到验证。万某磊向刘某借钱的行为只是民事关系上的借款行为，两人之间是一种债权债务关系，万某磊的行为与刑法意义上的"挪用资金"风马牛不相及。夏邑县公安局经侦大队将民事责任中的债权债务关系与刑事责任中的挪用资金混为一谈，于法无据。即使要追究挪用资金的责任，也应当追究刘某的刑事责任，而不是万某磊的刑事责任。

（2）在主观方面，万某磊没有犯罪故意。根据我国《刑法》对挪用资金罪的规定，本罪只能是出于故意，即行为人利用职务上的便利，明知自己在挪用本单位的资金，仍故意为之。根据卷宗材料可知，刘某把公司贷款私自汇入其个人账户，后又私自把该笔钱款借给万某磊使用，万某磊对该钱款属于公司资金一事不知情，故万某磊随后对该钱款所作出的处分行为，在主观上并没有挪用公司资金的目的。

纵观本案，赵某某控告的对象是刘某，刘某在明知借给万某磊的钱是公司资金的情况下仍将其出借给万某磊。办案机关仅凭刘某一人的口供，就认定其汇给万某磊的500万元是公司用于开展业务的经费，该认定过于草率，与事实不符。《刑事诉讼法》第55条明确规定，"对一切案件的判处都要重证据，重调查研究，不轻信口供"。对于一个主要证据系被控告人口供的案件，办案机关轻率得出被告人"涉嫌挪用资金罪"的结论，显然是认定事实不清、适用法律错误。

【案件结果】

夏邑县人民检察院以被告人万某磊犯挪用资金罪，于2018年8月29日向夏邑县人民法院提起公诉。法院受理以后，在诉讼过程中，公诉机关以证据发生变化、不符合起诉条件为由,向法院申请对被告人万某磊撤回起诉。

法院认为,公诉机关撤回起诉,符合法律规定,应当准许。根据2012年公布的最高人民法院《关于适用〈中华人民共和国刑事诉讼法〉的解释》(已失效)第242条的规定,法院裁定,准许夏邑县人民检察院撤回对被告人万某磊的起诉。

2020年10月29日,商丘市中级人民法院支持了万某磊的赔偿请求,作出国家赔偿决定。

【案件评析】

1. 万某磊不构成挪用资金罪。

我国《刑法》第272条规定,"公司、企业或者其他单位的工作人员,利用职务上的便利,挪用本单位资金归个人使用或者借贷给他人,数额较大、超过三个月未还的,或者虽未超过三个月,但数额较大、进行营利活动的,或者进行非法活动的,处三年以下有期徒刑或者拘役;挪用本单位资金数额巨大的,处三年以上七年以下有期徒刑;数额特别巨大的,处七年以上有期徒刑。国有公司、企业或者其他国有单位中从事公务的人员和国有公司、企业或者其他国有单位委派到非国有公司、企业以及其他单位从事公务的人员有前款行为的,依照本法第三百八十四条的规定定罪处罚"。

挪用资金罪的主要特征为:

(1)本罪所侵害的客体是公司、企业或者其他单位资金的使用收益权,对象则是本单位的资金。所谓本单位的资金,是指由单位所有或实际控制使用的一切以货币形式表现出来的财产。

(2)本罪在客观方面表现为,行为人利用职务上的便利,挪用本单位资金归个人使用或者借贷给他人,数额较大、超过3个月未还的,或者虽未超过3个月,但数额较大、进行营利活动,或者进行非法活动的。其中,"挪用"是指利用职务上的便利,非法擅自动用单位资金归本人或他人使用。利用职务上的便利,是指利用本人在职务上主管、管理或经手单位资金的便利条件。

具体地说,它包含以下三种行为:

第一,挪用本单位资金归个人使用或者借贷给他人,数额较大、超过3个月未还的。其构成特征是行为人利用职务上主管、管理或经手本单位资金的便利条件,挪用本单位资金,其用途主要是归个人使用或者借贷给他人使用,但未用于从事不正当的经济活动,而且挪用数额较大,且时间上超过3个月未还。

最高人民法院、最高人民检察院《关于办理贪污贿赂刑事案件适用法律若干问题的解释》第11条的规定,"挪用资金罪中的'数额较大''数额巨大'以及'进行非法活动'情形的数额起点,按照本解释关于挪用公款罪'数额较大''情节严重'以及'进行非法活动'的数额标准规定的二倍执行"。

最高人民法院、最高人民检察院《关于办理贪污贿赂刑事案件适用法律若干问题的解释》第6条规定,"挪用公款归个人使用,进行营利活动或者超过三个月未还,数额在五万元以上的,应当认定为刑法第三百八十四条第一款规定的'数额较大';数额在五百万元以上的,应当认定为刑法第三百八十四条第一款规定的'数额巨大'"。

根据上述规定,挪用本单位资金10万元以上,属于"数额较大";挪用本单位资金1000万元以上,属于"数额巨大"。

第二,挪用本单位资金归个人使用或者借贷给他人,虽未超过3个月,但数额较大,进行营利活动的。这种行为没有挪用时间是否超过3个月以及超过3个月是否归还的限制,只要数额较大,并进行营利活动,即构成本罪。其中,"营利活动"主要是指进行经商、投资、购买股票或债券等活动。

第三,挪用本单位资金进行非法活动的。这种行为没有挪用时间是否超过3个月以及超过3个月是否归还的限制,也没有数额的限制,只要挪用本单位资金进行非法活动,就构成本罪。

行为人只要具备上述三种行为中的一种,就可以构成本罪,不需要同时具备。

(3)本罪的主体为特殊主体,即公司、企业或者其他单位的工作人员。具体包括三种不同身份的自然人:一是股份有限公司、有限责任公司的董事、监事;二是上述公司的工作人员,即除公司董事、监事之外的经理、部门负责人和其他一般职工;三是上述企业以外的企业或者其他单位的职工,包括集体性质的企业、私营企业、外商独资企业的职工。值得注意的是,具有国家工作人员身份的人,不能成为本罪的主体,只能成为挪用公款罪的主体。

(4)本罪在主观方面只能出于故意,即行为人明知自己利用了职务上的便利挪用本单位的资金,仍故意为之。

本案中,万某磊作为公司的前股东,并没有参与过公司的经营,更无从利用职务便利挪用本单位资金归个人使用或者借贷给他人。万某磊向刘某提出借款请求,刘某将其银行账户中的 500 万元借出,该 500 万元为公司的资金,但万某磊对此事并不知情,即客观上万某磊没有利用职务上的便利挪用或者借贷本公司资金的行为;另外,万某磊并不知情此笔款项为公司资金,说明其主观上也没有挪用公司资金的故意。因此,根据刑法中的主客观相统一原则,万某磊不构成挪用资金罪。

2. 关于万某磊申请国家赔偿的事宜。

(1)关于万某磊能否申请国家赔偿。《国家赔偿法》第 17 条规定,"行使侦查、检察、审判职权的机关以及看守所、监狱管理机关及其工作人员在行使职权时有下列侵犯人身权情形之一的,受害人有取得赔偿的权利:……(二)对公民采取逮捕措施后,决定撤销案件、不起诉或者判决宣告无罪终止追究刑事责任的"。

本案中,万某磊于 2017 年 12 月 8 日被夏邑县公安局执行逮捕,2018 年 8 月 29 日,夏邑县人民检察院以其涉嫌挪用资金罪向法院提起公诉。经过开庭审理,2019 年 12 月 3 日,检察院作出不起诉决定。故万某磊的情形符合《国家赔偿法》第 17 条的规定,可以依法申请国家刑事赔偿。

(2)关于赔偿义务机关的确定。《国家赔偿法》第 21 条的规定:"行使侦查、检察、审判职权的机关以及看守所、监狱管理机关及其工作人员在行使职权时侵犯公民、法人和其他组织的合法权益造成损害的,该机关为赔偿义务机关。对公民采取拘留措施,依照本法的规定应当给予国家赔偿的,作出拘留决定的机关为赔偿义务机关。对公民采取逮捕措施后决定撤销案件、不起诉或者判决宣告无罪的,作出逮捕决定的机关为赔偿义务机关。再审改判无罪的,作出原生效判决的人民法院为赔偿义务机关。二审改判无罪,以及二审发回重审后作无罪处理的,作出一审有罪判决的人民法院为赔偿义务机关。"

本案中,万某磊因涉嫌挪用资金罪于 2017 年 11 月 25 日被夏邑县公安局刑事拘留;于 2017 年 12 月 8 日经夏邑县人民检察院批准逮捕,同日被夏邑县公安局执行逮捕。万某磊的情形符合《国家赔偿法》第 21 条的规定,作出逮捕决定的夏邑县人民检察院应作为赔偿义务机关。

2020 年 3 月 19 日,万某磊向夏邑县人民检察院递交国家赔偿申请书,申请国家赔偿。

(3)关于商丘市中级人民法院赔偿委员会作出的赔偿决定。根据《国家赔偿法》第 23 条、第 24 条、第 25 条的规定,赔偿义务机关应当自收到申请之日起 2 个月内,作出是否赔偿的决定。赔偿请求人对赔偿的方式、项目、数额有异议的,或者赔偿义务机关作出不予赔偿决定的,赔偿请求人可以自赔偿义务机关作出赔偿或者不予赔偿决定之日起 30 日内,向赔偿义务机关的上一级机关申请复议。复议机关应当自收到申请之日起 2 个月内作出决定。赔偿请求人不服复议决定的,可以在收到复议决定之日起 30 日内向复议机关所在地的同级人民法院赔偿委员会申请作出赔偿决定。

本案中,万某磊于 2020 年 3 月 19 日向赔偿义务机关,即夏邑县人民检察院递交国家赔偿申请书,申请国家赔偿。夏邑县人民检察院于 2020 年 5 月 16 日作出刑事赔偿决定,决定不予赔偿。该决定符合《国家赔偿法》第 23 条中 2 个月的期限规定,符合法律关于国家赔偿程序期限的规定。万某磊在收到刑事赔偿决定书后,于规定期限内向夏邑县人民检察院的上一级机关,即商丘市人民检察院申请复议,该行为同样合法。商丘市人民检察院作为复议机关维持了不予赔偿的决定后,万某磊依据《国家赔偿法》第 25 条的规定向商丘市人民检察院的同级人民法院,即商丘市中级人民法院申请国家赔偿,该行为同样合法。商丘市中级人民法院于 2020 年 10 月 29 日作出国家赔偿决定,符合法律规定的期限。

(4)关于万某磊国家赔偿内容的认定细则。2020 年 10 月 29 日,商丘市中级人民法院支持了万某磊的赔偿请求,作出国家赔偿决定,决定:撤销夏邑县人民检察院刑事赔偿决定书及商丘市人民检察院刑事赔偿决定书。赔偿义务机关夏邑县人民检察院向万某磊支付限制人身自由赔偿金 204235.75 元。赔偿义务机关夏邑县人民检察院在侵权行为影响的范围内,为万某磊消除影响、恢复名誉、赔礼道歉,并向其支付精神损害抚慰金 6.2 万元。

《国家赔偿法》第 33 条规定:"侵犯公民人身自由的,每日赔偿金按照国家上年度职工日平均工资计算。"审理案件时,应以最高人民法院于 2020 年 5 月 18 日下发的通知,即"自 2020 年 5 月 18 日起作出的国家赔偿决定涉及侵犯公民人身自由权的赔偿金标准为每日 346.75 元"为标准计算赔偿金。故万某磊的人身自由赔偿金为 346.75 元 * 589 天(实际羁押期限)= 204235.75 元,商丘市中级人民法院认定的人身自由赔偿金准确无误。

《国家赔偿法》第 35 条规定:"有本法第三条或者第十七条规定情形之一,致人精神损害的,应当在侵权行为影响的范围内,为受害人消除影响,恢复名誉,赔礼道歉;造成严重后果的,应当支付相应的精神损害抚慰金。"

本案中,万某磊的情形符合《国家赔偿法》第35条的规定,故商丘市中级人民法院作出的赔偿义务机关夏邑县人民检察院在侵权行为影响的范围内,为万某磊消除影响、恢复名誉、赔礼道歉,并向其支付精神损害抚慰金6.2万元的决定准确无误。

【结语及建议】

本案是一起辩护人帮助公诉机关正确认定案件性质,法院准确判案的典型案件,笔者最终达到了委托人被撤回起诉,无罪释放的辩护效果。

另外在本案结束后,委托人在笔者的帮助下依法申请了国家赔偿。《国家赔偿法》以尊重和保障人权为原则,最根本的是要始终做到严格公正司法,杜绝侵犯公民、法人和其他组织合法权益行为的发生。同时,根据《国家赔偿法》的规定,侵犯公民人身自由权、生命健康权,并造成公民精神损害严重后果的,对受害人应予给付精神损害抚慰金。本案中,侦查机关、检察机关未能对当事人的行为进行准确认定,对当事人采取了拘留、逮捕刑事强制措施,经过笔者的辩护,公诉机关因无法认定犯罪事实而撤回起诉,当事人被无罪释放,因此,对当事人应予国家赔偿。

本案的典型意义在于,明确了精神损害及其严重后果的认定标准,对精神损害赔偿和消除影响、赔礼道歉等赔偿方式的参照适用将起到示范作用,以体现国家责任的公正性,维护司法的公信力。

建议刑事辩护人在今后履行辩护工作的过程中,在对罪名的构成要件了如指掌的基础上,娴熟运用刑事法律规定,同时紧跟司法机关出台的关于相关赔偿标准的最新解释,实体辩护与证据辩护紧密结合,充分维护好每一个当事人的合法权益,使法律真正体现出应有的公平和公正。

对未造成国家税款流失的轻微发票类犯罪,应充分考虑司法职能服务保障民营企业发展的作用

——案例9:王某虚开发票案

李军红*　陈沛源**

【案情简介】

2019年1月,在上街区某项目工地,王某从吕某处购买了货物,但吕某没有开具发票,与吕某商量后,王某通过手机微信联系到一名女子,约定以价税2%的价格购买发票,一共花费4.4万元,先支付3万元,待发票确认没有问题后再支付剩余款项。以这种方式共开具增值税普通发票22份,价税共计220.25万元,购买方均为河南某某有限公司。后因联系不到该女子,王某未支付剩余的1.4万元,前期3万元由吕某以现金形式支付给王某。

后郑州市上街区公安分局经侦大队介入侦查,以涉嫌虚开发票罪对王某采取强制措施,并于2020年6月17日向上街区人民检察院移送审查起诉。

2020年6月24日,笔者向检察院提交不予起诉法律意见书。

【辩护意见】

1. 王某具有依法从轻、减轻或免除处罚的自首情节。

---

* 李军红,北京大成(郑州)律师事务所高级合伙人、监委会委员。
** 陈沛源,北京大成(郑州)律师事务所专职律师、工会委员。

本案中,王某的第一次讯问笔录显示:2019年10月14日16时20分至17时10分,王某被办案单位依法传唤到案后,如实供述了全部的案件事实。

自首成立的条件系"自动投案"和"如实供述"。首先,王某到案之后进行了"如实供述",主动交代了全部犯罪事实。其次,关于"自动投案",最高人民法院《关于处理自首和立功具体应用法律若干问题的解释》第1条明确规定,"自动投案"的时间要素包含犯罪事实或者犯罪嫌疑人虽被司法机关发觉,但犯罪嫌疑人尚未受到讯问、未被采取强制措施时。故王某完全符合自首的两个条件,构成自首。

2. 王某系初犯、偶犯,主观恶性小,无再犯可能性。

本案中王某虽然实施了购买发票的行为,但从客观角度来说,王某之所以实施本次行为,是因为2018年建筑行业"营改增"税务制度改革,公司为配合税务机关改革工作,完善工程费用发票,要求所有材料供应商、劳务供应商必须补齐工程结算发票,但建筑材料供应方早已完成结算并撤离现场,无法提供相应发票。王某为完成税务发票必须催收到位的任务,也由于不了解相关税法,才实施该行为,其主观恶性小,无再犯可能性。

3. 王某的行为未造成税收流失,社会危害性小。

王某实施的行为不具有偷逃税款的目的,且相关发票已从财务中剔除,不作为报账依据,未给国家造成实际税收损失,社会危害性极小。

4. 对王某作出不起诉决定,符合关于优化营商环境和保护民营企业发展的重要指示精神以及河南省人民检察院的相关文件精神。

河南某某有限公司是一家具有施工总承包一级资质的优秀民营建筑工程施工企业,目前公司管理人员978人,施工现场创造上万个工作岗位,在脱贫攻坚的最后一年,为国家解决了大量贫困人口的就业问题。2015年至2019年,公司上缴税金合计2.371亿元,即使在新冠疫情的影响下,公司也克服困难完成产值2.059亿元,上缴税金1091.75万元。王某作为该公司中高层管理人员,全面负责公司材料供应管理工作,对公司所有在建项目的顺利推进起着重要的物资保障作用,在抗击疫情的特殊时期,为保障民营经济健康发展,促进企业及时复工复产,对王某作出不起诉决定,符合《河南省人民检察院轻微刑事案件适用相对不起诉指导意见》第4条第(三)项及河南省高级人民法院、河南省人民检察院《关于充分发挥司法职能服务保障民营企业发展的30条意见》第6条、河南省人民检察院《关于新冠肺炎疫情防控期间积极服务保障企业复工复产的八条意见》第3条等规定。

综上,笔者认为,检察院应适用认罪认罚从宽制度,贯彻检察机关关于服务保障民营经济发展的相关文件精神,对王某作出不起诉决定。

【案件结果】

经上街区人民检察院检察委员会审议,对王某作出相对不起诉决定。

【案件评析】

1. 虚开发票罪的法律分析。

《刑法》第205条之一规定:"虚开本法第二百零五条规定以外的其他发票,情节严重的,处二年以下有期徒刑、拘役或者管制,并处罚金;情节特别严重的,处二年以上七年以下有期徒刑,并处罚金。单位犯前款罪的,对单位判处罚金,并对其直接负责的主管人员和其他直接责任人员,依照前款的规定处罚。"成立本罪必须符合以下四个要件:(1)犯罪的主体为一般主体,既包括单位,也包括自然人。(2)犯罪的主观方面为直接故意,即行为人故意虚开普通发票。一般来说,行为人主观上都具有营利的目的,但这并非法定要件。如果以其他目的虚开普通发票,也构成本罪。(3)犯罪侵犯的客体是国家对普通发票的管理制度。(4)犯罪的客观方面表现为虚开普通发票、情节严重的行为。虚开普通发票,是指没有购销商品或者没有提供、接受劳务、服务而开具普通发票,或者虽购销商品或者提供、接受了劳务、服务,但开具数量或金额不实的普通发票的行为。

2. 关于企业合规不起诉制度的思考。

近年来,最高人民检察院不断尝试以各种方式为企业经营保驾护航,先后制定并实施了多份保护、促进企业经济发展的政策性文件,包括2016年2月19日公布的最高人民检察院《关于充分发挥检察职能依法保障和促进非公有制经济健康发展的意见》,2017年1月6日公布的最高人民检察院《关于充分履行检察职能加强产权司法保护的意见》,2017年12月4日公布的《关于充分发挥职能作用营造保护企业家合法权益的法治环境支持企业家创新创业的通知》。2018年11月,最高人民检察院又针对相关法律政策的适用专门发布了《充分发挥检察职能为民营企业发展提供司法保障——检察机关办理涉民营企业案件有关法律政策问题解答》，以进一步统一、规范涉民营企业案件的司法标准。

在我国检察机关的改革探索中，企业合规不起诉制度主要适用于犯罪嫌疑人可能被判处3年有期徒刑以下刑罚的轻微刑事案件。本案中，王某虽然实施了刑法规定的虚开发票行为，但具有自首、坦白等法定从轻或减轻处罚情节。在虚开发票过程中没有偷逃税款，案发后也缴纳了罚款，且实施本次行为是因为2018年建筑行业"营改增"税务制度改革，公司为配合税务机关改革工作这一客观因素。企业合规不起诉制度，就是需要充分考虑企业的经济发展情况、行业环境背景、案件具体情节与特殊因素、保护企业健康发展的价值目标等各方面情况，综合审查对相关人员给予刑事处罚的必要性，并最终作出合理抉择，帮助民营企业恢复正常生产经营，维护企业员工的正常就业和正常生活。

【结语及建议】

在法律范围内有效落实对民营企业的司法保护，是办理相关案件的一条准则。党的二十大报告明确指出，"优化民营企业发展环境，依法保护民营企业产权和企业家权益，促进民营经济发展壮大"，这就需要法律共同体共同有所新作为。本案是检察院保护民营企业健康发展的典型案件，笔者最终达到了委托人被无罪处理的辩护效果。不起诉权作为公诉权的组成部分，在保障无罪的人的合法权益、贯彻宽严相济的刑事政策、节约司法资源等方面发挥着重要作用。过去，在"重打击、轻保障"理念的影响下，一些检察人员执着于片面追诉，较少适用不起诉。时至今日，检察机关在理念与制度等方面已有了较大的改变。本案中，虽然王某实施了一定的犯罪行为，但在主观恶性、社会危害性都极小的情况下，结合当前社会环境、经济形势，以及最高人民检察院保障民营企业发展的思路及企业合规整改的探索，经过笔者多次沟通，最终检察机关作出相对不起诉决定，让当事人感受到了司法机关的暖意和善意，也使得当事人权益得到最大化。

建议辩护人在辩护工作中，不仅要对罪名的构成要件烂熟于心，娴熟运用刑事法律规定，还要对我国大环境及司法趋势有精准的把握，秉承利用一切合法手段维护当事人合法权益的思维，最终达到法律效果和社会效果的良好结合。

认定虚开增值税专用发票罪需查明是否存在虚开增值税专用发票的行为

——案例10：陈某虚开增值税专用发票案

宋立成*　薛萍萍**

【案情简介】

2015年年底至2017年年初，负责河南A贸易有限公司（以下简称"A公司"）、宁波某能源有限公司（以下简称"能源公司"）采购业务的李某、史某（另案处理），从山西省晋城市某煤矿等煤矿及河南省沁阳市某煤场等煤场购进大量现金煤，销售这些现金煤的矿、场主均未向A公司、能源公司提供增值税专用发票。为抵扣上述现金煤税款，李某、史某私自通过王某（已判刑）从焦作市B商贸有限公司（以下简称"B公司"）、焦作市C商贸有限公司（以下简称"C公司"）、焦作市D商贸有限公司（以下简称"D公司"）虚开增值税专用发票，总计虚开增值税专用发票477份，涉案发票金额46489969.97元，税额7903300.05元，价税合计54393270.02元。该三家公司同李某、史某购进现金煤的矿、场均无任何关系。李某、史某同时指使温某、本案犯罪嫌疑人陈某操作资金回流，掩饰虚开事实。上述增值税专用发票已全部抵扣。

本案由焦作市公安局马村分局侦查终结，以陈某涉嫌虚开增值税专用发票罪，于2021年11月11日向焦作市马村区人民检察院移送起诉。其间，因事实不清、证据不足，检察机关于2022年1月15日退回焦作市公安局马村

---

* 宋立成，河南正乾坤律师事务所主任。
** 薛萍萍，河南正乾坤律师事务所党支部副书记。

分局补充侦查一次。

案件进入审查起诉阶段后,笔者接受委托,为犯罪嫌疑人陈某提供刑事辩护服务。在详细阅卷和多次会见犯罪嫌疑人的基础上,笔者又数次与承办人及负责公诉的检察官等当面就事实认定、证据适用以及准确适用法律等问题进行了沟通。

2021年11月26日,笔者向焦作市马村区人民检察院提交了专业审慎的法律意见书。

【辩护意见】

1. A公司依法不构成虚开增值税专用发票的单位犯罪。

(1)认定和查处涉税案件的行政监管单位是国家税务机关,是否涉嫌税务违规、违法均由税务机关依职权调查和认定。法律依据是《税收征收管理法实施细则》《发票管理办法》《税收征收管理法》等法律法规的规定。

(2)A公司在煤炭经营中,在案涉时间内及至案发之时,未发生税务违规、违法行为,未被公司所在地税务监管稽查局立案查处,未因涉税问题受到过税务监管部门的行政处罚。

(3)A公司被立案查处后,主动接受税务检查,并自行委托有税务鉴定资质的司法鉴定机构进行自查。豫中税德信税审字〔2020〕第036号税务专项审核报告显示,在2015年12月至2017年3月的审核期间,三家关联公司(B公司、C公司、D公司)共计为A公司开具增值税专用发票122898140.77元,资金多达1.2亿余元,未发现虚开增值税专用发票的行为。

2. 与A公司有关联的B公司、C公司、D公司及负责人王某、张某等人所发生的煤炭购销业务真实存在。不能以王某、张某等人购买增值税进项票的行为构成犯罪,就当然地推定他们所控制的三家关联公司与A公司签订煤炭购销合同必定是涉嫌虚开增值税发票的违法犯罪行为。

(1)涉案卷宗清晰记载了王某、张某等人购买增值税进项票的行为,经违法行为所在地税务稽查部门已查证属实。他们购买增值税进项票的违法行为,与A公司不存在必然的关联性。

(2)A公司委托的鉴定机构所作的豫中税德信税审字〔2020〕第036号税务专项审核报告查证,从2015年12月至2017年3月期间,A公司与上述三家关联公司开具增值税专用发票122898140.77元,资金多达1.2亿余元。

A公司实际已支付三家关联公司煤炭交易资金总计127779464.55元,收到这三家公司增值税专用发票的金额是122898140.77元,尚有4881323.78元煤炭款至今未开具增值税专用发票,因此不能证明A公司存在虚开增值税专用发票的行为。

(3)王某、张某等人购买增值税进项票的行为,与上、下游100余家公司发生了涉税业务关系,侦查机关只对A公司立案侦查,不能排除其他百余家公司涉税违规、违法,更不能以王某、张某等人的涉税违法犯罪,来推定A公司必然构成犯罪。

3. 现有证据缺失、不完整,不能形成完整的证据链条,不足以指控A公司构成虚开增值税专用发票罪。

(1)A公司是煤炭经营合同的主体,没有骗税、逃税和虚开税票的行为。虚开增值税专用发票罪不能仅凭口供定案,且犯罪嫌疑人口供存在前后不一、相互矛盾的情况。

(2)税务稽查主管部门至今没有认定A公司在税务上存在违法、违规行为,且A公司所在地马村区税务局、山阳区税务局均出具了税款入库证明、纳税事项说明,证明案涉时间里A公司未发生税务违规、违法行为。

(3)马村分局出具的情况说明不符合刑事证据"三性"的要求,依法不能作为指控A公司构成虚开增值税专用发票罪的证据使用。侦查机关毕竟不是专业的税务机关,无权自行出具情况说明从而认定抵扣税款就是造成国家损失,否则会造成未审先判的错误。

4. 因单位不构成虚开增值税专用发票罪,单位的直接责任人员当然也不构成犯罪。

依据法律规定,本罪的犯罪主体为一般主体,即达到刑事责任年龄且具有刑事责任能力的自然人和单位。单位构成本罪的,对单位实行两罚制,即对单位判处罚金,并对直接负责的主管人员和其他直接责任人员追究刑事责任。结合本案,因A公司不构成虚开增值税专用发票罪,陈某作为A公司涉嫌虚开增值税专用发票罪的直接责任人员当然也不构成犯罪。

综上所述,因A公司不构成虚开增值税专用发票的单位犯罪,故陈某也不构成犯罪。2020年5月被查后,A公司由于涉案污点而无法获取银行金融放贷资金支持,处于资金流"缺血"断供状态,被迫通过民间高息借贷进行资金流转。由于涉案污点,企业不能参加国家煤炭订货会,无法以国家保供煤炭的价格订货,合同价款直接经济损失达2亿元。由于被立案查处,A公司

2020年5月被扣押资金2000万元,虽然在2021年11月解封了1200余万元,但至今仍然被扣押资金800余万元,该笔资金仍在案件扣押款账户上,A公司仍在"忍辱负重"地维持冬季供暖的民生服务,企业急需尽快解决涉案税务问题。因此,只有在查清楚事实后,依法对陈某作出不构成犯罪的不予起诉决定,将扣押的800余万元资金尽快返还企业,才能使企业从破产边缘走出,回归正常经营。

【案件结果】

焦作市马村区人民检察院作出焦马检刑不诉〔2022〕7号不起诉决定,认定本案证据不足,体现A公司参与犯罪的单位意志的证据不足,造成国家税款损失的数额未查清,陈某作为单位犯罪的直接责任人员不符合起诉条件,故决定对陈某不起诉。

【案件评析】

1. 虚开增值税专用发票罪的法律评析。

虚开增值税专用发票罪,是指违反国家税收征管和发票管理规定,为他人虚开、为自己虚开、让他人为自己虚开、介绍他人虚开增值税专用发票的行为。(1)犯罪主体:犯罪主体为一般主体,即达到刑事责任年龄且具有刑事责任能力的自然人和单位。单位构成本罪的,对单位实行两罚制,即对单位判处罚金,并对直接负责的主管人员和其他直接责任人员追究刑事责任。(2)犯罪客体:本罪侵犯的客体是国家税收管理制度。(3)主观要件:本罪在主观方面必须是故意,一般以牟利为目的。(4)客观要件:本罪在客观方面表现为没有货物购销或者没有提供或接受应税劳务而为他人、为自己、让他人为自己、介绍他人开具增值税专用发票或者即使有货物购销或提供或接受了应税劳务但为他人、为自己、让他人为自己、介绍他人开具数量或者金额不实的增值税专用发票。

2. 检察院作出不起诉决定是正确的。

认定和查处涉税案件的行政监管机关是国家税务机关,是否涉嫌税务违规、违法均由税务机关依职权调查和认定。A公司在煤炭经营过程中,在案涉时间内及至案发之时，未因税务违规、违法行为受到公司所在地税务监管部门立案查处，公司所在地税务机关没有对其进行过涉税稽查，也没有作出过专门税务监察、监管的行政处罚决定。A公司的采购人员李某、史某两人同为公司采购人员，相继与王某等人控制的三家公司进行过煤炭贸易，A公司实际已支付的货物交易资金总计127779464.55元，但收到的这三家公司增值税税票金额是122898140.77元，尚有4881323.78元未开具增值税专用发票，A公司支付的购买煤炭的资金大于获取的增值税专用发票金额。并且，本案现有侦查卷宗无法证明A公司涉嫌虚开增值税专用发票罪，虚开增值税专用发票罪不能仅凭口供定案。

综上，焦作市马村区人民检察院对陈某作出不起诉决定是完全正确的。

【结语及建议】

本案涉及的是虚开增值税专用发票罪，本罪的犯罪主体为一般主体，陈某系A公司涉嫌虚开增值税专用发票罪的直接责任人员。作为犯罪嫌疑人陈某的委托代理人，要证明其不构成犯罪，首先要证明其所在的单位不构成犯罪。因此，本案的辩护关键是A公司是否有虚开增值税专用发票的行为，如果单位不构成犯罪，相应的直接责任人员亦不构成犯罪。为此，笔者经过反复阅卷及会见犯罪嫌疑人，详细了解案情后发现：A公司并没有虚开增值税专用发票的行为。豫中税德信税审字〔2020〕第036号税务专项审核报告显示，在2015年12月至2017年3月的审核期间，三家关联公司共计为A公司开具增值税专用发票122898140.77元，资金多达1.2亿余元，未发现虚开增值税专用发票的行为。经过查阅卷宗发现，认定A公司构成虚开增值税专用发票的证据存在缺失，证据链不完整。最终，笔者综合各方面证据，提出不起诉的法律意见，使犯罪嫌疑人最终得到了公平公正的处理。

此类案件往往涉及人数较多，卷宗较厚，辩护律师阅读卷宗时，应当学会去粗取精、抓大放小、去伪存真、求同存异。随着刑事司法环境的改善，律师比较容易获取刑事卷宗，但刑事卷宗的内容往往是海量的，因此需要学会在短时间内抓住重点信息。对于一些专业性较强的事实问题，应当做足功课，查阅资料弄明白，必要时应当咨询专业人员，保持与侦查机关、检察机关、审判机关持续、有效、深入的沟通，有助于对于案件的走向起到影响与把关的作用，为案件最终的成功处理创造有利的条件。

行贿罪与虚开增值税专用发票罪的认定

——案例 11：李某某行贿、虚开增值税专用发票案

王文立*

【案情简介】

被告人李某某，原为河南某集团（以下简称"A集团"，国有公司）副总经理、河南某科技有限公司（以下简称"科技公司"）总经理兼法定代表人、河南某数码科技有限公司（以下简称"数码公司"）总经理兼法定代表人。2013年2月12日，李某某因涉嫌国有公司人员滥用职权犯罪被刑事拘留，2013年2月27日被监视居住，同年4月28日因涉嫌职务侵占罪被逮捕。本案在同级检察机关内部和上下级检察机关之间多次移送、退回补充侦查、延长审查起诉期限。公诉机关的卷宗材料和延津县人民检察院与新乡市人民检察院的两份起诉书显示，本案先后认定7个罪名，5次退回补充侦查，7次延长审查起诉期限。2014年7月14日，新乡市人民检察院以被告人李某某犯贪污罪、行贿罪、虚开增值税专用发票罪、职务侵占罪向法院提起公诉。

2014年12月11日，新乡市中级人民法院作出（2014）新中刑二初字第14号刑事判决，判决被告人李某某犯贪污罪，判处无期徒刑，剥夺政治权利终身，并处没收个人全部财产；犯行贿罪，判处有期徒刑12年；犯虚开增值税专用发票罪，判处有期徒刑5年，并处罚金人民币10万元；犯职务侵占罪，判处有期徒刑6年；决定执行无期徒刑，剥夺政治权利终身，并处没收个人全部财产。

---

* 王文立，河南航创（原联盟）律师事务所主任，现任新乡市律师协会名誉会长。

李某某不服一审判决提出上诉,河南省高级人民法院于2015年12月15日作出(2015)豫法刑四终字第18号刑事裁定,撤销原判,发回重审。笔者接受委托后,对案件事实和证据进行了认真研究,认为检察机关指控的四个罪名均不成立,遂为李某某进行无罪辩护。2018年3月17日,新乡市中级人民法院作出(2016)豫07刑初22号刑事判决,判决李某某犯贪污罪,判处有期徒刑12年,并处罚金60万元;犯行贿罪,判处有期徒刑6年;犯虚开增值税专用发票罪,判处有期徒刑5年,并处罚金人民币10万元;犯职务侵占罪,判处有期徒刑3年;决定执行有期徒刑20年,并处罚金人民币70万元。

李某某再次提出上诉,笔者继续为其进行二审辩护。

一、起诉书指控被告人犯行贿罪的理由如下:

2008年年初,××市某专用汽车有限公司(以下简称"专用汽车公司")成立,时任A集团(A集团是专用汽车公司股东之一)副总经理的被告人李某某获悉该情况后,为谋取不正当利益,找到A集团总经理徐某某称可以借钱给徐某某入股,徐某某同意。2008年1月21日,在双方既无书面借款协议又无约定利息及还款期限的情况下,李某某将189万元通过母亲刘某的账户汇入徐某某之妻申某某的账户。次日,由申某某将该款作为徐某某的股本金交给专用汽车公司。2012年8月,专用汽车公司决定分红,其中徐某某对应股权可分红60万元。李某某明知徐某某可以获得60万元分红款,仍未向其索要该189万元,徐某某也未提还款之事。后徐某某要求专用汽车公司将该60万元打入其妻子申某某的个人账户。至案发时,徐某某仍未将该款还给李某某。

2009年,科技公司改制。2010年2月11日,徐某某作为A集团总经理违反《金融企业国有资产转让管理办法》规定,擅自同意将该集团所有的商标注册号分别为1266856和4448724的小家电类商标无偿转让给由李某某担任法定代表人并实际控制的数码公司,造成国有资产流失,被告人李某某谋取了不正当利益。

2010年7月29日,徐某某在明知A集团与科技公司之间的债权债务审计存在争议的情况下,利用其职务便利为李某某控制的科技公司分四次签署汇款申请并安排转款1198万余元,被告人李某某谋取了不正当利益。

二、起诉书指控被告人犯虚开增值税专用发票罪的理由如下:

2006年2月15日,芜湖某科技公司成立,由被告人李某某担任法定代表人。2007年3月29日，芜湖某汽车电子公司成立，仍由李某某担任法定代表人。2009年6月至2011年5月，李某某伙同蒋某某将芜湖某汽车电子公司销售车载DVD的业务虚构为芜湖某科技公司的业务，以芜湖某科技公司的名义开具增值税专用发票。蒋某某指使会计向安徽某汽车销售服务公司、合肥某汽车用品公司等多家公司开具增值税专用发票共计58张，开票金额为3187023.13元，税款金额为541793.87元，价税合计金额为3728817元。

【辩护意见】

一、对起诉书指控的行贿罪的辩护意见

（一）被告人李某某主观上不存在行贿的故意，客观上没有行贿的事实，起诉书指控其构成行贿罪缺乏基本的证据支持，该指控不能成立

第一，2008年年初，专用汽车公司成立时，有关部门要求A集团高管人员必须入股专用汽车公司，时任A集团总经理的徐某某（另案处理）个人应当入股189万元，但徐某某对该公司前景不看好，表示不愿意入股。被告人李某某对此前景看好，在得知徐某某不想入股后，他找徐某某商量先借钱给徐某某入股，徐某某若今后不想要股权可以将股权转让给他，若想要股权就把钱还给他。由此，可以清楚看到，案涉189万元纯属个人借贷关系，是个人的商业投资行为。构成行贿罪必须以行为人主观上具有"谋取不正当利益"的目的为前提。但本案没有任何证据证明被告人李某某在出借款项时，主观上具有"谋取不正当利益"的目的。

第二，起诉书认定被告人李某某为获取不正当利益，借给徐某某189万元。既然起诉书认定189万元是借给徐某某的客观事实，那么双方就是民事借贷关系，公民之间的合法借贷是有效的，应当受到法律保护。通过卷宗证据和法庭调查可以看出，李某某与徐某某均承认双方的借款事实，但都否认行贿、受贿的存在。公诉机关也没有证据证实被告人在出借款项时主观上有"谋取不正当利益"的故意，客观上存在行贿的事实。根据我国《合同法》（现《民法典》合同编）的规定，合同既包括书面合同，也包括口头合同。李某某与徐某某是多年朋友和同事关系，好友之间借贷投资，口头形成借款约定的，不违反法律规定，符合常理。

第三，徐某某获得60万元股权分红时，被告人李某某一直居住在国外并未回国，更未与徐某某见过面，没有结清189万借款和60万元分红属于客观

正常现象。我国刑法对刑事犯罪的构成有极其严格的规定，本案在没有犯罪事实和犯罪证据的情况下，公诉机关仅凭双方借款没有签订书面借款合同，没有约定利息和还款期限，就把一个民间借贷关系主观地、牵强附会地推定为行贿犯罪，不符合法律规定。

（二）公诉机关认为被告人在2008年1月借钱给徐某某时，要获取的不正当利益是让A集团将案涉小家电类商标无偿转给数码公司，是让A集团支付给科技公司1198万元欠款，其认定不能成立

第一，李某某借钱给徐某某的行为发生在2008年1月，而A集团与数码公司签订协议转让商标的时间是2010年2月，A集团向科技公司支付1198万元的时间是2010年7月。这两件事情均发生在借款行为2年之后，公诉机关根据2年后发生的事情，强行认定被告人在借款行为发生时就存在"谋取不正当利益"的目的，根本不能令人信服。这是先入为主、客观归罪，违背了"以事实为依据，以法律为准绳"的基本法律原则。

第二，2010年2月，A集团与数码公司之间的商标转让协议，是依据合资合作协议，根据××市政府指示、经A集团董事会研究决定后签订的，是依照法定程序进行的转让，并不是徐某某个人的行为。而且，A集团本身就是数码公司的大股东。

第三，科技公司改制时，支付给科技公司1198万元，是上级××市国有资产监督管理委员会委托的法定审计评估机构审计评估的结果，该审计结果是具有法律效力的，是公司改制最根本的财务依据。1198万元是依据审计报告，按照财务程序，经财务人员、财务负责人、集团主管领导逐级审核签字后支付的，该支付行为是合法有效的。而且，案涉1198万元是A集团依照合法程序支付给科技公司的，按照法律规定，这与作为自然人的李某某没有任何法律上的关系，更谈不上被告人李某某谋取了不正当利益。

二、对起诉书指控的虚开增值税专用发票罪的辩护意见

起诉书对被告人李某某虚开增值税专用发票罪的指控，依法不能成立。

第一，法庭调查的证据清楚地证明了销售车载DVD的一部分原材料是芜湖某科技公司出资购买的，生产成品110台。起诉书认定开具的372万元增值税专用发票全部为虚开，明显与客观事实不符。

第二，芜湖某科技公司与芜湖某汽车电子公司名义上是两个公司，实际上是"一套人马、两块牌子"，两个公司均在同一地方办公，所有工作人员全部重叠。蒋某某担任两个公司的总经理，负责两个公司全面业务和日常行政

管理,是公司实际负责人。被告人李某某虽然担任法定代表人,但并不负责公司的经营管理,对芜湖某科技公司的经营管理不参与,也不清楚情况。起诉书还认定蒋某某指使会计张某龙向多家公司开具增值税专用发票,金额共计372万元。

第三,最高人民法院研究室《〈关于如何认定以"挂靠"有关公司名义实施经营活动并让有关公司为自己虚开增值税专用发票行为的性质〉征求意见的复函》(法研〔2015〕58号)第2条明确解释:行为人利用他人的名义从事经营活动,并以他人名义开具增值税专用发票的,即便行为人与该他人之间不存在挂靠关系,但如行为人进行了实际的经营活动,主观上并无骗取抵扣税款的故意,客观上也未造成国家增值税款损失的,不宜认定为《刑法》第205条规定的虚开增值税专用发票罪。因此,指控被告人李某某构成虚开增值税专用发票罪没有事实和法律依据。

三、二审意见

本案二审期间,辩护人不仅向二审法院提交了书面辩护意见,还数次与二审承办法官就案件事实、证据认定和法律适用等问题面对面进行沟通交流,并提出以下意见:

(一)关于贪污罪

李某某在被聘任为A集团副总经理之前,就以民营公司股东的身份担任科技公司的总经理,不存在受A集团委派到科技公司任职的事实,因此,李某某不具有《刑法》第271条第2款规定的国家工作人员身份,并非国家工作人员,不符合贪污罪的主体要件。认定李某某贪污的8802860元款项是科技公司已经支付给北京某民营公司的合同价款,该款项所有权已发生转移,且不具有"公款"的性质。因此,本案主体、客体均不符合贪污罪的构成要件,李某某不构成贪污罪。

(二)关于行贿罪

在行贿罪的认定中,应当严格区分借款和贿赂:前者有借有还,而后者直接决定贿赂犯罪中非法占有目的之有无。本案中,检察机关并无充分证据证明涉案的189万元资金是贿赂款而不是借款。此外,谋取不正当利益也是行贿罪的必备构成要件。但在本案中,检察机关对徐某某收款2年后才为李某某办事的指控显然有悖常情,李某某借给徐某某189万元购买公司股权的行为属于民事上的民间借贷法律关系,李某某不存在以"谋取不正当利益"为目的的主观故意,不构成行贿罪。

(三)关于虚开增值税专用发票罪

就虚开增值税专用发票罪而言,无论是刑法学界通说,还是司法解释,均认为本罪之成立需要以骗取税款为前提。因而,"有货代开"行为,即在有真实交易并足额缴纳了税款的情况下代开增值税专用发票的行为,不构成虚开增值税专用发票罪。本案中,芜湖某科技公司和芜湖某汽车电子公司实际上是"一套人马、两块牌子",在有真实交易的情况下,代开增值税专用发票并足额缴纳了税款,明显属于"有货代开"的情况,不构成虚开增值税专用发票罪。

(四)关于职务侵占罪

李某某作为科技公司股东兼法定代表人,有权支配公司资金,其将公司50万元资金汇到国外是用于公司在国外开拓出口业务和海外市场,没有将资金占为己有,不构成职务侵占罪。

【案件结果】

2019年5月9日,河南省高级人民法院作出(2018)豫刑终268号刑事判决,判决撤销新乡市中级人民法院(2016)豫07刑初22号刑事判决中的第一项,即关于李某某犯贪污罪、行贿罪、虚开增值税专用发票罪的定罪量刑部分,并改判:李某某犯贪污罪,判处有期徒刑11年,并处罚金人民币60万元;维持原判职务侵占罪有期徒刑3年;数罪并罚,决定执行有期徒刑12年6个月,并处罚金人民币60万元。

通过上述辩护,河南省高级人民法院采纳了笔者关于李某某不构成行贿罪、虚开增值税专用发票罪的辩护意见,作出(2018)豫刑终268号刑事判决,撤销了一审对李某某行贿罪、虚开增值税专用发票罪的有罪判决。

【案件评析】

一、行贿罪的法律分析

(一)行贿罪的法律特征

《刑法》第389条规定,"为谋取不正当利益,给予国家工作人员以财物的,是行贿罪"。构成本罪必须符合以下四个要件:(1)本罪侵害的客体是国家工作人员所在单位的正常活动,行贿对象是国家工作人员;(2)本罪的客观方面表现为为自己谋取不正当利益,用钱财收买国家工作人员,违反国家规定,给国家工作人员以各种名义的回扣、手续费的行为;(3)本罪的主体是一般主体,凡是年满16周岁具有刑事责任能力的自然人都可以构成本罪;(4)本罪的主观方面是故意,即行贿人对于自己行贿行为的目的、性质都十分清楚,但为了谋取私利仍然有意为之。

(二)行贿罪中,行为人必须有"谋取不正当利益"的主观目的

1999年最高人民法院、最高人民检察院《关于在办理受贿犯罪大要案的同时要严肃查处严重行贿犯罪分子的通知》认为,谋取不正当利益是指行贿人要求公职人员提供违法违规的帮助或者方便条件。这条规定既要求行为人在实体上有谋求非法利益的目的,也需要行为对象违反程序上的规定。2008年最高人民法院、最高人民检察院《关于办理商业贿赂刑事案件适用法律若干问题的意见》则将"谋取不正当利益"的内涵设计得更加宽泛,不仅包括提供帮助和方便条件,还增加了"谋取竞争优势"。该意见认为,行贿犯罪中的"谋取不正当利益"是指行贿人谋取的利益违反法律、法规、规章、政策的规定,或者要求国家工作人员违反法律、法规、规章、政策、行业规范的规定为自己提供帮助或者方便条件,违背公平、公正原则,在经济、组织人事管理等活动中,谋取竞争优势。而本案中,李某某在向徐某某出借189万元款项时并没有谋取不正当利益的主观目的,不能将2年后,徐某某将A集团所有的小家电类商标无偿转让给数码公司的事实,以及政府有关机关对国有企业改制时,依据审计评估报告,按照合法程序支付给科技公司1198万元的事实,作为认定被告人谋取了不正当利益的依据。河南省高级人民法院认为李某某借款给徐某某的行为不符合行贿罪的构成要件,据此判决撤销一审对行贿罪的定罪量刑,符合法律规定。

二、虚开增值税专用发票罪的法律分析

(一)虚开增值税专用发票罪的构成要件

《刑法》第205条虚开增值税专用发票罪,是指行为人违反国家税收征收管理法律法规,为他人虚开、为自己虚开、让他人为自己虚开、介绍他人虚开增值税专用发票的行为。本罪的构成要件为:

1. 本罪的主体为一般主体,即凡达到刑事责任年龄且具备刑事责任能力的自然人和单位都可以构成本罪的犯罪主体。根据本罪主体行为方式的不同,可对主体作以下分类:(1)为他人虚开、为自己虚开,即主体为开票人。

开票人为他人虚开增值税专用发票或者用于骗取出口退税、抵扣税款的发票,一般是以赚取手续费、好处费、开票费为目的。而为自己虚开增值税专用发票则并不是为了赚取手续费,而是为了增加进项税额从而少缴税。(2)让他人为自己虚开,即主体为受票人,是指接受他人虚开的发票的单位和个人。受票人让他人为自己虚开增值税专用发票的目的有以下几种:①转手倒卖以获取非法利益;②用于抵扣税款,少缴税;③用于骗取出口退税。(3)介绍他人虚开,即主体为介绍人,是指以中间人的身份,为交易双方从中斡旋促成虚开增值税专用发票或者虚开用于骗取出口退税、抵扣税款的发票,从而获得介绍费的单位和个人。

2. 本罪的客体是复杂客体,即国家的税收征收管理制度和发票管理制度,而发票管理制度主要是指增值税专用发票的管理制度。

3. 本罪的主观方面表现为故意,即行为人明知他人没有销售货物或者提供应税劳务而给他人开具发票,或者虽然有销售货物或者提供了应税劳务,但行为人为其开具内容不真实的发票。

4. 本罪的客观方面表现为虚开增值税专用发票或者虚开用于骗取出口退税、抵扣税款的其他发票的行为。根据《刑法》第205条第3款的规定,具体表现为为他人虚开、为自己虚开、让他人为自己虚开、介绍他人虚开的行为。

(二)不以抵扣增值税税款为目的且未造成增值税损失的,不构成虚开增值税专用发票罪

1995年起,我国将虚开增值税专用发票作为犯罪处理。此后,随着社会发展,实践中虚开增值税专用发票的行为开始多样化,出现了有真实交易的代开行为、不会造成增值税流失的虚开行为、为虚增利润而虚构交易的虚开行为等行为。这些行为与以抵扣增值税税款为目的的虚开增值税专用发票的行为在社会危害性上有显著不同,也超出了虚开增值税专用发票罪的范围。因此,最高人民法院研究室《〈关于如何认定以"挂靠"有关公司名义实施经营活动并让有关公司为自己虚开增值税专用发票行为的性质〉征求意见的复函》(法研〔2015〕58号)第2条明确解释,行为人利用他人的名义从事经营活动,并以他人名义开具增值税专用发票的,即便行为人与该他人之间不存在挂靠关系,但如行为人进行了实际的经营活动,主观上并无骗取抵扣税款的故意,客观上也未造成国家增值税款损失的,不宜认定为《刑法》第205条规定的虚开增值税专用发票罪。本案存在真实货物交易,芜湖某科技公司

为芜湖某汽车电子公司开具增值税专用发票后,用购进材料的进项税部分抵扣了开具销售 DVD 增值税专用发票的销项税,并未造成国家增值税款损失,因此,河南省高级人民法院对李某某不构成虚开增值税专用发票罪的认定符合法律规定。

【结语及建议】

本案从一审到终审,历时 5 年之久,从最初法院认定构成 4 个罪名、判处无期徒刑,最终变成构成 2 个罪名、判处 12 年 6 个月有期徒刑。本案通过有效辩护,维护了被告人的合法权益,保障了法律的正确实施。

笔者接受委托后,对本案的卷宗材料、证据进行了详细的研究分析,充分掌握案情的每个细节,根据《刑法》对起诉书指控罪名的犯罪特征、构成要件,逐一进行比对研究,得出正确的辩护观点,辩护有理有据,法官最终采纳了笔者的意见。建议刑事辩护律师要认真分析研究案件的每个细节,对案情和犯罪构成要件烂熟于心,娴熟运用刑法理论和法律规定,分析判断被告人是否构成犯罪,构成的是此罪还是彼罪,以及是否应当从轻、减轻处罚等。另外,办理刑事案件还要有不畏风险、不惧压力、锲而不舍的敬业精神。辩护律师要秉承"严谨、专业、负责"的执业理念,寻找决胜的辩点,充分维护当事人的合法权益,使法律在具体案件中体现出应有的公平和公正。

盗窃罪与侵占罪的区别，一个永远争论不休的话题

——案例 12：张某某盗窃案

陈　沉[*]　王天雨[**]

【案情简介】

2019 年 1 月 8 日，焦作市武陟县张某某接受新乡某公司的委托，驾驶自有的半挂车，从青岛董家口港将散装小麦运往新乡市延津县。发货单据显示，其承运的小麦净重 29.32 吨。在运输过程中，张某某发现小麦净重 33.32 吨，实际重量比发货单据所载数额多了 4 吨。张某某误认为多出的 4 吨小麦属于装货过程中发货人操作失误，当天晚上，张某某通过亲属联系购买粮食的商户，连夜将 4 吨小麦出售，并将所得款项私自占有。

新乡某公司收货时，发现张某某运输的小麦为 29.32 吨，而非 33.32 吨，比预计少了 4 吨，遂报警并扣车。延津县公安机关立即立案侦查。2019 年 1 月 10 日，张某某家属听从笔者的建议，根据新乡某公司的要求，按照市场价格将 4 吨小麦的价款如数退给了该公司。

延津县公安机关同意张某某缴纳 1 万元保证金后取保候审，同时被取保候审的还有收购小麦的两名商户。

2019 年 5 月 29 日，延津县公安机关以盗窃罪移送起诉，延津县检察院通知张某某办理认罪认罚有关手续，其间，笔者向延津县公安局、延津县人民检

---

[*] 陈沉，河南敏学律师事务所副主任。
[**] 王天雨，河南敏学律师事务所律师。

察院提交了三份书面意见。

【辩护意见】

1. 张某某的行为属于侵占而非盗窃,不符合盗窃罪的犯罪构成要件。

所谓盗窃罪,是指以非法占有为目的,秘密窃取公私财物,数额较大或者多次盗窃、入户盗窃、携带凶器盗窃、扒窃公私财物的行为。张某某接受新乡市某公司委托,负责将涉案小麦从青岛董家口港运往新乡市延津县,是货物的承运人,也是受托人。在运输途中,涉案小麦属张某某代为保管的货物,张某某对该货物有合法的占有权,其处分4吨小麦的行为属于将自己代为保管的他人财物非法占为己有,对于自己占有的财物,不需要秘密窃取,其行为不符合盗窃罪的犯罪特征,不构成盗窃罪。

2. 张某某的行为符合侵占罪的特征,但因其已经将侵占物及时退还,所以不构成侵占罪。

《刑法》第270条规定,将代为保管的他人财物非法占为己有,数额较大,拒不退还的,处2年以下有期徒刑、拘役或者罚金。根据该条规定,张某某侵占他人财物,数额较大,如果拒不退还则构成侵占罪。本案案发后,张某某家属和新乡某公司已达成书面协议,张某某家属已经按照市场价格将出售小麦的全部款项退还给了该公司,张某某没有"拒不退还"的法定情形,其行为不符合侵占罪的特征,也未给委托人造成任何损失,因此不构成侵占罪。

3. 供货方和收货方恶意串通,侵害了张某某的合法权益,委托人存在过错,也应当受到惩罚。

本案的起因在于供货方、收货方相互勾结,恶意串通,故意在称重时通过不正当手段使得所称重量与实际重量不符,侵犯了承运人张某某获得足额运费的权利。如果重量不符导致承运人从委托人处获得的运费有所减少,且该减少的部分达到法定数额,依照有关规定,供货方和收货方则可能因为虚构事实、隐瞒真相而涉嫌诈骗犯罪,其中还可能隐藏其他不法勾当,对此,司法机关应予查明。

综上,张某某对货物具有合法的占有权,其行为不符合盗窃罪的犯罪特征。张某某及时退还侵占物,其行为也不符合侵占罪的犯罪特征。刑法具有谦抑性,适用时应当万分慎重,不可随意启动。公安机关过度使用权力并不是在打击犯罪,而是在侵犯人权,浪费司法资源。张某某具有合法占有的情形,其行为不符合盗窃罪的犯罪特征。因此,延津县人民检察院应依法行使监督权,建议公安机关撤销案件,或者检察院作不起诉处理。

【案件结果】

延津县公安机关撤销了案件,延津县人民检察院决定解除取保候审。

【案件评析】

盗窃罪和侵占罪的区别,是一个永远争论不休的话题。盗窃罪和侵占罪是司法实践中较为常见的取得型财产犯罪。盗窃罪的基本特征是,违背被害人的意志,使用平和的方式,将他人占有的财物转移为自己或者第三人占有;侵占罪的基本特征是,将自己占有的他人财物转移为自己所有,或者将脱离了占有的他人财物转移为自己所有。由此可见,二者的重大区别在于,前罪是转移占有的犯罪,而后罪是不转移占有的犯罪。因此,区分盗窃罪与侵占罪的关键,在于判断作为犯罪对象的财物是否脱离占有以及由谁占有。

盗窃罪是最古老的侵犯财产犯罪,几乎与私有制的历史一样久远。我国《刑法》第264条规定,盗窃罪是指以非法占有为目的,盗窃公私财物,数额较大或者多次盗窃、入户盗窃、携带凶器盗窃、扒窃的行为。《刑法》第270条规定,侵占罪是指以非法占有为目的,将代为保管的他人财物、遗忘物或者埋藏物非法占为己有,数额较大,拒不交还的行为。

两个罪名有许多相似之处,即犯罪主体都是一般主体,主观方面都是故意以非法占有为目的,侵犯的客体都是公私财物所有权。不同的是,盗窃罪是以秘密窃取的手段,"变他人所有为非法所有";侵占罪是在合法占有后,"变合法占有为非法所有",是否合法占有是二者的本质区别。从理论上界分盗窃罪与侵占罪并非难事,但是在具体案件中却千差万别,差之毫厘,谬以千里。许霆盗窃案使得法学理论界争论不休,许霆得到社会大众广泛的理解与同情,就形象地说明了这一点。

侵占罪法定最高刑为5年有期徒刑,而盗窃罪的法定最高刑为无期徒刑。因此,区分盗窃罪与侵占罪,无论是对于刑法的正确适用,还是对于被告人人权的保障,都具有重要的现实意义。

就本案而言,张某某将不属于自己的4吨小麦出售给他人,并将所得款项占为己有,侵犯他人财产的事实客观存在。张某某出售小麦的行为是在夜深人静时实施的,这和盗窃罪秘密窃取的特征相吻合。在侦查阶段,各犯罪嫌疑人均作了有罪供述。在审查起诉阶段,张某某认罪认罚,并缴纳了1万元保证金。如果认定其构成盗窃罪,因为数额巨大,张某某将面临3年以上有期徒刑;如果改变定性,认定其行为属于侵占,因为有及时退还小麦货款的法定情节,则不构成犯罪。

盗窃的行为结构为:将他人所有的财物,通过平和手段,转移为自己所有。侵占的行为结构为:将他人所有、自己占有的财物,变成自己所有。张某某在处分小麦时,是否已经合法占有该财产,所有权人是否已经丧失了对该财产的占有,这是本案构成盗窃罪还是侵占罪的关键所在。

张某某基于民法上的运输合同关系,自该批货物装载上车并驶出装货地后,即合法取得对该批货物的实际占有,其占有是所有权人主动赋予的。张某某占有该货物,并对该货物负有防止其丢失、损毁、雨淋、串味,以及按时运送等责任,在其处分财物时已取得占有权。如果张某某不曾占有该货物,就无法处分该货物。

笔者认为,张某某处分该财产时已经合法占有了该财产,其处分行为符合侵占的特征。货物所有权人对该批货物是否已经脱离占有,是笔者和检察官沟通的重点。

所有权人对该批货物享有所有权毋庸置疑,但当该批货物脱离所有权人的占有、离开所有权人所在地或控制范围后,所有权人即丧失了对该批货物的实际占有。装货地青岛董家口港距目的地新乡市延津县约600公里,其间,该货物的占有毫无疑问已经转移给了张某某。

关于对封缄物的理解,也是笔者和检察官沟通的重点。

委托人为了防止受托人利用占有处分财物,特意对财物进行了包装加锁,包装加锁后的物品被称为封缄物。理论上讲,如果将封缄物整体占为己有,则成立侵占罪,而仅取其中内容物,则构成盗窃罪。本案中,如果货物所有人将整车货物一袋一袋包装后整车封存,交由张某某运输,张某某擅自扯开封存包装出售其中货物,则构成盗窃罪。可是,张某某运输的是散装小麦,张某某将散装的小麦封存后开始运输,其出售的其中4吨小麦是散装物,而不是封缄物。

经过沟通,检察院认可了笔者的观点。

【结语及建议】

1. 给法律文书拟个标题，屡试不爽。

笔者接受委托后，多次和办案人员交流沟通，在提交法律意见时，都会给其拟个标题。笔者提交的第一份法律文书的标题是《盗窃罪和侵占罪的区别》，第二份法律文书的标题是《所有权和占有权的分离》，第三份法律文书的标题是《散装的小麦不是封缄物》。给自己的法律文书拟一个标题，将自己的观点直接呈现给司法机关，可以使观点更容易让人接受。

2. 律师要审时度势，必要时以退为进。

公安机关经过侦查立案以后，一般情况下不会主动撤销案件。本案当事人是焦作市武陟县人，被害人是新乡市延津县人，办案机关是新乡市延津县公安局，出售小麦的地点是新乡市辉县，本案涉焦作市和新乡市辉县、延津县等地。为抓获犯罪嫌疑人，公安机关投入了大量的警力和精力，因此认为案件事实清楚，证据确实、充分，对于笔者提出的犯罪嫌疑人无罪的辩护意见，公安机关难以接受。在这种情况下，笔者指导当事人认罪认罚，积极缴纳保证金，提供保证人，签署认罪认罚具结书，以退为进，得到了犯罪嫌疑人人身自由不被限制的结果。

3. 谙熟法律，巧用案例，旁征博引，以理服人。

我国属于成文法国家，不实行判例法制度，但是，随着指导性案例制度的逐步发展，指导性案例对司法机关办理案件有指导和参考作用。在公安机关移送起诉阶段，笔者搜集相关案例，打印后向检察院提交，同时提炼出了富有逻辑的观点，写成书面意见，最终得到了检察官的认可，达到了维护当事人合法权益的目的。

4. 开阔思路，罪名之辩，柳暗花明。

按照常理，在货物所有人不知道的情况下，犯罪嫌疑人伙同他人在深夜将4吨小麦出售，并将货款占为己有，确实不妥。如果按照盗窃罪追究责任，当事人将面临3年以上有期徒刑，但是如果将其行为认定为侵占，因为具有及时退还的情节，则不构成犯罪。律师在办理刑事案件时，要大胆质疑，突破固有的思维模式，不放过任何细节，寻找最好的突破口，争取最大限度维护当事人的合法权益。

5. 案发之后,当事人及其家属应当及时委托辩护人。

本案发生后,当事人及时和笔者取得了联系,在笔者指导下,当事人将出售小麦所得的货款全额退还,并如实供述全部案件事实,认罪认罚。如果当时没有及时退还小麦货款,即使不构成盗窃罪,也会构成侵占罪,后果会完全不同。因此,如果发生刑事案件,有必要在第一时间找专业律师咨询代理。

未按合同约定用途使用投资款
是否构成合同诈骗罪
——案例13：索某合同诈骗案

陆咏歌[*]　何瑞锋[**]

【案情简介】

2013年2月初，某矿业公司因开采某镇矿山需要资金支持，公司实际控制人索某与某贸易公司签订《合作协议》，约定某贸易公司以分两笔、每笔500万元的方式支付给某矿业公司共计1000万元并约定月利息为2%，两笔款项分别用于某矿业公司解决矿区征地问题和支付征地及施工费用，同时约定某矿业公司负责开采矿石，矿石由某贸易公司负责上交中铝公司并与之结算，某贸易公司可直接逐月扣除70%矿石结算款以抵扣其所注资金，直至本金及利息抵扣完毕。2014年9月初，某矿业公司与某贸易公司签订《合作补充协议》，该协议对之前的《合作协议》中某贸易公司的投资款如何处理进行了明确的约定，即由某贸易公司对矿石直接进行开采，并在某矿业公司监督下直接与中铝公司结算矿石款，若某矿业公司一次性还清之前的投资款及利息，或者某贸易公司开采矿石价格已达到之前的投资和利息金额，则某贸易公司须退出施工，并继续履行原协议。同时约定某贸易公司再注资300万元，为保证某贸易公司能尽快收回该300万元，某贸易公司可不通过某矿业

---

[*] 陆咏歌，金博大律师事务所主任。
[**] 何瑞锋，金博大律师事务所资源类与食品药品环境犯罪研究中心主任，金博大律师研究院副院长。

公司料场而直接将所开采矿石与中铝公司进行结算,结算款直接全额抵扣该300万元注资款。

《合作协议》签订后,某矿业公司开采矿石,中铝公司与某贸易公司结算了8000吨矿石的结算款;《合作补充协议》签订后,中铝公司与某贸易公司结算了2.6万吨矿石的结算款。

2015年7月13日,沁阳市公安局接到某贸易公司股东买某报案,其称索某利用签订《合作协议》的方式,诈骗其1000万元。沁阳市公安局审查后于2016年10月10日立案侦查。

2018年8月6日,沁阳市公安局以沁公(经)诉字〔2018〕0019号起诉意见书将本案移送沁阳市人民检察院审查起诉。沁阳市人民检察院于2018年9月21日第一次退回沁阳市公安局补充侦查,沁阳市公安局于2018年10月19日补充侦查完毕移送检察院审查起诉;沁阳市人民检察院于2018年12月4日第二次退回沁阳市公安局补充侦查,沁阳市公安局于2019年1月4日补充侦查完毕移送检察院审查起诉;2019年2月19日,沁阳市人民检察院充分考虑和采纳了律师的法律意见后,作出不起诉决定。

【辩护意见】

本案中,沁阳市既不是犯罪地,也不是犯罪嫌疑人居住地,沁阳市司法机关对本案没有管辖权。根据《刑事诉讼法》及相关司法解释的规定,刑事案件的管辖原则为犯罪行为发生地、犯罪结果发生地和犯罪嫌疑人居住地。具体到本案中,沁阳市只是涉案款项支付过程中的一个流转地,不能粗暴地将其认定为犯罪结果发生地,否则将与管辖法理相悖。因此,沁阳市既不是犯罪地,也不是犯罪嫌疑人居住地,沁阳市人民检察院对本案没有管辖权。

关于合同诈骗罪的定性,某贸易公司与某矿业公司签订的合同系双方真实意思的表现,不存在认定合同诈骗罪的行为要件,双方发生的纠纷系经济纠纷,索某不构成合同诈骗罪。某矿业公司在与某贸易公司签订合同的时候拥有合同约定的涉案矿山的开采权,且涉案矿山真实存在,并无任何虚构成分,某矿业公司不存在任何的隐瞒、欺骗的行为,某贸易公司也没有被骗,因此双方签订的《合作协议》及《合作补充协议》是真实意愿的体现,并且某贸易公司确实获得了开采矿石的矿石款。

2013年2月初,某贸易公司与某矿业公司签订《合作协议》。该协议对某贸易公司1000万元款项的支付时间、用途及利益分配方式进行了明确的约定,即1000万元由某矿业公司用于解决矿区征地问题和支付征地及施工费用,某矿业公司直接开采矿石,开采的矿石经某贸易公司账户上缴并与中铝公司结算,某贸易公司逐月扣除70%矿石结算款以抵扣1000万元款项的本金利息,直至本金利息全部抵扣完毕。2014年9月初,某贸易公司与某矿业公司签订了《合作补充协议》。该协议对之前的《合作协议》中如何处理之前某贸易公司的投资款进行了明确的约定,即由某贸易公司进行直接开采,某矿业公司协助。同时约定"……二、在甲方施工过程中,乙方如能一次性偿还甲方的投资和利息费用,甲方应停止施工,退出施工现场,继续履行原协议内容。三、甲方在施工过程中,供矿矿石价值已达到甲方投资和利息金额,如乙方要求甲方退出,甲方应同意按原协议内容执行……"(甲方指某贸易公司,乙方指某矿业公司)。据此可以看出,双方已经对之前某贸易公司注入的1000万元如何偿还再次进行了明确的约定。尽管某矿业公司没有将某贸易公司的1000万元借款全部用于矿山的开采工作,客观上也的确存在不能向某贸易公司支付利息的责任,但是综合全部事实,某贸易公司向某矿业公司支付的该1000万元的目的是与某矿业公司合作开采铝矿石并从中获取利益,这是其投入资金的最终目的,至于1000万元的最终流向则不是某贸易公司所关注的。因此不能仅以未按照合同约定使用1000万元款项就认定某矿业公司是为了诈骗某贸易公司才签订的协议。

综上所述,认定合同诈骗罪的行为要件并不存在,即使双方存在金钱纠纷,某矿业公司也仅存在未向某贸易公司支付利息及未按照合同约定用途支配投资款项的民事违约责任,而非刑事责任。某贸易公司可以据此债权通过民事诉讼程序来解决,而不是刑事程序。

【案件结果】

河南省沁阳市人民检察院作出沁检未检刑不诉〔2019〕1号不起诉决定,对索某作出不起诉决定。

【案件评析】

1. 刑事案件管辖机关的确定。

《刑事诉讼法》第 25 条规定:"刑事案件由犯罪地的人民法院管辖。如果由被告人居住地的人民法院审判更为适宜的,可以由被告人居住地的人民法院管辖。"2018 年 1 月 1 日施行的最高人民检察院、公安部《关于公安机关办理经济犯罪案件的若干规定》第 8 条规定,经济犯罪案件由犯罪地的公安机关管辖。如果由犯罪嫌疑人居住地的公安机关管辖更为适宜的,可以由犯罪嫌疑人居住地的公安机关管辖。犯罪地包括犯罪行为发生地和犯罪结果发生地。居住地包括户籍所在地、经常居住地。单位涉嫌经济犯罪的,由犯罪地或者所在地公安机关管辖。据此,可以得出刑事案件的管辖原则为犯罪行为发生地、犯罪结果发生地和犯罪嫌疑人居住地。

确定犯罪结果发生地时,应当综合全案确定各个连接点,而不能简单地将经济案件中某一阶段的转账地作为犯罪结果发生地。如果这样认定,那么涉及款项流转的各个地方都有管辖权,这明显与管辖的法理相悖。

2. 合同诈骗罪的法律分析。

《刑法》第 224 条规定,具有法定情形,以非法占有为目的,在签订、履行合同过程中,骗取对方当事人财物,数额较大的,构成合同诈骗罪。本罪必须符合以下四个要件:(1)犯罪的主体为个人或单位。(2)犯罪的主观方面为直接故意,即行为人主观上具有非法占有他人财产的直接故意。(3)犯罪的直接客体为公私财产所有权,同时在一定程度上也扰乱了国家对经济合同的管理秩序。(4)犯罪的客观方面表现为行为人在签订、履行合同过程中,以虚构事实或者隐瞒真相的方法,骗取对方当事人财物,数额较大的行为。

3. 正确区分合同违约和合同诈骗。

依据《刑法》第 224 条关于合同诈骗罪的规定,合同诈骗罪是指以非法占有为目的,在签订、履行合同过程中,骗取对方当事人财物,数额较大的行为,同时该条列举了四种具体行为并规定了兜底条款。

具体到本案,在合同最初成立时,某矿业公司并没有非法占有的目的,更无欺骗某贸易公司的行为,某矿业公司在与某贸易公司签订合同的时候拥有合同约定的涉案矿山的开采权,且涉案的矿山真实存在,并无虚构,某矿业公司没有隐瞒、欺骗,某贸易公司也没有被骗,并且某贸易公司确实依据双方所签的协议获得了开采矿石的矿石款。尽管某矿业公司客观上的确存在没有按照合同约定用途将 1000 万元投资款用于解决征地工作和支付征地及施工费用的行为,也存在不能向某贸易公司支付利息的责任,但这完全是民事范畴的合同违约行为,而不应当以刑事犯罪来处理。

综上,沁阳市人民检察院最终作出不起诉决定是正确的。

【结语及建议】

俗话说,"透过现象看本质"。在刑事辩护中,刑辩律师需要掌握"洞穿事实看实质"的技能。本案是一起检察机关两次退回侦查机关补充侦查最终作出不起诉决定的典型案件,涉及的基本事实是被告人未按合同约定的用途使用投资款。笔者的辩护意见之一是:侦查机关明显未认识到未按约定用途使用投资款行为的本质,本案其实是经济纠纷而非刑事犯罪,这是洞穿实体法事实;辩护意见之二是:沁阳市只是涉案款项支付过程中的一个流转地,不能粗暴地将其认定为犯罪结果发生地,这是洞穿程序法事实;辩护意见之三是:双方签订的《合作协议》及《合作补充协议》是真实意愿的体现,并且某贸易公司确实获得了开采矿石的矿石款,这是洞穿证据法事实。本案中,笔者最终达到了委托人被实质无罪处理的辩护效果。本案在侦查期间,从表面上看,涉案企业确实存在报案人所述未将合同投资款项按照事先约定的用途使用及未支付利息的事实。但是笔者查阅卷宗后发现,某贸易公司投入资金 1000 万元是为了获取开采矿石的利益,并且已经通过矿石结算款收回了投资款,1000 万元资金的实际用途及资金流向并不是某贸易公司关注的焦点。但侦查机关明显未认识到未按约定用途使用投资款行为的本质,本案其实是经济纠纷而非刑事犯罪。笔者结合某贸易公司投资款项的真实意图及某矿业公司违约行为的本质,补强了法律意见,有力促成了索某得到公正处理的结果。

建议辩护人在辩护工作中,在对罪名构成要件烂熟于心的同时,更要关注深层次的法律关系本身,厘清刑民界限,娴熟运用刑事法律规定,秉承"严谨、专业、细心"的理念找到决胜的辩点,充分维护好每一个当事人的合法权益,使法律真正体现出应有的公平和公正。

以销售商品为目的、以销售业绩为计酬依据的单纯的"团队计酬"式传销活动,不应作为犯罪处理

——案例14:侯某某组织、领导传销活动案

刘宏胜[*]

【案情简介】

中牟县公安局在办理侯某某组织、领导传销活动一案时,结合犯罪嫌疑人侯某某的供述,确定侯某某为涉嫌组织、领导传销活动罪的犯罪嫌疑人,并于2021年3月16日对侯某某采取刑事强制措施。

2021年3月17日,本案进入侦查阶段,笔者接受委托,为犯罪嫌疑人侯某某在侦查阶段提供刑事辩护服务。笔者取得委托后,第一时间即多次会见犯罪嫌疑人。笔者了解到本案系因当地一客户通过当地经理购买了约10万元的大麦苗粉,因其产品未能销售给下家而与他的上家即该当地经理发生纠纷,后该客户报警。公安机关经侦查发现,本案存在报警人向其上家支付费用并得到部分返利,根据其下家的销售业绩,其也有一定的提成,初步认为本案参与传销活动人员在30人以上,层级也在3级以上,侯某某是该公司的总策划人和实际控制人,是组织、领导传销活动的领导者,应当追究侯某某的刑事责任,故对侯某某采取刑事拘留措施。

在犯罪嫌疑人被刑事拘留期间,笔者与中牟县人民检察院案管中心多次联系,询问该县公安局是否将本案的报请批捕材料移送检察院,在材料已被

---

[*] 刘宏胜,河南良仁律师事务所高级合伙人、刑事法律部主任。

移送并确定承办检察官后,笔者向中牟县检察院提交了专业审慎的法律意见书。

【辩护意见】

笔者认为,侯某某组织、领导传销活动一案事实不清、证据不足,应依法不作为犯罪处理。

1. 组织、领导传销活动罪是《刑法修正案(七)》增设的罪名,本罪的设立为惩治组织、领导传销活动的犯罪行为提供了法律依据。根据《刑法》第224条之一的规定,组织、领导传销活动罪是指组织、领导以推销商品、提供服务等经营活动为名,要求参加者以缴纳费用或者购买商品、服务等方式获得加入资格,并按照一定顺序组成层级,直接或者间接以发展人员的数量作为计酬或者返利依据,引诱、胁迫参加者继续发展他人参加,骗取财物,扰乱经济社会秩序的传销活动的行为。本案中,笔者认为侯某某不存在"引诱、胁迫参加者继续发展他人参加,骗取财物"的行为,因此不符合本罪要求的犯罪构成要件,不构成本罪。

2. 最高人民法院、最高人民检察院、公安部《关于办理组织领导传销活动刑事案件适用法律若干问题的意见》(公通字〔2013〕37号)针对传销组织层级及人数的认定问题,规定"引诱、胁迫参加者继续发展他人参加,骗取财物,扰乱经济社会秩序的传销组织,其组织内部参与传销活动人员在三十人以上且层级在三级以上的,应对组织者、领导者追究刑事责任"。可见,本罪的成立,不仅要求组织者或领导者存在引诱、胁迫参加者继续发展他人参加的行为,同时要求参与人数在30人以上且层级在3级以上。笔者认为,本案的层级未在3级以上,侯某某不构成组织、领导传销活动罪。

3. 公安机关应依法收集并查证缴纳、支付费用及计酬、返利的记录,视听资料,传销人员关系图,银行账户交易记录,互联网电子数据,鉴定意见等证据,综合认定参与传销的人数、层级数等犯罪事实。笔者认为,本案中不存在上述证据,未达到证据确实、充分的标准,检察官应依法作出不予批准逮捕的决定。

4. 最高人民法院、最高人民检察院、公安部《关于办理组织领导传销活动刑事案件适用法律若干问题的意见》规定,"本意见所称'层级'和'级',系指组织者、领导者与参与传销活动人员之间的上下线关系层次,而非组织者、领导者在传销组织中的身份等级"。因此,检察院在审查确定层级时,应考虑到该层级不是指组织者和领导者在传销组织中的身份等级。

5. 司法实践中,合理划定组织、领导传销活动的犯罪行为与"团队计酬"式行为的界限,是准确处理此类案件的必要前提。最高人民法院、最高人民检察院、公安部《关于办理组织领导传销活动刑事案件适用法律若干问题的意见》针对"团队计酬"式行为的处理问题,规定"以销售商品为目的、以销售业绩为计酬依据的单纯的'团队计酬'式传销活动,不作为犯罪处理"。据此,笔者认为,本案属于以销售商品大麦苗粉为目的、以销售业绩为计酬依据的单纯的"团队计酬"式传销活动,与以"拉人头"、收取"入门费"为主要手段,以发展人员的数量作为计酬或者返利依据的传销活动存在明显差异。并且,如上所述,层级未达3级以上,故不应当作为犯罪处理,应当依法对侯某某立即释放并撤销案件,在审查批捕环节应当作出不予批准逮捕侯某某的决定。

检察院应当正确适用法律,把好法律监督关,在司法实践中以实际行动让人民群众在每一个司法案件中感受到公平正义。

综上,根据我国《刑法》《刑事诉讼法》及相关司法解释的规定,检察机关和公安机关应对犯罪嫌疑人侯某某不作犯罪处理,在审查批捕环节,检察机关应作出不予批准逮捕的决定,公安机关应当依法作出撤销案件的决定。

【案件结果】

中牟县人民检察院充分考虑和采纳了笔者的辩护意见,以本案事实不清、证据不足为由(而不是以没有逮捕必要性为由)作出不予批准逮捕的决定,然而公安机关并未立即撤销案件,而是变更强制措施为监视居住,经过笔者不懈努力,在监视居住期限届满后的第二天,中牟县公安局作出了撤销案件的决定。

【案件评析】

笔者从以下方面深入浅出地剖析,既对检察机关该不该批捕作出分析,也为后续公安机关撤销案件埋下伏笔。同时明确表明本案中笔者坚持侯某某不构成犯罪的无罪辩护思路。

1. 笔者认为,侯某某组织、领导传销活动一案事实不清,证据不足,应依法不作为犯罪处理。在法律层面上,本案属于以销售业绩为计酬依据的单纯的"团队计酬"式传销活动,根据最高人民法院、最高人民检察院、公安部《关于办理组织领导传销活动刑事案件适用法律若干问题的意见》,该行为不作为犯罪处理,故笔者认为侯某某不构成犯罪,检察院应当作出不予批准逮捕的决定。

2. 侯某某归案后如实陈述案件事实,没有逃跑等可能妨碍刑事诉讼顺利进行的情形,不符合逮捕的条件,本案没有逮捕犯罪嫌疑人的必要。

综上,中牟县公安局在侯某某被监视居住的6个月内,虽经过侦查仍未收集并查证涉案人员缴纳、支付费用及计酬、返利的记录,视听资料,传销人员关系图,银行账户交易记录,互联网电子数据,鉴定意见等客观证据,有力印证了笔者主张的本案事实不清、证据不足的主要辩点;且退一万步来讲,即使有证据证明本案存在"团队计酬"式传销活动,也依法应当不作为犯罪处理。中牟县人民检察院因事实不清、证据不足作出不予批捕决定,以及公安机关最终撤销立案,都是正确的。

【结语及建议】

本案中,公安机关立案以后,为充分发挥人民检察院的法律监督职能,在侦查阶段,笔者向检察院提交了相应的辩护意见,重点阐述侯某某涉嫌组织、领导传销活动一案事实不清、证据不足,最终检察院采纳笔者"应当作出不予批捕决定"的辩护意见,且作出不予批捕决定的原因是本案事实不清和证据不足。

本案中,中牟县公安局立案侦查后,中牟县人民检察院完全采纳了笔者的辩护意见,作出不予批捕决定,但是公安机关并没有立即撤销立案,而是变更强制措施为监视居住,但在监视居住期间仍未收集到确实充分的证据,故公安机关最后不得不在监视居住期限届满后予以撤销案件。

建议刑事辩护人进行辩护工作时,在对涉案全部相关法律法规包括部门规章、地方性法规烂熟于心的基础上,娴熟运用上述法律规定,秉承"受人之托、忠人之事"的理念寻找到决胜的辩点,充分维护好每一个当事人的合法权益,在个案中保障法律的正确实施。

持卷烟零售许可证期间未按规定渠道进货销售，不宜按非法经营罪追究刑事责任

——案例 15：张某非法经营案

冯景琦[*]

【案情简介】

张某自 2015 年至 2017 年在 M 县烟草专卖局取得烟草专卖零售许可证期间，从 M 县部分烟草零售商店购买软中华、硬中华、黄鹤楼、黄金叶天叶等高档卷烟后，用消码器将所收购的卷烟消码处理后，加价售往 M 县较大的烟酒商店及郑州市、湖北省、江苏省等地，从中获取利润，经营额为 40 万元左右，获利 3 万余元。2018 年 1 月 9 日，M 县公安局对本案立案侦查，2018 年 7 月 30 日，本案侦查终结。

依据 M 县公安局 2018 年 7 月 30 日出具的起诉意见书，2015 年至 2017 年 11 月 2 日期间，为获取非法利益，张某伙同王某违反国家烟草专卖管理法律法规，在未办理烟草专卖批发许可证的前提下，私自在 M 县内有烟草专卖零售许可证的烟草销售终端商铺低价收购高档品牌香烟，进行消码处理后加价串码销往其他地区，非法获利 10 万元。2017 年 11 月 2 日以来，张某以持有烟草专卖零售许可证为幌子，以上述方式非法获利 2 万元。2018 年 1 月 9 日凌晨，办案民警在其使用的车库内查获还未转手倒卖的品牌高档香烟 1000 余条，价值 30 万元。

---

[*] 冯景琦，北京观韬中茂（郑州）律师事务所专职律师。

2018年11月12日,案件进入审查起诉阶段。笔者接受委托后,为张某提供刑事辩护服务。在详细阅卷和多次会见张某的基础上,笔者又数次与承办人及负责公诉的检察官等当面就事实认定、证据确认以及准确适用法律等问题进行了沟通。

2018年12月10日、2019年1月30日,M县人民检察院两次将案件退回侦查机关补充侦查。2019年2月28日,笔者向M县人民检察院提交了专业审慎的法律意见书。

【辩护意见】

本案中,张某从非指定烟草专卖部门进货、向他人多次跨地区销售卷烟的行为,属于超范围和地域经营,不宜按照非法经营罪处理,而应当由相关主管部门处理。最高人民法院、最高人民检察院《关于办理非法生产、销售烟草专卖品等刑事案件具体应用法律若干问题的解释》第1条第5款规定:"违反国家烟草专卖管理法律法规,未经烟草专卖行政主管部门许可,无烟草专卖生产企业许可证、烟草专卖批发企业许可证、特种烟草专卖经营企业许可证、烟草专卖零售许可证等许可证明,非法经营烟草专卖品,情节严重的,依照刑法第二百二十五条的规定,以非法经营罪定罪处罚。"按照此规定,只有符合上述列举的四种情形之一,情节严重的,才可能构成非法经营罪。而本案中,张某持有烟草专卖零售许可证,但是超地域经营、从非指定烟草专卖部门进货的情形显然不属于此规定所列的非法经营行为。

另外,2011年5月6日最高人民法院《关于被告人李明华非法经营请示一案的批复》指出,持有烟草专卖零售许可证,但多次实施批发业务,而且从非指定烟草专卖部门进货的行为,属于超范围和地域经营的情形,不宜按照非法经营罪处理,应由相关主管部门进行处理。

综上,张某、王某持有烟草专卖零售许可证期间,从非指定烟草专卖部门进货、向他人多次跨地区销售卷烟的行为,应当由相关主管部门处理,不宜按照非法经营罪处理。因此,检察机关应准确评价张某超范围和地域经营的行为,对张某的行为不作犯罪处理,让张某真实感受到法律的公平和正义。

【案件结果】

2019年4月16日,M县人民检察院作出检公诉刑不诉〔2019〕10号不起诉决定,认定张某持有烟草专卖零售许可证期间没有按照该许可证规定的渠道进货,违反《烟草专卖法》相关规定,属于一般行政违法;无证经营期间的经营额及违法所得事实不清,证据不足,不符合起诉条件,故最终决定对张某不起诉。

【案件评析】

《刑法》第225条规定,非法经营罪是指违反国家规定,有下列非法经营行为之一,扰乱市场秩序,情节严重的行为:(1)未经许可经营法律、行政法规规定的专营、专卖物品或者其他限制买卖的物品的;(2)买卖进出口许可证、进出口原产地证明以及其他法律、行政法规规定的经营许可证或者批准文件的;(3)未经国家有关主管部门批准非法经营证券、期货、保险业务的,或者非法从事资金支付结算业务的;(4)其他严重扰乱市场秩序的非法经营行为。由于《刑法》第225条第(四)项为兜底条款,在现实生活中,诸多未经许可经营法律、行政法规规定的专营、专卖物品或其他限制买卖的物品的行为都被评价在此项条款中予以定罪处罚,特别是持有烟草专卖零售许可证,通过车辆运输、"背包客"等方式跨区域销售高档紧俏品牌烟的行为。最高人民法院、最高人民检察院《关于办理非法生产、销售烟草专卖品等刑事案件具体应用法律若干问题的解释》第1条第5款以列举的方式就此专门作出明确规定:"违反国家烟草专卖管理法律法规,未经烟草专卖行政主管部门许可,无烟草专卖生产企业许可证、烟草专卖批发企业许可证、特种烟草专卖经营企业许可证、烟草专卖零售许可证等许可证明,非法经营烟草专卖品,情节严重的,依照刑法第二百二十五条的规定,以非法经营罪定罪处罚。"按照此规定,只要有上述四种情形之一,情节严重的,均可能构成非法经营罪,但该解释仅将无相关许可证的行为规定为非法经营,未明确规定有烟草专卖零售许可证而从事烟草批发及超地域经营的情形是否属于非法经营。对此,2011年5月6日最高人民法院《关于被告人李明华非法经营请示一案的批复》中指出,持有烟草专卖零售许可证,但多次实施批发业务,而且从非指定烟草专卖部门进货的行为,属于超范围和地域经营的情形,不宜按照非法经营罪处理,应由相关主管部门进行处理。该批复进一步明确了有证违规经营应由行政法律调整,不宜追究刑事责任,体现了刑法的谦抑性原则。

综上,M县人民检察院最终不再以非法经营罪起诉张某的决定,是正确的。

【结语及建议】

"案件事实清楚,证据确实、充分"一般被认为是我国判决被告人有罪的证明标准。然而,对于"案件事实清楚",实践中存在脱离法律规范设定的案件事实(即法律事实)的错误做法。本案的刑事辩护之所以能取得检察机关不起诉的效果,关键在于笔者纠正了检察机关的这种错误做法。本案是在最高人民法院有明确批复的情况下仍然被立案追究刑事责任,最终由检察机关作出不起诉决定的典型案件,笔者最终达到了委托人被不起诉处理的辩护效果。在办理案件期间,笔者会见张某后,得知其在其他县、市办有多个烟草专卖零售许可证,且在侦查机关认定的实施跨区域经营期间,张某办理的部分许可证仍在许可期限内且有效,张某属于有证超范围和地域经营的情形,根据上述最高人民法院的批复,不宜按照非法经营罪处理,而应由相关主管部门进行处理。笔者充分利用了这个辩点,最终补强了辩护意见,有力地保证了张某得到公正的处理。

建议辩护人在辩护工作中,应娴熟运用刑事法律规定,秉承"勤勉尽责、专业细致"的理念寻找到决胜的辩点,依法维护当事人的合法权益,使其充分感受到法律的温度和公平正义。

持有烟草专卖零售许可证从事香烟回收、批发业务,不构成非法经营罪
——案例 16:许某非法经营案

李海洋*

【案情简介】

2017年7月,许某在平顶山市湛河区湛南路与开源路交叉口经营烟酒店。在经营过程中,一些人经常来收中华、天叶等名烟,在收购人员承诺回收的情况下,许某开始从其他商户处收购香烟并进行转卖。后来,许某又雇用许某1、许某2,三人长期驾车在平顶山市区、郏县、宝丰县、石龙区、鲁山县、叶县等地卷烟零售店收购各类高档名烟,随后对香烟进行烫码、分类、封箱、打包,通过平顶山至安徽省阜阳市的长途大巴车,将香烟装车运往阜阳。货物到达阜阳后,大巴车司机刘某再将香烟从阜阳转发到合肥籍人员王某处,王某收到香烟后,又将香烟卖给谢某等人。2017年11月至案发时,许某与王某非法买卖香烟的交易金额达3000余万元。经查,许某经营的烟酒店办理有烟草专卖零售许可证,所收售的香烟均是真烟,来源于烟草公司,购买于持有烟草专卖零售许可证的商户。

平顶山市新华区人民检察院2019年12月27日作出平新检二部刑诉〔2019〕23号起诉书,指控被告人王某、许某、贾某(与许某没有关联)、刘某、许某1、许某2违反国家规定,从事非法经营活动,扰乱市场秩序,情节特别严重,应当以非法经营罪追究其刑事责任,并认为被告人王某、许某、贾某在共

---

* 李海洋,河南前行律师事务所副主任。

同犯罪中起主要作用,是主犯;被告人刘某、许某1、许某2在共同犯罪中起次要作用,是从犯。

2020年1月2日,本案进入审判阶段。2020年3月24日,笔者向平顶山市新华区人民法院提交了无罪辩护词,并递交了相关无罪判例及司法解释。

【辩护意见】

本案中,笔者认为,许某的行为不构成非法经营罪。具体理由如下:

1. 被告人许某在本案中的行为不符合非法经营罪客观方面的表现。

非法经营罪在客观方面表现为违反国家规定,进行有关非法经营活动,扰乱市场秩序,情节严重的行为。客观方面的行为前提是违反国家规定,即违反全国人民代表大会及其常务委员会制定的法律和决定,以及国务院制定的行政法规、规定的行政措施、发布的决定和命令,不包括国家各部委的部门规章、规范性文件和地方性法规。没有违反国家规定,或者有明确的司法解释规定该行为不按照非法经营罪处理的,即使该行为在行政法意义上属于非法经营,也不得将其认定为非法经营罪。

2011年5月6日公布的最高人民法院《关于被告人李明华非法经营请示一案的批复》明确规定,"被告人李明华持有烟草专卖零售许可证,但多次实施批发业务,而且从非指定烟草专卖部门进货的行为,属于超范围和地域经营的情形,不宜按照非法经营罪处理,应由相关主管部门进行处理"。

(1)本案中,被告人许某的妻子持有烟草专卖零售许可证,二人共同生活、共同经营烟酒店。许某为赚取差价,未在指定的当地烟草专卖局进货,而是从他人处收购香烟的行为,属于超范围经营的情形,不构成非法经营罪。

相关无罪案件有:牛某甲非法经营案[湖北省随县人民法院(2014)鄂随县刑初字第00058号刑事判决书]。该案刑事判决书的裁判要旨为:取得烟草专卖零售许可证的企业或者个人,应当在当地的烟草专卖批发企业进货,并接受烟草专卖许可证发证机关的监督管理。该案被告人牛某甲持有烟草专卖零售许可证,从非指定烟草专卖部门进行批发进货的行为,属于超范围和地域经营的情形,依法应受《烟草专卖法》等烟草专卖品相关法律法规的调整,其行为并不构成非法经营罪。公诉机关的指控不成立,法院不予支持。被告人及其辩护人的无罪辩护意见,法院予以采纳。

相同情形的无罪案件还有:田金峰非法经营案[河南省安阳市文峰区人

民法院(2011)文刑初字第218号刑事判决书]、殷某、周某甲等非法经营案[湖北省恩施土家族苗族自治州中级人民法院(2014)鄂恩施中刑终字第00109号刑事判决书]、吕某某非法经营案[陕西省西安市长安区人民法院(2015)长安刑初字第00205号刑事判决书]、黄某祥非法经营案[江西省赣州市中级人民法院(2015)赣中刑二终字第190号刑事判决书]、余某非法经营案[四川省乐山市五通桥区人民法院(2016)川1112刑再3号刑事判决书]、杨勇等非法经营案[湖北省汉江中级人民法院(2017)鄂96刑终34号刑事判决书]。

(2)本案中,被告人许某持有烟草专卖零售许可证而无烟草专卖批发许可证,在从事烟草零售的同时从事烟草批发,该行为属于超范围经营,不构成非法经营罪。

相关无罪案件有:仲某等非法经营案[河北省井陉县人民法院(2014)井刑初字第00095号案刑事判决书]。该案刑事判决书的裁判要旨为:被告人仲某持有烟草专卖零售许可证实施烟草批发业务,属超范围经营的情形,不宜按非法经营罪处理,应由相关主管部门处理,故不构成非法经营罪,公诉机关指控被告人仲某犯非法经营罪的罪名不成立,应宣告无罪。

相同情形的无罪案件还有:贾某等非法经营案[湖北省高级人民法院(2013)鄂刑监一再终字第00022号刑事判决书]、陈某某等非法经营案[湖北省孝感市中级人民法院(2014)鄂孝感中刑终字第00155号刑事判决书]、阴某某等非法经营案[四川省绵阳市中级人民法院(2014)绵刑终字第260号刑事判决书]、黄赣果等非法经营案[广东省韶关市中级人民法院(2015)韶中法审监刑提字第1号刑事判决书]、黄某祥非法经营案[江西省赣州市中级人民法院(2015)赣中刑二终字第190号刑事判决书]、胡志龙非法经营案[辽宁省兴城市人民法院(2017)辽1481刑再1号刑事判决书]、王立明非法经营案[辽宁省兴城市人民法院(2017)辽1481刑再2号刑事判决书]、孔瑞春非法经营案[辽宁省兴城市人民法院(2017)辽1481刑再3号刑事判决书]。

2. 依照《刑法》第225条之规定,非法经营罪之非法性体现为,行为人有未经许可经营属国家专营、专卖之烟草的行为。综合分析本案证据材料,被告人许某的"买卖"行为均符合法律规定,不具有非法经营的性质,即其经营烟草的行为不具有非法性。

(1)被告人许某"买"烟草的行为不具有非法性。

本案中涉及的香烟全部出自烟草专卖局,显然烟草专卖局具有香烟经营资质,烟草专卖局把香烟批发给商户后,被告人许某从商户处购买香烟的行为不具有非法性,法律没有规定多次、大量购买香烟是违法的,故被告人许某"买"烟之行为完全符合法律规定。

(2)被告人许某"卖"烟之行为亦不具有非法性。

综合分析本案证据材料,被告人许某持有国家烟草专卖局核发的烟草专卖零售许可证。涉案香烟无论是许某从何处收购的,均来源于平顶山市烟草专卖局,也就是说,涉案的香烟全部是从烟草专卖局批发出来的,而许某只是零售,法律没有规定把香烟大量卖给一位顾客的行为构成犯罪,故被告人许某将香烟"卖"给王某的行为显然不具有非法性。

(3)本案不能以金额判断是否构成犯罪。

我国实行烟草专卖制度,国家享有烟草批发专有权,个人不可能取得烟草专卖批发许可证,只能取得烟草专卖零售许可证,如果法院以许某未取得烟草专卖批发许可证而认定许某构成非法经营,显然不合理,因为许某根本就无法办理该证,且相关法律法规也没有规定批发行为和零售行为在金额上的界限。因此,许某持有烟草专卖零售许可证就证明他有经营烟草的资格,不能以金额来判断他的行为是批发还是零售。

3. 被告人许某的行为没有损害国家的财政收入,也没有造成国家、集体财产的损失和国家税款的流失。

许某的香烟均是以烟草专卖部门的指导价购买,国家的财政收入和垄断利益已经得到保障。同时,许某所购买的香烟都是从正规渠道购进的真烟。《烟草专卖法》第1条规定:"为实行烟草专卖管理,有计划地组织烟草专卖品的生产和经营,提高烟草制品质量,维护消费者利益,保证国家财政收入,制定本法。"《烟草专卖法实施条例》第2条规定:"烟草专卖是指国家对烟草专卖品的生产、销售和进出口业务实行垄断经营、统一管理的制度。"从它们的立法目的可以看到,法律法规保障的是国家的财政收入和垄断利益。许某的行为没有损害国家的财政收入和垄断利益,故不属于犯罪。

4. 被告人的行为不具有社会危害性,即使有也很小,依法不应以犯罪论处。

本案的涉案金额不能作为判断社会危害性的标准。本案属于非法经营(烟草)案件,烟草专营是计划经济的产物,是为了垄断国家暴利。我国加入WTO后,已经在国际上宣布放开烟草专营。国家烟草专卖局已经按WTO协议的规定,放开了"烟草零特专卖证",即对进口烟草的特别许可已经放开。进口烟都在政策上放开,对于国产烟在政策上的放开有理由相信只是时间问题。党的十六大报告提出,要深化流通体制改革,健全统一、开放、竞争、有序的现代市场体系。就本案来说,平顶山地区中华烟价格高,销售情况不好,香烟积压;而浙江的顾客想要中华烟,但买不到,这是烟草专营"计划配给"不适应市场的潜在问题。因各地区间烟草配置不平衡而出现个人配合参与调剂补缺,弥补这种计划失灵,对社会的好处可能大于坏处,故不应"一刀切"地禁止,更不应给予行政处罚甚至刑事处罚。对于这种调剂补缺的行为,行政处罚已经是较严格的处罚了。被告人的行为对市场秩序没有造成任何危害性后果,把平顶山销售情况不好的中华烟调剂到有需求的地区,实际上优化了市场结构和资源配置,促进了商品的合理流通,弥补了国有公司没有起到的市场调节空缺。犯罪的一个重要特征是社会危害性,笔者认为被告人的行为不具有社会危害性,即使有也很小,依法不应以犯罪论处。

综上,被告人许某的行为不符合非法经营罪之主观及客观要件,不应按照非法经营罪定罪处罚。

【案件结果】

2021年1月7日,平顶山市新华区人民检察院作出撤回起诉决定,决定对许某、贾某、许某1、许某2撤回起诉;2021年1月11日,平顶山市新华区人民法院作出(2020)豫0402刑初61号刑事裁定,准许平顶山市新华区人民检察院撤回对许某、贾某、许某1、许某2的起诉;2021年1月26日,平顶山市新华区人民检察院作出不起诉决定,决定对许某不起诉。

【案件评析】

1. 非法经营罪的法律分析。

《刑法》第225条规定,"违反国家规定,有下列非法经营行为之一,扰乱市场秩序,情节严重的,处五年以下有期徒刑或者拘役,并处或者单处违法所得一倍以上五倍以下罚金;情节特别严重的,处五年以上有期徒刑,并处违法所得一倍以上五倍以下罚金或者没收财产:(一)未经许可经营法律、行政法规规定的专营、专卖物品或者其他限制买卖的物品的"。本罪的构成必须符合以下几个要件：

(1)本罪侵犯的客体是市场管理秩序。市场管理秩序是国家通过法律、法规加以规范的稳定、有序的经济状态，是保证市场经济健康发展的必要条件。如果破坏了这种稳定、有序的市场秩序，不仅直接侵犯了国家对市场的管理制度，而且会影响市场经济的健康运行。

(2)本罪的犯罪对象主要是专营、专卖物品或者其他限制买卖的物品；进出口许可证、进出口原产地证明以及其他法律、法规规定的经营许可证、批准文件。

(3)客观方面表现为违反国家规定，非法经营，扰乱市场秩序，情节严重的行为。

(4)犯罪的主体是一般主体，个人和单位均可构成非法经营罪的主体。

(5)主观方面由故意构成，即行为人明知其行为会扰乱市场秩序而进行非法经营。过失不构成本罪。

(6)根据法律规定，非法经营行为除须具备上述构成要件外，还必须达到"情节严重"的程度，才构成犯罪。情节严重，主要应以非法经营数额、非法获利数额为基础并综合考虑其他情节，如进行非法经营活动经行政处罚仍不悔改的；非法经营造成严重后果的；利用职权从事非法经营造成恶劣政治影响等。

2. 非法经营罪在本案中之非法性体现为行为人有未经许可经营属国家专营、专卖之烟草的行为，若行为人的"买卖"行为均符合法律规定，不具有非法经营之性质，则不应以非法经营罪定罪处罚。

没有取得烟草专卖零售许可证，是对经营烟草的行为以非法经营罪定罪的前提。持有烟草专卖零售许可证，但进行烟草批发业务，且没有在许可范围内进货、销售的，属于超范围和地域经营，该行为仅仅是行政违法行为，不能以非法经营罪定罪。本案中，犯罪嫌疑人许某"购买"的香烟全部出自烟草专卖局，烟草专卖局显然具有香烟经营资质，烟草专卖局把香烟批发给商户后，许某从商户手中购买香烟的行为，不具有刑事上的非法性，刑法没有规定多次、大量购买香烟是违法的，故许某"买"烟之行为完全符合法律规定。综合分析本案证据，许某持有国家烟草专卖管理机关核发的烟草专卖零售许可证，无论从哪里收购香烟，本质上均来源于平顶山市烟草专卖局，也就是说涉案的烟全部是从烟草专卖局批发出来的，而许某只是零售,法律没有规定把烟大量卖给一位顾客构成犯罪,故许某将烟"卖"给王某的行为显然不具有非法性。我国实行烟草专卖制度,国家享有烟草批发专有权,个人不可能取得烟草专卖批发许可证,只能取得烟草专卖零售许可证,如果以许某未取得烟草专卖批发许可证而认定许某构成非法经营,显然是强人所难,因为该证许某根本就无法办理,且相关法律法规也没有规定销售或购买多大金额是批发行为、多大金额是零售行为。因此,许某持有烟草专卖零售许可证就证明他有经营烟草的资格,不能仅以金额来定论他的行为是批发还是零售。

3. 非法经营罪的认定不能仅依据数额,还需考虑行为的社会危害性。

近年来,非法经营罪成为我国刑法中的"口袋罪",以王力军非法经营案为代表的部分案件甚至引发了较大争议。究其原因,部分在于本罪行为方式中的兜底条款,部分则在于犯罪行为与行政违法行为的界分不够准确。以本罪中的持有烟草专卖零售许可证从事批发业务为例,《烟草专卖法》与《烟草专卖法实施条例》明确区分了烟草批发与零售行为。《烟草专卖法实施条例》规定,无烟草专卖批发企业许可证的单位或者个人,一次销售卷烟、雪茄烟50条以上的,视为无批发许可证从事烟草制品批发业务。从表面上看,行为人持有烟草专卖零售许可证从事烟草批发业务,确实违反了国家规定,且数额巨大,符合非法经营罪第一种行为方式。但从深层次思考,某一行为究竟是犯罪行为还是违法行为,不能仅以涉案数额作为唯一标准,认为所有量变都可以引发质变;而必须结合相应犯罪的立法目的与保护法益进行思考,判断其是否满足犯罪所要求的严重的社会危害性。显然,行为人持有烟草专卖零售许可证从事批发业务,无论是社会危害性还是主观恶性,都与无任何许可证从事零售或批发业务不可相提并论——前者是程度上"多"和"少"的问题,后者则是本质上"有"和"无"的问题。国家将非法经营专营、专卖物品作为非法经营罪的行为类型,主要是为了规制无证经营这种危害性更大的行为。而在有许可证但超范围和地域经营的情况下,行为人扰乱国家行政管理秩序的意图并不强烈,客观上的经营行为没有脱离行政机关的管理,并未从根本上违反烟草专卖制度,难以严重扰乱市场秩序。因此,尽管该行为违反了相关行政法律的规定,但没有达到动用刑法对其进行规制的严重程度,不能仅凭经营数额直接认定行为人构成非法经营罪。否则,就混淆了行政违法与刑事犯罪的界限,不当扩张了非法经营罪的适用范围。

综上,平顶山市新华区人民检察院最终不再以非法经营罪指控许某的决定,是正确的。

【结语及建议】

本案是一起公诉机关起诉后,经开庭审理,在法院作出无罪判决前,检察机关撤回起诉的典型案件,笔者最终达到了委托人被撤回起诉的辩护效果。在本案审理期间,笔者查阅卷宗后,发现公诉机关的指控有误,许某在本案中的行为仅违反行政法规,不应认定为非法经营罪。非法经营罪是近年来著名的三大"口袋罪"之一,这主要是因为《刑法》第225条第(四)项规定的"其他严重扰乱市场秩序的非法经营行为"这一兜底条款多次被司法解释、司法意见和政策进行扩大解释。本案中,犯罪嫌疑人许某持有烟草专卖零售许可证,其在从事烟草专卖零售的同时,为赚取差价,未在指定的当地烟草专卖局进货,而是从他人处收购香烟,该行为属于超范围经营,但不应认定为非法经营罪。因此,作为许某的辩护律师,在接受委托后,笔者充分利用了这个辩点,分析其背后的相关法律问题,及时向法庭提交辩护意见及相关证据,最终达到了圆满的办案效果。

作为刑事辩护律师,在刑事辩护工作中,不仅要对罪名的构成要件烂熟于心,更应娴熟运用刑事法律规定。办理案件时要把情理与法理融会贯通,以严谨、专业的工作态度对待每一个案件,从中寻找决胜的辩点,只有这样才能充分维护好每一个当事人的合法权益,使法律真正体现出应有的公平和公正。

被告人认罪认罚但证据不足,不能认定其有罪

——案例17:李某某非法经营案

田新功*

【案情简介】

2018年以来,杨某某租赁叶县某镇村民的房屋居住,后在张某的安排下使用该村六处房屋作为制作、存放假烟的窝点。2020年12月10日,上述窝点被查获。涉案假烟价值234.48万元;假烟丝10000余斤,价值40.02万元。2020年10月左右,被告人李某某从上述窝点购买红河(软甲)假烟32箱,共计960条,又将上述假烟销售给王某某,王某某将上述假烟销售给他人。因涉嫌生产、销售伪劣产品罪,2021年2月23日,李某某被叶县公安局立案侦查,同日被该局刑事拘留。2021年5月13日,该局侦查终结,移送叶县人民检察院,该院于2021年7月14日向叶县人民法院提起公诉。

叶县公安局以〔2021〕93号起诉意见书指控:被告人李某某、王某某均无烟草专卖许可证,非法经营烟草制品,涉案960条红河(软甲)假烟,经鉴定价值为52800元,应当以非法经营罪追究其刑事责任。

笔者于2021年2月24日接受委托,为犯罪嫌疑人李某某提供三个阶段的刑事辩护服务。在侦查阶段递交法律意见书后,公安机关于2021年3月24日为李某某办理了监视居住手续。法庭审理中,笔者就事实认定、证据适用以及准确适用法律等问题发表了辩护意见,认为叶县人民检察院起诉书中

---

* 田新功,河南承通律师事务所专职律师。

指控的事实不清,证据不能形成完整的证据链条,建议法院作出证据不足的无罪判决。

【辩护意见】

一、检察机关指控的事实不清,证据不能形成完整的证据链条,法院应作出证据不足的无罪判决

(一)李某某从何人处购买假烟,事实不清

1. 公安机关的起诉意见书认定,2020年10月,李某某通过电话联系杨某某后,两次开车到叶县购进红河(软甲)假烟。结合受案登记表,李某某是和归属地为平顶山市的手机号联系的。侦查机关没有查明此手机号是否系杨某某的号码,在讯问杨某某时,侦查机关并没有讯问其是否和李某某联系过,此号码是否系其本人的,也没有查明李某某是否和其发生过买卖假烟的事实。杨某某在讯问中称:"我们这个制假窝点一共包装好了200多箱假烟,都在仓库放着,还没有出过货。"

2. 李某某供述,其两次去叶县买假烟,都是在高速口路边等着,有一个20多岁的年轻男子,开着他的车走,大约1个小时后,又开着车回来。那么,该男子是犯罪成员中的哪个人?是否能辨认出李某某?李某某能否辨认出该男子?这是查清案件事实的关键。但侦查机关对此没有采取任何侦查措施。

(二)李某某和王某某的供述明显存在矛盾,本案证据不足,不能形成完整的证据链条

1. 李某某在三次供述中称,是分两次将假烟发给王某某的,每次16箱,共32箱,960条。而王某某供述,李某某是分三次给其发的假烟,其中第一次7箱,210条;第二次10箱,250条;第三次16箱,480条,三次共计33箱,940条。两人供述的箱数和条数明显不一致。

2. 两人对付款方式的供述也不一致。李某某第二次讯问时供述,付款方式有时是微信转账,有时是银行转账。第三次讯问时则称:"每次发货给王某某,他都先给一部分定金,这两次卖给王某某的假烟都是随饮料一起发过去的,卖假烟的钱也是随饮料货款一起给我的,都是微信转账。"而王某某供述,货款都是通过微信转账给李某某的。

3. 侦查机关在第三次讯问李某某时,调取了他的微信支付明细,该明细

显示,2020年9月17日16时,王某某分三次给李某某转账,每次2万元,一共6万元。李某某认可这是王某某转给他的卖假烟的钱。但卷宗中并没有该三笔转账的截图,该转账缺乏证据佐证。

《刑事诉讼法》第55条规定:"对一切案件的判处都要重证据,重调查研究,不轻信口供。只有被告人供述,没有其他证据的,不能认定被告人有罪和处以刑罚;没有被告人供述,证据确实、充分的,可以认定被告人有罪和处以刑罚。证据确实、充分,应当符合以下条件:(一)定罪量刑的事实都有证据证明;(二)据以定案的证据均经法定程序查证属实;(三)综合全案证据,对所认定事实已排除合理怀疑。"最高人民法院、最高人民检察院、公安部、国家安全部、司法部《关于适用认罪认罚从宽制度的指导意见》规定,"坚持证据裁判原则。办理认罪认罚案件,应当以事实为根据,以法律为准绳,严格按照证据裁判要求,全面收集、固定、审查和认定证据。坚持法定证明标准,侦查终结、提起公诉、作出有罪裁判应当做到犯罪事实清楚,证据确实、充分,防止因犯罪嫌疑人、被告人认罪而降低证据要求和证明标准。对犯罪嫌疑人、被告人认罪认罚,但证据不足,不能认定其有罪的,依法作出撤销案件、不起诉决定或者宣告无罪"。根据上述规定,虽然被告人李某某认罪认罚,但在证据存在明显矛盾,特别是在没有证据证实李某某是否购买假烟的情况下,不能认定被告人有罪并对其处以刑罚,而应依法宣告其无罪。

二、本案销售假烟的金额不足5万元,不符合非法经营罪"情节严重"的条件,应不予追究李某某的刑事责任

根据最高人民法院、最高人民检察院《关于办理非法生产、销售烟草专卖品等刑事案件具体应用法律若干问题的解释》第3条第1款第(一)项的规定,非法经营烟草专卖品,非法经营数额在5万元以上的,应当认定为《刑法》第225条规定的"情节严重"。因此,非法经营罪是情节犯,犯罪嫌疑人非法经营数额在5万元以上,符合"情节严重"条件的,才构成本罪。据李某某供述,其两次购买的假烟共32箱,每箱30条,每条购买价为23元。上述司法解释第4条规定,"非法经营烟草专卖品,能够查清销售或者购买价格的,按照其销售或者购买的价格计算非法经营数额。无法查清销售或者购买价格的,按照下列方法计算非法经营数额:(一)查获的卷烟、雪茄烟的价格,有品牌的,按照该品牌卷烟、雪茄烟的查获地省级烟草专卖行政主管部门出具的零售价格计算"。根据该规定,李某某的非法经营数额应当按照其购买价计算，数额为 22080 元(23 元/条×30 条/箱×32 箱)。显然达不到非法经营罪要求的情节严重的数额标准。

因此，依据《刑事诉讼法》第 200 条第(二)项和第(三)项的规定，应当对被告人李某某作出无罪判决。

【案件结果】

2021 年 8 月 31 日，叶县人民检察院以证据发生变化为由，向叶县人民法院申请撤回起诉，叶县人民法院于 2021 年 9 月 1 日作出(2021)豫 0422 刑初 289 号刑事裁定，准许叶县人民检察院撤回起诉。

【案件评析】

一、对于被告人认罪认罚的案件，辩护人更应当坚持证据裁判原则，切实维护被告人的合法权益

2018 年 10 月 26 日修改的《刑事诉讼法》将认罪认罚从宽确立为刑事诉讼法的重要原则，此后该项原则被公检法三机关广泛应用。2022 年 3 月 8 日，时任最高人民检察院检察长张军在第十三届全国人民代表大会第五次会议上作最高人民检察院工作报告，他指出，2021 年认罪认罚从宽制度适用率超过 85%，量刑建议采纳率超过 97%，一审服判率达 96.5%。

因此，认罪认罚案件将成为辩护人经常面对的案件。犯罪嫌疑人、被告人自愿认罪认罚，使司法人员更容易产生犯罪嫌疑人、被告人构成犯罪的内心确信，大大压缩辩护人的辩护空间，增加辩护人的办案难度，对辩护水平提出更高的要求。但是，办理认罪认罚案件仍要坚持宽严相济原则、罪责刑相适应原则及证据裁判原则。笔者认为，坚持证据裁判原则，认真分析证据是律师办理认罪认罚案件应坚持的关键原则，无论被告人认罪与否，刑罚轻重如何，都应适用统一的"案件事实清楚，证据确实、充分"的证明标准。不能因为被告人认罪认罚，就不认真阅卷、分析证据，作"套路辩"。

笔者接受委托后，通过阅卷发现李某某从何人处购买假烟的事实不清，指控证据不足，不能形成完整的证据链条；销售假烟的金额不足 5 万元，不符合非法经营罪要求的情节严重的条件。在庭审辩论阶段，笔者进行了充分论述,获得了承办法官的认可。

二、非法经营罪属于情节犯,在能够查清销售或者购买价格的情况下,应按照其销售或者购买的价格计算非法经营数额,不能以鉴定价格进行认定

非法经营罪,是指违反国家规定,未经许可经营法律、行政法规规定的专营、专卖物品或其他限制买卖的物品;或者买卖进出口许可证、进出口原产地证明及其他法律、行政法规规定的经营许可证或者批准文件,以及从事其他非法经营活动,扰乱市场秩序,情节严重的行为。根据最高人民法院、最高人民检察院《关于办理非法生产、销售烟草专卖品等刑事案件具体应用法律若干问题的解释》第3条第1款第(一)项的规定,非法经营烟草专卖品,非法经营数额在5万元以上的,应当认定为《刑法》第225条规定的"情节严重"。该司法解释第4条规定,"非法经营烟草专卖品,能够查清销售或者购买价格的,按照其销售或者购买的价格计算非法经营数额。无法查清销售或者购买价格的,按照下列方法计算非法经营数额:(一)查获的卷烟、雪茄烟的价格,有品牌的,按照该品牌卷烟、雪茄烟的查获地省级烟草专卖行政主管部门出具的零售价格计算"。根据上述规定,嫌疑人非法经营数额在5万元以上,符合"情节严重"条件的,才构成非法经营罪。指控证据证明,李某某两次购买假烟共32箱,每箱30条,每条购买价为23元,说明对李某某购买的价格已经查清。本案非法经营数额应为22080元(23元/条×30条/箱×32箱)。公诉机关按照叶县价格认证中心出具的价格认定结论书,认定涉案假烟的价值为52800元,这与上述司法解释规定严重不符。另外,在2021年2月23日叶县公安局立案侦查后,应由该公安局作为委托鉴定的主体,但本案中的鉴定却是由叶县烟草专卖局委托的,叶县烟草专卖局不符合委托鉴定的主体条件。同时,该鉴定没有鉴定小组人员签字,也没有附价格鉴定人员资格证书及证号,不符合价格鉴定文书格式规范的要求。因此,本案的非法经营数额不能以鉴定价格进行认定。

庭审后,公诉机关在充分考虑笔者的上述辩护意见后,以证据发生变化为由,向叶县人民法院申请撤回对被告人李某某的起诉,法院予以准许的决定是正确的。

【结语及建议】

本案是一起被告人从侦查、审查起诉、审判阶段一直稳定认罪认罚,经过笔者力挽狂澜,最终使公诉机关撤回起诉,使被告人被无罪处理的典型案件。虽然被告人一直作有罪供述,但笔者在阅卷后发现,李某某供述其和某手机号码联系后,两次开车到叶县购进红河(软甲)假烟。而侦查机关并没有查明此手机号是否系杨某某的号码,且在讯问杨某某时,侦查机关并没有讯问其和李某某是否联系过,此号码是否系其本人的,也没有查明李某某是否和其发生过买卖假烟的事实。同案犯王某某和李某某在假烟交易次数、数量、付款方式等方面的供述均不一致。认定李某某非法经营数额的价格认定结论书是在公安机关立案侦查后,由烟草专卖局委托鉴定机构作出的,严重违反《公安机关办理刑事案件程序规定》第248条第2款的规定,且在已经查明李某某购买假烟的价格的情况下,仍违规进行鉴定,因此,涉案假烟的价值认定存在明显问题。笔者针对上述案件事实不清、证据存在合理怀疑的情况,充分利用存疑不起诉的刑事诉讼原则,瓦解公诉机关的证据体系,动摇了公诉人和主审法官认为被告人李某某构成非法经营罪的内心确信,使被告人李某某成功被撤回起诉。

认罪认罚从宽制度在中国的确立,是在刑事案件(尤其是轻刑案件)猛增、人少案多矛盾日益突出的背景下,完善刑事案件分流处理机制、优化司法资源配置的重要举措。有观点认为,由于认罪认罚案件以协商性司法为特征,庭审调查简化,以效率为先,因此应当降低证明标准。但是,"以事实为根据,以法律为准绳"是我国法律所要求的司法机关必须遵守的原则,该原则在认罪认罚案件中也同样应当适用。认罪认罚案件虽然追求诉讼程序简化、办案效率提高,但不是以牺牲实体正义为代价来实现程序的提速。因此,建议辩护人对于被告人认罪认罚的案件,仍要坚持"以事实为根据,以法律为准绳",坚持证据裁判原则,不能因为被告人认罪,就降低对证据的审查分析和证明标准,以及放松对疑罪从无原则的坚守。这个原则底线,任何时候都不能放松,更不能突破。辩护人要切实履行辩护职责,维护被告人的正当权益,做一个有温度、有热情的辩护人,使当事人感受到法律的温暖与公正!

公司股权转让与非法转让、倒卖土地使用权的区分

——案例18：朱某非法转让、倒卖土地使用权案

陆咏歌* 何瑞锋**

【案情简介】

涉案公司成立于2010年3月3日，实际控制人为被告人朱某。2011年9月，该公司通过"招拍挂"的方式取得郸城县A土地的使用权，土地性质为商业用地。2013年4月16日，朱某将涉案公司90%的股权转让给张某，股权转让后张某对该土地进行开发利用。

2018年8月25日，朱某因涉嫌非法转让、倒卖土地使用权罪被周口市公安局经济犯罪侦查支队刑事拘留。本案中，朱某被指控以股权转让的方式掩盖其转让、倒卖土地使用权的行为并从中获利，该行为涉嫌刑事犯罪。2019年5月24日，本案移送起诉。

周口市川汇区人民检察院于2019年5月24日以川检公诉刑诉〔2019〕229号起诉书指控：被告人朱某以转让涉案公司股权的形式，掩盖其转让、倒卖土地使用权的行为，倒卖34亩土地的使用权，并从中获利2000万元人民币。

2018年8月9日，笔者接受委托为朱某提供刑事辩护服务。在仔细、反

---

* 陆咏歌，金博大律师事务所主任。
** 何瑞锋，河南省律师协会刑事法律专业委员会副主任，金博大律师事务所资源类与食品药品环境犯罪研究中心主任。

复阅卷,研判证据材料及多次会见朱某的基础上,笔者先后多次与负责公诉的检察官及承办法官当面就事实认定、证据评判、法律适用及评价等问题进行沟通交流。2019年6月20日,辩护人向周口市川汇区人民法院提交了全面、专业的辩护意见。

【辩护意见】

笔者认为,被告人朱某主观上没有牟利的目的,客观上在公司股权转让的过程中也不具有非法转让、倒卖土地使用权的行为。A土地的使用权始终归涉案公司所有,股权变更不等于土地使用权人的变更。即公司股权的变更与土地使用权的转让是完全不同的两个法律关系,不能混为一谈。涉案公司从设立、取得A土地使用权并进行土地开发,再到转让股权,这一过程中,朱某没有倒卖土地使用权的行为,涉案的900万元企业奖励基金系朱某依法获得的奖励,不应返还。

1. 涉案公司作为依法成立的公司,是独立的法人,内部股权转让、股东变更不影响公司的资产完整性。

(1)依据《公司法》的规定,涉案公司成立后享有独立的法人财产。

我国《公司法》第3条第1款规定:"公司是企业法人,有独立的法人财产,享有法人财产权。公司以其全部财产对公司的债务承担责任。"依据《公司法》,涉案公司成立于2010年3月3日,于2011年9月通过"招拍挂"的方式,以1260万元取得A土地的使用权,该土地的使用权人始终是该公司,未发生变更。

(2)涉案公司成立后,股东转让股权的行为属于合法有效的民事行为。

第一,我国《公司法》明确规定,公司成立后,股权可以转让,股东可以变更。股权可以向股东以外的人转让。第二,涉案公司的公司章程对此也进行规范。公司章程规定,公司股东有权转让出资,股东之间可以相互转让股份,股东也可以向股东以外的人转让其全部或者部分出资。因此,朱某转让公司股权的行为属于合法有效的民事行为,不构成犯罪。

综上,依据《公司法》以及涉案公司的公司章程,股东对其所持有的股权可以转让,公司的股东可以变更。由于公司有独立的法人财产,股东的变更不影响公司的财产。本案中涉案的A土地使用权仍归涉案公司所有。

2. 股权转让与土地使用权的转让、倒卖系两种完全不同的法律关系,股权转让不等同于土地使用权的转让。

表面上看,股权受让人对土地有间接支配权,但追根溯源,在公司拥有土地使用权的情况下,转让股权不能被认定为转让、倒卖土地使用权。这是因为:

(1)土地使用权与股权是两种不同的法律关系。

土地使用权是一种物权,而公司股东的股权主要是一种收益权,股东对其股权的转让是对虚拟资本的处分,而不是针对特定的实体资产,该股权转让行为受《公司法》调整而不受《土地管理法》调整。

(2)股东对其所持股权的处分不影响公司法人的独立性。涉案公司作为法律拟制的人,是独立的民事主体,具有独立的民事权利能力与民事行为能力,能够独立享有民事权利,独立履行民事义务、承担民事责任,甚至可以独立承担刑事责任,成为单位犯罪的主体。2011年9月21日,涉案公司与郸城县国土资源局签订《出让合同》所形成的权利义务关系没有被打破,涉案公司始终享有《出让合同》中约定的权利、履行《出让合同》中约定的义务,股东个人行为与公司的《出让合同》没有直接关系。

故涉案公司最终变动的是内部股权,土地使用权的持有人始终未发生任何变更,土地使用权管理制度没有因为公司股权的变动而被破坏。

(3)股权出让人与受让人之间没有形成土地使用权转让或者倒卖的法律关系。

本案中,转让股权的股东与受让人张某签订的是《股权转让协议书》,该《股权转让协议书》是以股权为内容,不是以A土地使用权为内容。转让股权的股东不是A土地的使用权人,涉案公司作为土地使用权人并非《股权转让协议》的当事人,被告人不可能对土地使用权进行处分,《股权转让协议》不会形成土地使用权转让或倒卖的法律关系。故涉案公司才是A土地从始至终的使用权人。

(4)《最高人民法院公报》的类似案例亦能印证股权转让与土地使用权转让不同。

在《最高人民法院公报》2016年第6期发布的大宗集团公司、宗锡晋与淮北圣火矿业等股权转让纠纷案中,承办法官认为,矿业权与股权是两种不同的民事权利。如果仅转让公司股权而不导致矿业权主体变更,则不属于矿业权转让。转让合同无须地质矿产主管部门审批,在不违反法律、行政法规强制性规定的情况下,应认定合同合法有效。

本案企业股权转让所涉及的土地使用权问题与该矿业权民事纠纷的法

理应是相通的。股权转让与土地使用权的转让系不同的法律关系。

（5）依据法秩序统一性原理，对于民事法律认为是合法的行为，在刑事法律中不应将其作为犯罪进行评价。

根据法秩序统一性原理，刑事案件的审理应当考量民事案件对相同行为的评价，不应将民事法律认为是合法的行为认定为违反刑事法律，进而以犯罪处理。就股权转让而言，民事审判没有争议地认为，即便股权转让的目的是转让土地使用权，但只要股权转让合同的内容、形式没有违反法律法规的强制性规定，就应当认定股权转让合同合法有效。对此观点，《最高人民法院公报》发布的上述案例予以支持。

民事审判通行观点认为，以土地使用权为内容的股权转让系合法的，在此基础上，如果将同一行为在刑事上认定为犯罪，就是将民事合法行为在刑法中以犯罪论处，这违反法秩序统一性原理。刑事法律不能无视《公司法》，更不能无视民事法律制度。因此，朱某的行为不能认定为构成非法转让、倒卖土地使用权罪。

【案件结果】

周口市川汇区人民法院（2019）豫 1602 刑初 267 号刑事判决书认定，朱某不构成非法转让、倒卖土地使用权罪，被告人朱某无罪。

【案件评析】

本案的关键是如何区分和界定公司股东股权的转让与土地使用权的转让。股权转让并不等同于土地使用权的转让，两者系不同的法律关系。以土地使用权为内容的股权转让行为不属于以股权转让为名，变相违规转让、倒卖土地使用权，故行为人不应当构成非法转让、倒卖土地使用权罪。具体而言，第一，将此种情形下的股权转让视为对土地使用权的非法转让，这种做法直接违反《公司法》等前置法的明确规定。第二，股权转让并不直接引起权利主体名下的土地使用权的实际转让，因为股权转让不会导致土地使用权主体变更，土地使用权的享有者仍然是原来的权利主体，部分股东转让部分股权前后，享有该土地使用权的主体仍具有同一性。本案中，A 土地使用权始终在涉案公司名下,土地使用权并未发生转让。第三,事实上,房地产企业和非房地产企业大量实施包含土地使用权益的股权转让(转移)行为,尤其是股市上每天都在进行的股权转移,其中就包括房地产企业与非房地产企业涉土地权益的股权转移,而这些行为完全合法。如果均将前述涉股权转让的行为作为犯罪予以追究,将使股权转让行为存在不可预期性,从而影响市场交易安全,损害交易秩序。在司法实践中,对于以土地使用权为内容的股权转让行为,民事审判中历来的态度是认定股权转让合同合法有效,将该类行为作为犯罪处理必然和法秩序统一性原理相冲突。因此,作为保障法的刑法,按照法秩序统一性原理,不应将相关行为界定为犯罪。

综上,朱某主观上没有非法牟利的目的,客观上没有违反《土地管理法》《刑法》等的行为,法院认定被告人朱某不构成非法转让、倒卖土地使用权罪,从而宣告其无罪的判决,无疑是正确的。

【结语及建议】

近年来,公司取得土地使用权后,公司股东将股权予以转让的行为在刑事司法实践中经常被认定为构成非法转让、倒卖土地使用权罪。法院的判决理由大致类同,即股东名义上转让的是公司股权,实质上转让的是依股权享有并控制的国有土地使用权,是以转让股权为名,行非法转让、倒卖土地使用权之实。

但是,转让股权和刑事法律认定的非法转让、倒卖土地使用权的基础法律关系是不同的,不能将二者直接画等号。笔者认为,在司法实践中应明晰"公司股东转让股权"与"非法转让、倒卖土地使用权"的区别,要清醒地认识到:土地使用权与股权是两种不同的民事权利。

追本溯源,本案公司股东转让股权与转让土地使用权是完全不同的两个法律关系。从表面上看,股权受让人对土地有间接支配权,但在公司拥有土地使用权的情况下,转让股权不能被认定为转让、倒卖土地使用权的行为。

笔者建议,在办理案件过程中,对于涉及刑民交叉问题的案件,作为刑事辩护律师在提供法律服务时,不要局限于刑事法律规范的一隅,对案件一定要从民事、刑事等多重维度进行思考,在综合考量后进行全面、客观的法律评价,这个过程是十分有必要的,也是实现有效辩护的必经之路!

运动、发展、变化等哲学思维在刑事辩护中的运用

——案例19：李某某提供虚假证明文件案

刘延平[*]

【案情简介】

2013年年底，平顶山市城乡一体化示范区成立后，旋即刮起农田种树风，魏某、薛某以家族势力、刑满释放人员为基础，扶持亲信当选村干部。2012年以来，二人为谋取经济利益，以平顶山市某公司为依托，大肆圈占群众土地经营苗圃，盗窃国家苗木，骗取国家苗木补偿款，造成恶劣社会影响。

因城市发展需要，平顶山市城乡一体化示范区需要征收魏某、薛某栽种苗木的土地。2014年至2017年间，平顶山市某资产评估事务所接受平顶山市某区征地拆迁安置办公室的委托，对魏某、薛某栽种的苗木进行评估。

李某某系平顶山市某资产评估事务所办公室普通职员，其虽然没有评估师资质，但具体参与了案涉地块苗木的现场查验，以及对苗木及附属物的统计、询价、定价等评估工作。公安机关在侦查魏某、薛某涉嫌组织、领导黑社会性质组织罪及诈骗罪等案件时，重新对案涉地块的苗木进行了评估，重新评估的苗木总价值远低于平顶山市某资产评估事务所评估的价格。公安机关据此认为平顶山市某资产评估事务所在为魏某、薛某进行苗木评估的过程

---

[*] 刘延平，河南省律师协会刑事风险防范法律专业委员会副主任，河南前行律师事务所执行主任。

中出具了虚假的评估报告,决定对李某某以涉嫌提供虚假证明文件罪立案侦查。2019年2月25日,李某某被平顶山市公安局高新分局刑事拘留。2019年4月3日,平顶山市卫东区人民检察院对李某某作出不批准逮捕的决定。同日,平顶山市公安局高新分局作出对李某某取保候审的决定。2020年4月3日,平顶山市公安局高新分局决定对李某某涉嫌提供虚假证明文件罪的案件予以撤销。

【辩护意见】

笔者认为,李某某的行为不构成提供虚假证明文件罪,检察机关不应当对李某某批准逮捕,公安机关应当撤销刑事立案。具体理由如下:

1. 李某某不符合提供虚假证明文件罪的主体构成要件。

李某某不属于提供虚假证明文件罪的适格主体。《刑法》第229条第1款规定,"承担资产评估、验资、验证、会计、审计、法律服务、保荐、安全评价、环境影响评价、环境监测等职责的中介组织的人员故意提供虚假证明文件,情节严重的,处五年以下有期徒刑或者拘役,并处罚金"。由此可以看出,提供虚假证明文件罪的犯罪主体为特殊主体,即只能是依法承担资产评估、验资、验证、会计、审计、法律服务等职责的中介组织的人员,其他人不能构成本罪。也就是说,只有具有国家法律规定的资产评估、验资、验证、会计、审计、法律服务等职责的中介组织以及在上述中介组织中执业的具有从业资格的人员才能成为本罪的犯罪主体。相反,如果不具有法律所规定的从业资格,即使提供了虚假证明文件,也不能构成本罪。本案中,李某某虽然在评估公司工作,但其不具有评估师资格,当然也没有在资产评估报告书上面签名,不符合提供虚假证明文件罪的主体要件。

2. 李某某不具有犯罪的主观故意。

一方面,李某某不具有犯罪动机。就涉案的4份《资产评估报告书》来说,委托方均是平顶山市某区征地拆迁安置办公室,评估费用均由平顶山市某区财政局支付给平顶山市某资产评估事务所。李某某是平顶山市某资产评估事务所的一名普通办公室职员,委托方是政府部门,李某某根本没有任何理由冒着巨大风险故意为平顶山市某区征地拆迁安置办公室出具虚假的评估报告,也不可能在办事处、拆迁办的全程参与和监督下冒着刑事风险去为业主骗补提供帮助。更为重要的是,平顶山市某资产评估事务所是接受平顶山市某区征地拆迁安置办公室的委托进行评估的,平顶山市某区政府部门是案涉土地的征收主体、苗木赔偿主体,除非出现与政府部门内外勾结的情况,否则不可能在受政府部门委托后故意造假让政府部门多赔付拆迁补偿费。同时,李某某每月从资产评估事务所领取固定工资,无法从故意造假、提供虚假材料中得到任何好处,因此其不具有犯罪动机。

另一方面,李某某没有犯罪的主观故意。提供虚假证明文件罪,是指承担资产评估、验资、验证、会计、审计、法律服务等职责的中介组织的人员故意提供虚假证明文件,情节严重的行为。本罪之成立,不仅要求承担上述职责的中介组织的人员客观上具有提供虚假的资产评估报告、验资证明、验证证明、审计报告等中介证明文件,且情节严重的行为,而且在主观上必须出于故意,即明知自己所提供的相关证明文件有虚假内容但仍决意提供。对本罪故意的判断,应当从主观明知的证明维度出发,尤其是应当查明中介组织的人员与虚假中介证明文件接受方之间有无犯意联络。如果中介组织的人员主观上明知对方意图借助该虚假文件实施其他犯罪(多为诈骗类犯罪),仍然提供虚假中介证明文件,则可以认定该中介组织的人员具备实施本罪的故意。对此,可以参考最高人民法院、最高人民检察院、公安部、司法部《关于办理"套路贷"刑事案件若干问题的意见》的规定,即明知他人实施"套路贷"犯罪,协助办理公证的,以相关犯罪的共犯论处,但刑法和司法解释另有规定的除外。该意见要求结合行为人的认知能力、既往经历、行为次数和手段、与同案人和被害人的关系、获利情况、是否曾因"套路贷"受过处罚、是否故意规避查处等主客观因素综合分析认定。公安机关在无法查明上述一系列主客观因素的情况下,不宜轻易得出犯罪嫌疑人主观上具备明知心态的结论。本案中,犯罪嫌疑人是否具备明知心态,也可以参考上述规定。根据李某某的陈述,其参与了评估的辅助工作。在现场统计苗木数量时,平顶山市某区办事处、某区拆迁办、某区财政局的相关人员都全程参与并签字,整个过程公开、透明、公正,其本人从没有造假。在后期整理相关评估资料的过程中,其认真、细致,多次核对。在多次出具征求意见稿后,业主提出重大异议,认为评估的数量过少、价格严重过低,损害了业主的利益。在征求委托方的意见后,其重新进行了现场查验并对统计的数量和价格进行了纠正,整个过程中没有故意造假,也不可能造假。故李某某不具有提供虚假证明文件罪的主观故意,依法不构成犯罪。

3. 不论现存的地面附属物与平顶山市某资产评估事务所先前出具的

《资产评估报告书》中认定的地面附属物是否相符,均不能仅仅据此推定李某某构成犯罪,也不能以现在出具的评估报告去否定平顶山市某资产评估事务所先前出具的《资产评估报告书》。

众所周知,资产评估事务所出具的资产评估报告具有一定的时效性,尤其是对苗木一类的生物资产而言,其时效性更强。据了解,涉案的4份报告的现场勘查工作基本都安排在夏天,正处于树木生长的旺盛期,苗木密密麻麻。后来,笔者曾到现场进行查看,只见苗木稀稀疏疏,缺失严重,地面现状与几年前相比具有天壤之别。据悉,公安机关认定李某某出具虚假报告的主要依据是,苗圃内现有苗木数量加上业主提供的移出数量少于资产评估报告列明的数量,即"库存数+移出数<报告数",故公安机关认为资产评估报告为虚假报告。笔者认为上述结论是武断的、不准确的,公安机关没有考虑数量不符的其他因素。因为2019年距离评估报告的出具时间远则5年,最近的也已超过2年,这么长的时间一切皆有可能发生。不排除苗木病虫害死亡、自然死亡、季节性死亡、被盗等情况,而且无法确定移出数量是否准确、业主方苗木移出数量是否属实、现有苗木数量统计是否错误等多种因素,只有把所有上述因素都排除或确定了,才能得出原先评估结果是错误的这一重要结论。

据笔者了解,本案中公安机关委托相关评估事务所又重新出具了评估报告书,现在的评估结果与平顶山市某资产评估事务所先前出具的《资产评估报告书》严重不符。对此,笔者认为,不能以一个评估报告去否定另一个报告。评估是一项技术性很强的工作,也是一门科学。不同的评估机构、不同的评估人员对同一评估物,会得出完全不同的评估结果,有些甚至差距较大。不能说哪一个评估结果就是错的,也不能以一个评估结果去否定另一个评估结果。

4. 本案与魏某涉黑涉恶案件不具有法律上的关联性,不应作为涉黑涉恶案件处理。

平顶山市将魏某作为涉黑涉恶案件的犯罪嫌疑人进行处理,顺应了民心。但具体到本案,平顶山市某资产评估事务所的委托方是平顶山市某区政府拆迁办公室,魏某仅仅是被拆迁方,与李某某、平顶山市某资产评估事务所并没有其他联系。平顶山市某资产评估事务所提供的评估报告即使客观上帮助魏某实施了犯罪,但在犯罪故意上也不存在任何联系。因此,本案不应作为涉黑涉恶案件进行处理。

综上,根据我国《刑法》《刑事诉讼法》及相关法律的规定,检察机关在批准逮捕决定作出前,应准确评价李某某的职务行为,对犯罪嫌疑人李某某不作犯罪处理,同时,公安机关应撤销刑事立案,让李某某真实感受到法律的公平和正义。

【案件结果】

2019年4月3日,平顶山市公安局高新分局作出对李某某取保候审的决定。2020年4月3日,该局决定撤销刑事立案。

【案件评析】

李某某提供虚假证明文件一案,系因轰动全国的"绿霸"涉黑案件延伸而来。本案公安机关委托另一家评估机构作出新的评估报告,新评估报告的评估数额远低于李某某作出的评估数额,故公安机关认为李某某提供了虚假报告。笔者对苗木公司进行了实地现场勘查,发现苗木公司现在的土地上苗木稀稀疏疏,缺失严重;而平顶山某资产评估事务所作出的4份评估报告的现场勘查工作基本都是在夏天进行的,树木正处于生长的旺盛期,苗木密密麻麻。2019年距离平顶山市某资产评估事务所出具评估报告的时间远则5年,最近的也已超过2年,苗木公司地面现状与几年前相比具有天壤之别,苗木存在病虫害死亡、自然死亡(包括季节性枯死)、被盗等诸多因素。公安机关委托其他评估机构作出的新的评估报告,不是依据原先的原始资料重新评估,而是以苗木公司现有的苗木为评估对象作出的,只能反映现在的客观事实,不能反映原先的客观事实。一切事物都处在永不停息的运动、变化和发展的过程中,整个世界就是一个无限变化和永恒发展的物质世界。本案中,在评估对象已发生重大变化的情况下,公安机关仍以静止的观点认定本案的客观事实,企图通过现在的评估报告指控李某某存在提供虚假证明文件的客观事实,无异于"刻舟求剑"。"刻舟求剑"的做法违反了唯物辩证法发展的观点。笔者就上述观点和证据与办案人员进行充分沟通,说服检察机关办案人员作出了对李某某不批准逮捕的决定,随后公安机关撤销案件。

【结语及建议】

本案是一起公安机关自侦立案又撤销立案的典型案件,笔者最终达到了委托人被无罪处理的辩护效果。笔者介入后,通过向公安机关递交《取保候审申请书》,与检察院沟通并且撰写《不予批准逮捕的法律意见书》等方式,及时为当事人办理取保候审,随后公安机关撤销了案件,有效维护了当事人的合法权益,同时也体现了我国刑事案件"疑罪从无"的理念。作为刑事辩护律师,在进行刑事辩护工作时,不仅要对罪名的构成要件烂熟于心,同时要善于运用哲学思维,以严谨、专业的工作态度对待每一个案件,从中寻找到决胜的辩点,只有这样才能充分维护好每一个当事人的合法权益,使法律真正体现出应有的公平和公正。

死亡原因不能仅以言词证据认定

——案例20：陈某某过失致人死亡案

王彦群[*]

【案情简介】

2019年10月24日，李某某和陈某某在柘城县起台镇伐树期间，树干倒地的方向偏离二人预计的方向，倒地的树干砸到小陈某家的院墙，后小陈某死亡。

当天，柘城县公安局以李某某和陈某某涉嫌过失致人死亡罪立案侦查，并对二人刑事拘留。二人在侦查阶段、审查起诉阶段均供述伐树时砸死了一个小孩(小陈某)，且认罪认罚。另外，二人在侦查阶段委托家人与被害人的父母达成了民事赔偿协议，赔偿了被害人近亲属经济损失。

2020年9月30日，柘城县人民检察院以柘检五部刑诉〔2020〕37号起诉书指控：2019年10月24日，被告人李某某和被告人陈某某在柘城县起台镇伐树期间，未采取安全措施，致使树干倒在小陈某家的院墙上，树枝砸到小陈某，导致小陈某死亡，故以过失致人死亡罪向柘城县人民法院提起公诉。

案件进入审判阶段后，2020年10月16日，陈某某的儿子委托笔者担任陈某某的辩护人，根据委托人的陈述，笔者初步判断公诉机关指控陈某某犯过失致人死亡罪事实不清，证据不足，可以作无罪辩护。

经过阅卷、分析证据、会见被告人，笔者更坚定了作无罪辩护的信心。在详细阅卷和多次会见被告人的基础上，笔者又数次与案件承办法官当面就事

---

[*] 王彦群，金博大律师事务所合伙人。

实认定、证据采信以及准确适用法律等问题进行了沟通,认为"认定有罪的关键事实不清、证据不足,排除不了无罪的合理怀疑,指控的犯罪不能成立"。笔者顶住压力,坚持作无罪辩护,面对另一个被告人李某某在审判阶段继续认罪认罚的情形,笔者全力以赴争取,经过补充侦查和两次开庭审理,公诉机关撤回起诉。2021年3月30日,柘城县人民法院作出刑事裁定,准许柘城县人民检察院撤回起诉。

2021年4月6日,笔者向柘城县检察院提交了书面辩护意见,认为检察院应当对陈某某作出不起诉决定。之后的三个多月,笔者又数次与负责公诉的检察官及其领导当面就事实认定、证据采信以及准确适用法律等问题进行了沟通。

【辩护意见】

起诉书关于陈某某犯过失致人死亡罪的指控,事实不清、证据不足。根据《刑事诉讼法》的规定,刑事审判中据以定案的事实应当达到"证据确实、充分"的证明标准。这要求查证属实的证据必须和待查证的犯罪事实之间存在关联性,具有证明力,能够形成完整的证据链,足以排除合理怀疑。但本案中,指控犯罪嫌疑人陈某某犯过失致人死亡罪所依据的关键证据不客观、不真实,无法形成完整的证据链,达不到我国《刑事诉讼法》要求的"证据确实、充分"的证明标准,现有证据得出的结论不具有唯一性,无法排除犯罪嫌疑人无罪的多种合理怀疑。

《刑事诉讼法》明确规定,对一切案件的判处都要重证据,重调查研究,不轻信口供。只有被告人供述,没有其他证据的,不能认定被告人有罪和处以刑罚。本案中,由于缺少关于死亡原因的鉴定意见,无法证明被害人死亡的具体原因,导致认定案件事实主要依据言词证据。所谓言词证据,包括证人证言、被害人陈述、被告人供述和辩解等证据。由于言词证据提供者的立场、观点、与案件当事人关系远近等因素的不同,并且受记忆力、表达能力、智力因素、感知度等多种自身因素的影响,言词证据具有多变性的特点,往往真实性有限,证明力不强。因此,在主要依靠言词证据定案的情况下,应重点审查被告人的有罪供述是否稳定;其供述的作案细节与证人证言能否相互印证;能否根据被告人的有罪供述延伸收集到其他可印证的证据;等等。但本案中,犯罪嫌疑人李某某、陈某某均未亲眼看到树枝砸到小陈某;声称看到案发经过的证人韩某某与本案具有重大利害关系,且经法院通知后仍不出庭作证,故其证言的证明效力较低,应当不予采信;其他证人也未亲眼看到案发情况,所作的证人证言属于传来证据,证明力不强。

虽然陈某某签署了认罪认罚具结书,但并不影响检察机关依法作出不起诉决定。因此,整体而言,本案现有证据与指控的犯罪事实之间不能形成完整的证据链,更无法达到排除合理怀疑的程度,故对犯罪嫌疑人陈某某犯过失致人死亡罪的指控不能成立,应对其作出不起诉决定。

【案件结果】

柘城县人民检察院充分考虑和采纳了笔者的辩护意见。2021年7月26日,柘城县人民检察院作出柘检五部刑不诉〔2021〕Z9号不起诉决定,决定对陈某某作存疑不起诉。

【案件评析】

1. 深入把握犯罪构成要件,明确关键待证事实的证明标准,有助于理清辩护思路。

根据我国《刑法》第233条的规定和刑法理论通说,认定过失致人死亡罪必须有证据证实被害人的死亡原因,证实犯罪嫌疑人的过失行为与被害人的死亡之间具有刑法上的因果关系。本案中,被害人虽然死亡,但由于没有死亡原因的鉴定意见,被害人的死亡原因,以及被害人死亡与犯罪嫌疑人(被告人)的伐树行为之间是否具有刑法上的因果关系,均没有查证属实的证据予以证实,故指控的过失致人死亡罪不能成立。

2. 对指控的犯罪事实持怀疑的态度,用挑剔的眼光严格分析证据材料,坚持证明标准,对"事实不清、证据不足"的案件敢于说不,才能做好刑事辩护工作。

公诉机关认为,李某某、陈某某伐树时导致树干倒地,树枝砸死一个小孩,二人伐树时采取的安全防护措施过于简单,主观上有一定的过失,并且二人认罪认罚,赔偿了被害人近亲属经济损失。故公诉机关认为二人构成过失致人死亡罪,并提起公诉。从表面上看,指控李某某、陈某某犯过失致人死亡罪的证据,有被告人的有罪供述,也有被害人死亡的客观证据,以及证人证言等,犯罪事实清楚,证据确实、充分。

笔者阅卷后发现,案卷中没有被害人死亡原因的鉴定意见,证实被害人被树砸死的直接证据是言词证据,但言词证据经不起详细推敲。其中,犯罪嫌疑人李某某、陈某某供述伐树时砸死了一个小孩,但客观上因为有院墙阻挡,二人不是亲眼看到树枝砸到小孩,故供述伐树时砸死了小孩只是二人的主观判断。证人韩某某陈述,看到树枝砸到小孩头上和身上,把小孩砸死了,但该证言不客观、不真实,且是没有其他证据印证的孤证。另外,韩某某是被害人小陈某的祖母,负责看管照顾小陈某,与本案具有重大利害关系,且经法院通知仍不出庭作证,故对其证言应当不予采信。虽然其他的证人称有人伐树砸死了一个小孩,但这些证人事发时均不在现场,只是事发后赶到,证言内容是听说或者主观臆断的,证人没有直接看到树枝砸到、砸死了被害人。因此,起诉书认定树枝砸死小陈某的事实不清,证据不足,对被告人犯过失致人死亡罪的指控不能成立。

从本案可以看出,一些看似简单、事实非常清楚的案件,以专业刑事辩护人的眼光审视,可能存在致使指控的犯罪不能成立的重大漏洞。刑辩律师要对指控的犯罪事实持怀疑的态度,用挑剔的眼光严格分析证据材料,坚持证明标准,对"事实不清、证据不足"的案件敢于说不,才能做好刑事辩护工作。

3. 当事人认罪认罚的案件,辩护人仍可以作无罪辩护。

认罪认罚从宽制度是司法改革的产物,有值得肯定的价值,但不可否认,近几年的实践中,司法机关有过度追求适用认罪认罚从宽程序的倾向,导致办案质量有所下降。作为刑事辩护律师,为切实维护当事人的合法权益,即使当事人选择认罪认罚从宽程序,签署认罪认罚具结书,辩护人根据案件情况,仍然可以作无罪辩护,并且有可能成功。

【结语及建议】

本案是一起当事人认罪认罚的情形下,辩护人无罪辩护成功的典型案件。无罪辩护成功的关键在于紧扣犯罪构成要件,坚持证据辩护,不受当事人认罪认罚的干扰,对于死亡原因等客观待证事实,不轻信言词证据。

建议律师同仁从事刑事辩护工作时,对指控罪名的构成要件烂熟于心,准确把握关键待证事实及证据标准。对于"死亡原因""人体损伤程度"

"血液酒精含量""毒品定性"等客观待证事实,需要专业的鉴定意见予以证明,不要轻信言词证据,不要受当事人认罪认罚的影响。另外要掌握并熟练运用《刑事诉讼法》及相关司法解释有关证据采信和事实认定的规则,在深入研究案卷证据的基础上,敢于作无罪辩护,善于依法有效辩护,切实维护当事人的合法权益。

防卫行为正当性的论述是故意伤害案无罪辩护的重点

——案例21：王某某故意伤害案

金 朝*

【案情简介】

1992年8月31日22时左右，郭某A、李某某、郭某B三人在水稻乡金岭窑厂录像厅看完录像后，郭某A看到了之前和自己在录像厅发生矛盾的犯罪嫌疑人王某某，郭某A将王某某叫至录像厅门口，郭某A持棍、李某某持皮带对王某某进行殴打，后王某某从窑厂西边向北逃跑，其间，王某某用随身携带的水果刀刺伤追赶前来的李某某和郭某A，郭某A倒地后，追上前的郭某B将其送往回寨村诊所，村医发现郭某A已死亡，后经鉴定，郭某A系腹部锐器创伤致肠系膜破裂出血而死亡。

1992年8月31日23时许，群众报案至开封市公安局原某某分局，经审查于1992年9月1日立案，2020年3月11日，犯罪嫌疑人王某某于山西省大同市某小区的家中被抓获归案。

2021年5月6日，开封市公安局以犯罪嫌疑人王某某涉嫌故意伤害罪（致人死亡）提请开封市人民检察院对王某某审查起诉。

2021年5月13日，笔者接受委托，为犯罪嫌疑人王某某提供刑事辩护服务。在详细阅卷和多次会见犯罪嫌疑人的基础上，笔者又数次与负责公诉的检察官当面就本案的基本事实、证据适用以及准确适用法律，以及犯罪嫌疑

---

* 金朝，河南正言律师事务所副主任，开封市律师协会刑事诉讼专业委员会主任。

人是否应当予以羁押等问题进行了沟通。

【辩护意见】

1. 本案符合正当防卫的时间条件。

根据目前能够证实的事实情况来看，案发当晚，犯罪嫌疑人王某某在录像厅看录像，郭某A邀约郭某B、李某某一起看电影。在电影快结束时，郭某A拍了拍王某某的肩膀，比了拳头的手势，王某某犹豫一下后随即跟着郭某A出去，在录像厅外时，郭某A、郭某B、李某某、马某某等人开始对王某某进行殴打，此时王某某面临着现实的、紧迫的危险，应当认定为不法侵害已经开始。

郭某A等人实施殴打行为后，王某某开始逃跑。李某某在前、郭某A在中间、郭某B在最后，三人分别以该顺序，在相隔几米的距离追打王某某，李某某最先中刀停下后，郭某A继续追打王某某直至自己中刀蹲下，郭某B发现郭某A停止追打王某某后也停下，放弃追赶王某某，此时不法侵害才算结束。

王某某在上述时间节点内，面对正在进行且一直连续并未中断的不法暴力行为，该时间符合成立正当防卫的时间条件。

2. 本案符合正当防卫的对象条件。

本案中参与殴打王某某的人至少有郭某A、郭某B、李某某、马某某等人，即上述任何人均符合正当防卫的对象条件，实际上，王某某也仅仅捅伤了李某某、郭某A二人。

3. 本案并未超过正当防卫的必要限度。

（1）关于不法侵害的危险程度。首先，郭某A一方有郭某A、郭某B、李某某、马某某等人对王某某进行殴打，王某某只有自己一人。其次，郭某A持棍棒、李某某持皮带、郭某B持棍棒，还有人拿砖头对王某某进行殴打。最后，郭某A等人殴打王某某的头部、面部，该殴打行为导致王某某的门牙被打掉，具有极大危险性，随时可能导致致命性后果，王某某的正当防卫非常具有必要性。

笔者认为，正当防卫针对的应当是行为而不是罪名，郭某A等人的行为属于"其他严重危及人身安全的暴力犯罪"，符合《刑法》第20条第3款规定的"其他"犯罪，与该款列举的杀人、抢劫、强奸、绑架在暴力程度、危险程度和刑法给予惩罚的力度等方面具有相当的程度。本案郭某A等人的行为,属于单方持械聚众斗殴,构成犯罪的法定最低刑虽然不重,与一般伤害罪相同,但《刑法》第292条同时规定,聚众斗殴,致人重伤、死亡的,依照《刑法》关于故意伤害、故意杀人罪的规定定罪处罚。《刑法》作此规定表明,聚众斗殴行为常可造成他人重伤或者死亡,结合案件具体情况可以判定,聚众斗殴与故意伤害在暴力程度和危险程度上是一致的。本案郭某A等人聚众持皮带、棍棒等工具对王某某进行殴打,应当认定为"其他严重危及人身安全的暴力犯罪"。

(2)王某某的正当防卫行为系在逃跑时实施的,非常仓促,造成郭某A致命伤的只有一刀,说明王某某并未持续对郭某A捅刺,因此王某某的行为没有超过正当防卫的限度。

4. 对王某某主观心态的分析。

(1)郭某A拍了拍王某某的肩膀,比了拳头的手势,王某某犹豫一下后随即跟郭某A出去。此时王某某的主观心态系跟对方谈谈,并无积极追求打架斗殴激化矛盾的故意,毫无疑问,在这种情况下,郭某A等人才是矛盾的引发者和激化者。

(2)王某某在出去后,发现对方人多势众且持械,并没有拿出水果刀进行威慑,也没有直接选择对抗,而是立即逃跑,符合一般人的选择,在此时也不能认为王某某产生了伤害的故意。

(3)王某某在逃跑过程中,被逼无奈,为了继续逃跑才开始挥刀反抗。此时王某某仅仅是为了逃跑,没有伤害任何人的主观故意。但由于当时天色全黑,王某某无法正确评估他的挥刀行为将对郭某A造成多大的伤害,更无法预见郭某A会中刀死亡。王某某作为一般人无法预见上述事实,故不应认定王某某具备积极追求或放任郭某A死亡的故意。

(4)王某某不防卫不具有期待可能性,不具有期待可能性系本案王某某主观违法的阻却事由。案发时是22时左右,天色全黑,从一般人的角度出发,当时的情况是,一出录像厅门就遭到殴打,且对方人数众多,皆持械,甚至王某某的牙都被打掉了。王某某在逃跑途中知道自己被追打,但不知道具体被多少人追打,可想而知当时他的内心是何种程度的惊慌。以一般人的角度而言,处于当时的情况中,不害怕、不掏出武器进行防卫是不可能的。笔者认为,立足防卫人王某某防卫时的具体情境,综合考虑案件发生的整体经过,结合一般人在类似情境下的可能反应,并充分考虑王某某面临不法侵害时的紧迫状态和紧张心理,我们不能期待王某某在此种情况下仍然作出克制行为的选择,不能在事后苛求处于当时状况中的王某某以冷静理性、客观精确的标准选择我们认为最佳的处理方式。

5. 对王某某手持水果刀情况的分析。

王某对于手持水果刀能够给予合理解释,并且该解释与王某某的笔录内容相印证,王某某手持水果刀不能认定为王某某为了故意伤害作出准备。

即便王某某随身携带刀具,也不影响正当防卫的认定。对认定正当防卫有影响的,并不是防卫人携带了可用于自卫的工具,而是防卫人是否有相互斗殴的故意。王某某在事前没有与对方约架的意图,被郭某A等人要求出去后也是唯唯诺诺地跟随,被对方多人殴打时仍未生出还击的想法,而是选择逃跑,最后他在发现再不还击就无法逃脱追打时才被迫还手,其随身携带的水果刀,无论是日常携带还是事先有所防备,都不影响对正当防卫作出认定。

6. 对本案矛盾的起因和激化的分析。

(1)郭某A与王某某此前曾有矛盾并不是本案发生的原因。在本案发生之前,郭某A与王某某曾在录像厅发生过矛盾,二人此前的矛盾远远达不到应当由《刑法》进行评价的程度,且此前的矛盾虽然在二人心中留下了芥蒂,但与本案发生没有任何法律意义上的因果关系,故二人此前矛盾与本案形成无关。

(2)本案系郭某A引发,矛盾也系郭某A激化,郭某A负有刑法意义上的过错。本案的发生,因郭某A拍了拍王某某的肩膀,比了拳头的手势,这种充满挑衅意味的行为是矛盾的成因;王某某跟着郭某A走出录像厅后,郭某A、郭某B、李某某、马某某等人开始对王某某进行殴打,这种显然属于不法的打人行为导致了矛盾的激化。无论郭某A此前与王某某有什么样的矛盾,在本案发生时,郭某A并没有合法、妥善地解决问题,反而以挑衅的行为将王某某带出录像厅后,伙同他人对王某某进行猛烈殴打,郭某A是矛盾的引起者和激化者,负有过错。

综合上述情节,结合矛盾的起因、激化情况,王某某防卫的时间、对象、手段,面临不法侵害时的心态,防卫的限度,再结合王某某与郭某A等人的平时表现,可以看出,王某某的防卫行为具有正当性,王某某依法不负刑事责任,检察院应当对其作出不起诉决定。

【案件结果】

开封市人民检察院作出汴检不诉〔2022〕1号不起诉决定,认为开封市公安局认定的犯罪事实不清、证据不足,不符合起诉条件,决定对犯罪嫌疑人王某某不起诉。

【案件评析】

《刑法》第20条规定:"为了使国家、公共利益、本人或者他人的人身、财产和其他权利免受正在进行的不法侵害,而采取的制止不法侵害的行为,对不法侵害人造成损害的,属于正当防卫,不负刑事责任。正当防卫明显超过必要限度造成重大损害的,应当负刑事责任,但是应当减轻或者免除处罚。对正在进行行凶、杀人、抢劫、强奸、绑架以及其他严重危及人身安全的暴力犯罪,采取防卫行为,造成不法侵害人伤亡的,不属于防卫过当,不负刑事责任。"

《刑事诉讼法》第16条规定:"有下列情形之一的,不追究刑事责任,已经追究的,应当撤销案件,或者不起诉,或者终止审理,或者宣告无罪:(一)情节显著轻微、危害不大,不认为是犯罪的;(二)犯罪已过追诉时效期限的;(三)经特赦令免除刑罚的;(四)依照刑法告诉才处理的犯罪,没有告诉或者撤回告诉的;(五)犯罪嫌疑人、被告人死亡的;(六)其他法律规定免予追究刑事责任的。"

《刑事诉讼法》第177条规定,"犯罪嫌疑人没有犯罪事实,或者有本法第十六条规定的情形之一的,人民检察院应当作出不起诉决定。对于犯罪情节轻微,依照刑法规定不需要判处刑罚或者免除刑罚的,人民检察院可以作出不起诉决定"

本案案发时是22时左右,天色全黑,犯罪嫌疑人王某某一出录像厅门就遭到多人殴打,且对方均持有器械。王某某在逃跑路上知道自己被追打,但不知道具体人数,当时他的内心惊恐无比。从一般人的角度而言,不能在事后苛求处于当时状况中的王某某以冷静理性、客观精确的标准选择理性人认为的最佳处理方式。在上述情况下,王某某掏出水果刀进行防卫,针对的防卫对象系行凶者;防卫行为只进行了两次,没有超过必要限度;王某某一直持有防御心态,而非故意伤害的心态;防卫行为发生在逃跑路上,即自己遭受不法侵害之时,防卫时机正确。综上,王某某的防卫行为具有正当性,防卫对象正确,防卫时机正确,防卫没有超过必要限度,应评价为正当防卫。

综上,开封市人民检察院最终以事实不清,证据不足为由,对犯罪嫌疑人王某某不予起诉的决定是正确的。

【结语及建议】

本案是一起以正当防卫作为切入点,因案件事实不清、证据不足,而使得检察机关作出不予起诉决定的典型案件,笔者最终达到了委托人被无罪处理的辩护效果。

本案在侦查期间,侦查机关提请批捕,开封市人民检察院第一次作出了不批捕的决定;侦查机关申请复议,开封市人民检察院维持了不批捕决定;侦查机关要求对不批捕决定进行复核,河南省人民检察院出具复核决定书,认为开封市人民检察院作出的不批捕决定及维持原不批捕决定不当,变更原不批准逮捕决定。

从上述批捕情况来看,本案辩护的重点是,在案证据是否能够确凿指证犯罪嫌疑人王某某存在犯罪行为,其行为是否能评价为正当防卫。从刑法规定来看,故意伤害犯罪与正当防卫行为二者成立条件迥异,性质完全不同。但在部分案件中,二者在行为外观上存在较大的相似性,进而引起对行为定性的分歧,甚至将正当防卫行为错误地认定为故意伤害犯罪。在处理这类案件时,应当根据案件事实,从二者的区别着手,紧扣正当防卫的成立条件,目光往返于规范与事实之间,在事实与规范的来回穿梭中探寻辩护要点。本案的案发时间是1992年8月31日,至今已经30多年,当时的证据情况及证人证言的关联情况对于还原案件本身事实存在一定难度,在此情况下应当根据王某某的供述,对于不能查明的事实应作出有利于犯罪嫌疑人的推定。

在履行辩护职责以及阅卷和会见的过程中,笔者注意到,郭某A等人在追打王某某的过程中,存在追打的先后顺序,李某某在前、郭某A在中间、郭某B在最后,三人分别以上述顺序,在相隔几米的距离追打王某某。李某某首先中刀停下,郭某A继续追王某某直至郭某A中刀蹲下,郭某B发现郭某A停止追王某某后也停止追赶。这充分说明了两个问题:(1)多人追打王某某,导致王某某的内心产生了极大的恐慌;(2)王某某只对最先追上他的人实施了防卫行为,然后继续逃跑,并未继续实施伤害行为。

这个关键信息使犯罪嫌疑人王某某实施行为的时机、对象和防卫的限度均符合正当防卫的构成要件,笔者充分利用了这个辩点,提出了有力的法律观点,促成了对犯罪嫌疑人王某某不予起诉的结果。

建议刑事辩护人在履行辩护职责时,充分发掘案件中的点滴细节,做好充足准备,与案件承办检察官、法官充分沟通,维护好每一个当事人的合法权益,保障法律的正确实施。

故意伤害罪的主观故意应如何把握

——案例 22：李某某故意伤害案

石会升[*]

【案情简介】

犯罪嫌疑人李某某系洛阳市××医院医护人员。被害人陈某某系该医院精神病（精神分裂症）患者。2021 年 8 月 8 日 7 时许，李某某将二病区全部患者集中到活动中心排队吃早饭。但被害人不配合，不愿去活动中心，喊着要回家。后李某某安排两个轻症的病人搀扶着被害人陈某某进入活动中心。不久后，被害人又不听劝阻，执意出门。李某某为了防止陈某某出门，推着陈某某不让其出去。后被害人倒地，左股骨颈骨折。经洛阳市公安局物证鉴定所鉴定，陈某某所受损伤程度为轻伤一级。2021 年 10 月 19 日，洛阳市公安局洛龙分局以李某某涉嫌故意伤害罪立案侦查，并电话传唤李某某到案。当日，李某某被洛龙分局取保候审。李某某在侦查阶段、审查起诉阶段均如实供述不小心将陈某某推倒，致其轻伤，且认罪认罚。另外，李某某在审查起诉阶段委托家人与被害人的亲属达成了民事赔偿协议，赔偿被害人亲属 12 万元。

2021 年 11 月 25 日，洛阳市公安局洛龙分局出具起诉意见书，指控：2021 年 8 月 8 日 7 时许，洛阳市××医院二病区护士李某某在二病区活动室内将该病区病人陈某某推倒，致陈某某左股骨颈骨折。2021 年 10 月 12 日，洛阳市公安局物证鉴定所鉴定，陈某某所受损伤程度为轻伤一级，故应以故意伤

---

[*] 石会升，河南诚然律师事务所高级合伙人、副主任。

害罪对李某某进行起诉。

案件进入审查起诉阶段后,2022年1月5日,李某某委托笔者担任其辩护人。经详细阅卷、分析证据、会见犯罪嫌疑人以及研判证据,笔者初步判断李某某犯故意伤害罪的事实不清,证据不足,可以作无罪辩护。

在征得犯罪嫌疑人及其家属同意后,笔者书写无罪辩护意见,又多次与案件承办人就主观故意的认定及准确适用法律等问题进行了沟通。并会同医院方面就赔偿被害人经济损失问题多次与被害人家属进行协商,并达成赔偿协议,被害人出具了刑事谅解书。

【辩护意见】

1. 犯罪嫌疑人李某某推了被害人一下,造成被害人摔倒以致股骨颈骨折(轻伤一级)的这一行为,不符合故意伤害罪的主、客观构成要件,不应认定为故意伤害罪。

(1)故意犯罪的成立不仅要求有故意伤害行为的存在,还要求行为人对行为的危害后果有认知或预见,并且希望或者放任该结果的发生。李某某不具备故意伤害罪的认识因素和意志因素。李某某在推被害人时,情况突然,是为了防止被害人出去,其并没有预见到自己的行为会导致被害人摔倒受伤这一结果。同时,其对被害人受伤的这一结果也持否定态度。从目的、动机看,李某某推被害人只是为了阻止被害人出门,也是履行护士职责的职务行为。从双方的关系看,犯罪嫌疑人与被害人系医患关系。李某某与被害人之间不存在积怨。李某某作为医护人员,刚工作不久,本着职业操守,其没有理由去故意推倒病人,更没有故意伤害病人的动机和目的。

(2)从客观上看,因被害人不听劝阻,意图出门回家,李某某作为护士进行阻拦,仅推被害人"一下",该行为虽然具有不当性,但不应当界定为故意伤害罪中的暴力伤害行为。李某某的这一行为是履行看护职责的职务行为。

2. 犯罪嫌疑人李某某缺乏故意伤害犯罪的动机、目的,以及主客观构成要件,其推被害人导致被害人骨折的行为,符合过于自信的过失的特征,应认定为过失行为。

结合本案,亦如上文所述,李某某在推被害人时,情况突然,是为了防止被害人出去而用双手阻拦。其过于自信地认为自己的"一推",不会导致被害人摔倒受伤这一结果。同时,其对被害人受伤的这一结果也持否定态度。

因此,笔者认为,李某某的行为符合过于自信的过失的犯罪特征。但是,因被害人伤情未达追诉标准,故不应构成犯罪。对李某某构成故意伤害罪的指控,不能成立。

【案件结果】

洛龙区人民检察院出具洛龙检刑不诉〔2022〕6号不起诉决定书,决定对李某某不起诉。

【案件评析】

1. 把握犯罪构成要件,正确区分间接故意与过于自信的过失的主观心理。

区分间接故意与过于自信的过失,要从二者的认识因素及意志因素两个方面来把握。明确二者在认识因素和意志因素方面的不同,也就明确了间接故意与过于自信的过失的区别。在司法实践中,是认定为间接故意还是过于自信的过失,还要研究间接故意和过于自信的过失的区别——对于危害结果是放任还是不希望发生,实际上只有把握行为人的行为链,才能通过此行为链推断出行为人主观的心理状态。因此要把握两者的界限,更重要的还是要把握意志因素。意志因素是指行为人对所预见的可能发生的危害结果的一种主观愿望。过于自信的过失与间接故意的行为人都不希望和追求危害结果的发生,但过于自信的过失的行为人在主观上具有避免危害结果发生的愿望,而间接故意的行为人并没有避免危害结果发生的愿望,其对危害结果的发生持放任的态度。

2. 重点从证据材料上分析,坚持主客观相统一原则,坚持"证据确实、充分"的刑事证据证明标准。

危害社会的行为等客观情况反映行为人的主观心理,也往往是检验主观方面的标准。从客观行为入手,分析犯罪嫌疑人是否具有希望或放任危害结果发生的主观心理。从表面上看,本案中,犯罪嫌疑人李某某确实用手推了被害人一下,导致被害人摔倒在地上。但不能片面孤立地看待这一行为,应该从全案分析。从双方的关系看,犯罪嫌疑人与被害人系医患关系。被害人系住院的精神病患者，犯罪嫌疑人系负责看护的护士。被害人不配合看护，不愿去活动中心排队吃饭，喊着要回家，不听劝阻，意图出门回家。李某某作为负责照顾、看护、管理的医护人员，在门口为了防止被害人出门，让其回去，就用手推了被害人一下，导致被害人摔倒在地。从目的、动机看，犯罪嫌疑人李某某推被害人一下的目的只是阻止被害人出门，也是履行护士职责的职务行为。犯罪嫌疑人李某某采取的行为，实际上是日常中较为常见的行为。李某某根本不想给被害人的身体造成伤害，并不追求或者放任危害后果的发生，其对被害人的受伤持完全否定的态度。李某某与被害人之间存在特殊的医患关系，不存在积怨。李某某作为医护人员，刚工作不久，本着职业操守，其没有理由去故意推倒病人，更没有故意伤害病人的动机和目的。同时应当看到，被害人摔倒后，李某某和其他人一起将被害人搀扶起来，让他坐在车子上，配合医院进行救治。因此，从主观和客观两方面分析，凭现有证据难以认定李某某具有故意伤害的故意。作为一名刑辩律师，不仅要苦练基本功，做到功底扎实，更重要的是要认真研判刑事证据材料，认真分析，坚持刑事诉讼证据的证明标准，坚持主客观相统一原则。

【结语及建议】

在刑法学领域中，如何从主观要件上正确区分过于自信的过失与间接故意，一直存在争议。犯罪嫌疑人犯罪时的心理状态，作为犯罪构成的主观要件，直接影响罪与非罪、此罪与彼罪的认定。但是，犯罪嫌疑人的心理状态具有"内隐性"，不如客观事实容易证明，这造成司法实践中的认定困难。任何犯罪都是在主观罪过支配下实施的行为，主观罪过产生于对客观世界的反映，而它产生后，在客观上表现为特定行为对社会产生危害作用，而危害社会的行为等客观情况又成为检验主观方面的标准。因此，犯罪的主、客观要件是相互依存、互为前提、缺一不可的，形成了一个相互联系、相互作用又相互制约的有机统一体。认定犯罪应当坚持主客观相统一原则。从本案的案情来看，伤害行为、伤害结果，以及二者之间的因果关系都是比较清楚的。无罪辩护成功的关键在于，证实犯罪嫌疑人不存在故意的主观心理。笔者从行为的动机、目的出发，结合行为的具体表现，根据《刑法》有关故意的构成条件，证明了犯罪嫌疑人行为时不具有故意伤害罪的犯罪故意。

作为刑事辩护律师，要在个案中形成行为人属于间接故意还是过失犯罪的判断,仅仅从理论上掌握区分两者的要素还不够,必须将理论与实践相结合,充分运用案件中的证据及被证据证实的案件客观事实,分析判断行为人的主观心理态度,从而准确得出定性结论。这里需要注意的是,对于行为人主观心理态度的判断,不能过于依赖行为人的供述。行为人的供述只能作为判断的论据之一。作为犯罪构成要件的行为人的主观心理态度,并不是行为人在行为时的心理事实,而是司法工作人员根据案件的客观事实及行为人心理事实,运用法律规范进行评价所得出的结论。因此,主观心理态度是间接故意还是过于自信的过失,必须运用各方面证据和事实进行综合判断。

辩护人在刑事辩护中的任务是为当事人提供罪轻或者无罪辩护。所以在辩护中应当深入钻研刑事法律理论,学习法学专家的案例分析,提高业务水平和自身素质,争取好的辩护效果,为当事人提供高质量的服务,为维护社会的公平正义与安定和谐贡献力量。

犯罪事实不清、证据不足的,应判决无罪

——案例23:洪某故意伤害案

刘国琳*

【案情简介】

2017年7月底某日,李某约被告人洪某、被害人杨某,以及王某、高某在洛阳市老城区李某的仓库内吃饭喝酒。几人从当日20时左右开始喝酒,23时许,在吃饭喝酒的仓库内,王某与被告人洪某酒后发生口角和冲突。王某持啤酒瓶追至院内击打洪某,洪某扑向王某,二人开始厮打。此时,被害人杨某从仓库内出来拉架。后杨某突然倒地,李某、高某查看后发现杨某受伤,于是拨打120将杨某送至医院。经洛阳市公安局物证鉴定所鉴定,杨某头部损伤程度属于轻伤一级。洛阳市老城区人民检察院以洛老检诉〔2018〕166号起诉书指控被告人洪某犯故意伤害罪。附带民事诉讼原告人(被害人)杨某以被告人洪某的犯罪行为给其造成物质损失为由,将洪某起诉至洛阳市老城区人民法院,要求被告人洪某赔偿其各项损失共计31.7万余元。

笔者在一审程序中接受了洪某的委托,对案件材料进行了仔细阅读,多次观看了案发现场的监控录像,并多次会见被告人,对案件有了深刻了解。笔者通过对本案的深入研究,发现公诉机关向法院提交的所有证据均不能证明被害人杨某的伤害是由洪某造成的。

在案件审理过程中,公诉机关两次以补充侦查为由建议延期审理。公诉机关认为被告人洪某故意伤害他人身体,致人轻伤,其行为触犯《刑法》第

---

* 刘国琳,河南王城律师事务所副主任。

234条第1款的规定,应以故意伤害罪追究被告人洪某的刑事责任,并提交下列证据支持其指控:

被告人洪某的供述与辩解,被害人杨某的陈述,证人李某、高某、王某的证言,案发现场的监控录像,洪某、王某、李某、高某对监控录像中人员的辨认,案发现场勘验笔录,现场照片及现场平面示意图。

被告人洪某对起诉书中指控的犯罪事实及罪名均有异议。

【辩护意见】

笔者认为,公诉人提供的证据未能证明被告人洪某对被害人杨某实施了侵害行为,理由如下:

询问笔录及讯问笔录均未能证明洪某的犯罪事实,监控录像中也未发现洪某有侵害行为,反而显示王某拿酒瓶击打洪某,致使洪某受伤。

首先,被害人杨某头部受伤,其受伤程度为轻伤一级,该损伤需要非常大的冲击力才能形成。洪某手无寸铁,与被害人既无矛盾,也没有发生冲突,洪某不可能对其实施侵害行为。其次,杨某头部的伤口的形状是怎样的?是怎么形成的?公诉机关没有提交检验报告、鉴定意见等相关证据进行印证。最后,被害人杨某记不清案发当晚的情况,证人李某、王某、高某均称案发当晚没有看到被害人杨某是怎么摔倒在地的,监控录像仅拍摄到被告人洪某和被害人杨某同时摔倒,但是未拍到他们摔倒前的情况。公诉机关没有提交相关证据证明被害人伤口形成的原因,无法认定被害人杨某是被击打受伤还是倒地受伤或被谁打伤。

综上所述,在案证据无法证实被告人对被害人实施了侵害行为,依据罪刑法定、疑罪从无的刑法原则及《刑事诉讼法》相关规定,笔者认为,本案公诉机关认定的洪某的犯罪事实不清、证据不足,法院应当对被告人洪某作出无罪判决。

【案件结果】

2019年10月18日,洛阳市老城区人民法院作出了(2018)豫0302刑初155号刑事附带民事判决书。经该院审判委员会讨论决定,依照《刑事诉讼法》第 200 条第(三)项之规定,判决被告人洪某无罪,并驳回刑事附带民事诉讼原告人杨某的起诉。

【案件评析】

证据印证,是指两个以上的证据在所包含的事实信息方面发生了完全重合或者部分交叉,即证据所包含的事实信息得到了相互验证。证据印证是认定案件事实的一种方法,不能将证明方法与证明标准相混淆。不仅要确保案件证据在形式上实现印证,还要对认定的犯罪事实能否排除合理怀疑进行实质判断:一是对犯罪嫌疑人供述的合法性、客观性进行严格审查;二是排除口供与其他证据之间的矛盾或对其作出合理解释;三是对案件事实是否符合经验法则进行综合判断。本案中,公诉机关提供的证据包括:被告人洪某的供述与辩解,被害人杨某的陈述,证人李某、高某、王某的证言,案发现场的监控录像,洪某、王某、李某、高某对监控录像中人员的辨认,案发现场勘验笔录,现场照片及现场平面示意图。根据罪刑法定、疑罪从无的原则,这些证据均不能证明被告人洪某对被害人杨某实施了侵害行为,公诉机关也未提供其他有罪证据进行充分证明,故公诉机关提起的公诉不符合《刑事诉讼法》规定的犯罪事实已经查清,证据确实、充分的起诉条件。法院最终判决被告人洪某无罪,并驳回刑事附带民事诉讼原告人杨某的起诉,符合疑罪从无的司法精神。

【结语及建议】

本案是一起无罪判决的案件。洛阳市老城区人民检察院提起公诉,洛阳市老城区人民法院审理后对被告人洪某作出了无罪判决。笔者在仔细查阅案件卷宗材料和多次会见被告人的基础上,通过分析研判,坚信被告人是清白的。在笔者的不懈努力下,最终被告人无罪的辩护观点被法院采纳。笔者最终达到了委托人无罪的辩护效果。从无罪辩护的司法实务效果来看,存在的规律是:以事实、证据、法律为基础的无罪辩护往往能让法官感受到巨大的压力,甚至会为了求得被告人妥协而作出比罪轻辩护效果更好的"和谐"判决,从而使辩护效果达到更佳。同时,无罪辩护的最佳效果便是当事人无罪，如果律师不去作无罪辩护或者没有进行有效的无罪辩护，不去据法力争、据理力争，自然不可能有无罪的效果。"偏听则暗，兼听则明"，如果没有律师的有效介入，法官很少主动宣告无罪。本案中，笔者详尽、专业的辩护意见最终取得了无罪判决的效果。当然，如果脱离事实、证据和法律进行"小题大做"式辩护或者"煽情表演"式辩护，这样的辩护，表面上看似精彩，实则或没抓住要点，或无理取闹，只会将当事人推向"雪上加霜"的绝境。

值得欣慰的是，本案对被告人的无罪判决，完美诠释了司法公正。在严格把握案件基本事实的基础上，辩护人要敢于和善于表达自己的观点，代表被告人发表有效的无罪辩护意见，充分维护当事人的合法权益。

刑事审判阶段鉴定标准发生变化的情况下如何适用"从旧兼从轻"原则

——案例24：陈某某故意伤害案

屈二军[*]

【案情简介】

被害人杨某某(男)与被告人陈某某(女)系夫妻关系。2013年7月19日22时许，杨某某与陈某某在家里因家庭琐事发生争吵、厮打，在这个过程中，陈某某拽住杨某某下体，将杨某某下体撕伤。经某市公安局物证鉴定所鉴定，杨某某阴囊左侧有一长2.2厘米的创口，其损伤程度构成轻伤；陈某某系轻度颅脑损伤，双上肢皮下瘀血，软组织损伤，其损伤程度构成轻微伤。2013年9月25日，被告人陈某某经公安机关通知到案，其对上述伤害杨某某的犯罪事实供认不讳。后平顶山市新华区人民检察院指控陈某某犯故意伤害罪，平顶山市新华区人民法院于2014年1月13日作出(2014)新刑初字第6号刑事附带民事判决，判决陈某某犯故意伤害罪，判处拘役4个月，并赔偿附带民事诉讼原告人杨某某医疗费等相关费用。该判决生效后，陈某某不服，向平顶山市新华区人民法院申诉。平顶山市新华区人民法院于2016年4月13日出具(2016)豫0402刑申1号驳回申诉通知书。陈某某不服，向平顶山市中级人民法院申诉。平顶山市中级人民法院于2016年7月27日作出(2016)豫04刑申20号刑事决定，指令平顶山市新华区人民法院对本案进行再审。

---

[*] 屈二军，河南博识律师事务所合伙人。

再审一审阶段，笔者接受陈某某委托为其提供刑事辩护服务。经查阅案卷以及与承办法官就事实认定、法律适用等问题进行沟通，笔者向平顶山市新华区人民法院提交了辩护意见，辩护要点如下：

1. 关于被害人杨某某阴囊左侧 2.2 厘米的创口，案发当时公安机关依据《人体轻伤鉴定标准（试行）》进行鉴定，其损伤程度构成轻伤，应追究被告人陈某某的刑事责任。但 2014 年 1 月 1 日起施行的《人体损伤程度鉴定标准》（以下简称《损伤标准》）规定，阴囊皮肤创口或者瘢痕长度累计 4 厘米以上的构成轻伤二级，同时 2014 年 1 月 2 日公布的最高人民法院《关于执行〈人体损伤程度鉴定标准〉有关问题的通知》（以下简称《通知》）第 1 条规定："致人损伤的行为发生在 2014 年 1 月 1 日之前，尚未审判或者正在审判的案件，需要进行损伤程度鉴定的，适用原鉴定标准。但按照《损伤标准》不构成损伤或者损伤程度较轻的，适用《损伤标准》。"故按照从旧兼从轻原则，本案应当依据该标准重新进行鉴定，被害人杨某某阴囊左侧 2.2 厘米的创口，未达到 4 厘米以上，故被害人不构成轻伤，应判决被告人陈某某无罪。

2. 平顶山市新华区人民法院作出（2014）新刑初字第 6 号刑事附带民事判决的时间是 2014 年 1 月 13 日。《损伤标准》开始施行的时候，本案判决并未作出，所以本案符合适用《损伤标准》的条件。虽然当时庭审已经进行，但还属于审判阶段。依据《刑事诉讼法》的规定，法院立案后至判决下达前的时间均属于审判阶段，并不是说仅仅是开庭前才属于审判阶段，而开庭后不属于审判阶段。

综上，原生效判决事实认定不清，法律适用错误，再审应当改判被告人陈某某无罪。

平顶山市新华区人民法院并未采纳笔者的观点，其主要裁判理由为：

1. 根据文义解释，"需要进行损伤程度鉴定"应指尚未进行损伤程度鉴定，根据案情需要进行人体损伤程度鉴定以便确定被告人的刑事责任。尚未审判或者正在审判的案件，已经进行鉴定的，不属于"需要进行损伤程度鉴定"的案件。本案中，案发时间是 2013 年 7 月 19 日，2013 年 7 月 29 日某市公安局物证鉴定所已作出轻伤鉴定，公诉机关于 2013 年 11 月 11 日向原审法院提起公诉，原审法院已于 2013 年 12 月 26 日开庭进行了审理，2014 年 1 月 13 日作出了（2014）新刑初字第 6 号刑事附带民事判决，判决被告人陈某某犯故意伤害罪，判处拘役 4 个月。本案的案发时间、鉴定时间及开庭审判时间均在2014年1月1日之前，不属于"需要进行损伤程度鉴定"的情形。

2.《损伤标准》既非法律、行政法规，也不是部门规章，只是一个技术标准，应当遵循技术标准本身的规律和原则。对已经鉴定的案件在没有出现新的事实证据，伤情也未发生改变的情况下，再适用从旧兼从轻原则采用较轻的新标准进行重新鉴定，必将损害鉴定的权威性和严肃性，对被害人也是不公平的。

3. 山西省公检法司四部门于2014年1月16日联合对《损伤标准》适用时间衔接问题进行规范，根据相关规定，致人体损伤的行为发生在2013年12月31日之前的，已出具鉴定意见须重新鉴定或补充鉴定的，仍适用原鉴定标准。本案如果适用新标准鉴定，必然会导致同案不同判，有损司法的统一性和严肃性。

平顶山市新华区人民法院于2016年11月9日作出(2016)豫0402刑再字第1号刑事裁定，维持(2014)新刑初字第6号刑事附带民事判决。被告人陈某某不服，提出上诉。

平顶山市中级人民法院开庭审理本案。笔者坚持一审辩护意见，同时补充指出了一审裁定适用法律错误之处。笔者认为：一审判决错误地理解了何为"需要进行损伤程度鉴定"。需要鉴定指的是整个刑事诉讼活动程序需要，是最后确定是否有罪及准确量刑的需要，而不是仅仅指审判阶段需要。故意伤害案件需要伤情鉴定结论，而依据刑事诉讼分工，初次鉴定通常都在公安机关侦查阶段进行，把"需要进行损伤程度鉴定"限定为需要在审判阶段进行鉴定不仅仅自身逻辑不通，显然也与刑事诉讼的实际分工不符，与司法解释的规定不符。

笔者同时指出，再审一审裁定参照山西省司法机关的相关规范的做法，明显违反法律规定。山西省司法机关的相关规范并非审判时可以直接引用的法律规范，不应作为裁判的依据。

平顶山市中级人民法院充分考虑和采纳了笔者的辩护意见，最终撤销了平顶山市新华区人民法院作出的被告人陈某某犯故意伤害罪的相关判决和裁定，改判陈某某无罪。

【辩护意见】

笔者的主要辩护意见是：

1. 再审一审裁定错误适用《通知》第1条的意见，坚持不按照新的鉴定标准认定伤情，属于适用法律错误，应予纠正。

笔者认为，对"需要进行损伤程度鉴定"应作广义理解，它是指刑事案件定罪量刑需要以损伤程度鉴定结论作为依据，而不是仅仅指通知下发时没有鉴定而需要等待鉴定。但一审法院的理解是，只有处在审判阶段的案件，而且是从未进行过鉴定的案件，才能适用《通知》，按照新标准鉴定。笔者指出这种理解逻辑上难以自圆其说。因为对于人身损害案件，如果之前没有鉴定过，那就不可能起诉到法院等待审判。所以《通知》所指的"需要进行损伤程度鉴定"的案件，是指所有需要以鉴定结论作为定罪量刑依据的案件，而且这种鉴定通常在侦查阶段就已经进行，所以案件才能起诉到法院。

因此，再审一审裁定认为，《通知》仅适用于需要鉴定而尚未鉴定的案件，而本案上诉人陈某某的伤情已经进行了鉴定，不属于需要鉴定而尚未鉴定的案件，这是对《通知》的错误理解，属于适用法律错误。

2. 《通知》第1条中的"尚未审判"指的是尚未下达判决，而不应局限于尚未开庭审理。

已经开庭但未下达判决，亦在该条"尚未审判"的适用范围内。《刑事诉讼法》第三编所规定的审判，包括第一审程序、第二审程序和审判监督程序等阶段。因此，不能将《通知》规定的"尚未审判"理解为尚未开庭审理，事实上，开庭后判决未下达阶段仍应属于审判阶段。虽然原审一审于2013年12月26日开庭，但是判决是在2014年1月13日下达的。也就是说，《通知》施行时，一审判决尚未作出，故此案处于该通知规定的"正在审判"的阶段。

3. 再审一审裁定认为不应重新鉴定属于适用法律错误。

鉴定的权威性和严肃性来自正确适用鉴定标准和准确认定鉴定结论。根据《刑事诉讼法》的规定，鉴定结论是证据的一种，人民法院审理案件需要根据查明的证据确定被告人的刑事责任。如果案件需要重新鉴定而没有鉴定，导致法院错误地使用了本不该使用的鉴定结论定罪量刑，则该错误使用鉴定结论的行为会损害鉴定本身的权威性。原鉴定结论在《通知》施行后不能再作为定罪量刑的依据使用。不论是在原审一审开庭后的2014年1月4日申请进行重新鉴定，还是在再审一审开庭前的2016年8月29日上诉人申请进行重新鉴定，如果进行重新鉴定并依据新的标准作出损伤程度的鉴定结论，这并不属于否定之前的鉴定结论，只是因为鉴定标准发生了变化。

再审一审裁定认为，"在没有出现新的事实证据，伤情也未发生改变的情况下,再适用从旧兼从轻原则采用较轻的新标准进行重新鉴定,必将损害鉴定的权威性和严肃性,对被害人也是不公平的"。实际上这是对从旧兼从轻原则的错误理解和错误适用,也是对《通知》具体规定的错误适用。

鉴定结论仅仅是查明案件事实的证据的一种,虽然审判阶段没有新的事实证据,伤情未发生改变,适用新的鉴定标准进行定罪和量刑会轻于原有标准,但这恰恰是从旧兼从轻原则的具体体现和应用。新的鉴定结论是依据新的标准作出的,并不是推翻原有鉴定结论,也不是证明原来的鉴定是错误的,不可能损害鉴定的权威性。

4. 刑事案件的审理应当以《刑法》和相关司法解释确定被告人的刑事责任。

针对本案适用的鉴定标准,《通知》第1条作出了明确规定,而再审一审裁定中直接引用山西省公检法司四部门的相关规范作为裁判参照,明显违背相关法律的规定。

综上,笔者认为,二审法院应查明事实,正确适用法律,依法撤销原审一审判决和再审一审裁定,改判陈某某无罪。

【案件结果】

平顶山市中级人民法院最终撤销了平顶山市新华区人民法院(2016)豫0402刑再字第1号刑事裁定和平顶山市新华区人民法院(2014)新刑初字第6号刑事附带民事判决,改判陈某某无罪。

【案件评析】

1. 刑法从旧兼从轻原则具体适用的法律分析。

从旧兼从轻原则是一个刑法适用原则,指除针对非犯罪化(除罪化)、弱化惩罚或有利于行为人的规定之外,刑法不得有溯及既往的效力。从旧兼从轻原则是对被告人行为进行定罪量刑时应遵循的基本原则,该原则应当贯穿和体现在刑事诉讼的各个阶段,包括如何适用新的鉴定标准以体现从旧兼从轻原则。

本案中双方对认定的事实及证据没有争议,争议的焦点是原审一审中,认定陈某某有罪的轻伤鉴定结论能否被采用。2014年1月2日施行的《通知》第1条规定:"致人损伤的行为发生在2014年1月1日之前,尚未审判或者正在审判的案件,需要进行损伤程度鉴定的,适用原鉴定标准。但按照《损伤标准》不构成损伤或者损伤程度较轻的,适用《损伤标准》。"2014年1月1日起施行的《损伤标准》属于办理故意伤害案件必须要参照的标准,具有强制性,适用从旧兼从轻原则具有合理性,也和《通知》第1条的规定相吻合。该通知生效时,原审一审正在审理,判决尚未作出。根据《损伤标准》,被害人的伤情不构成轻伤,结合从旧兼从轻原则,本案应当适用《损伤标准》。

更进一步讲,《通知》实际上是《损伤标准》如何在实践中适用从旧兼从轻原则的指导。按照《通知》相关条文的规定适用即可准确体现从旧兼从轻原则。

本案审理过程中的主要争议之一是,《损伤标准》是一个技术标准,能否套用刑法从旧兼从轻原则。持否定观点的人认为该标准只是一个技术规范,并非《刑法》具体的条文,不应适用从旧兼从轻原则。笔者认为,标准不属于任何一种法律渊源,这是毋庸置疑的。但是标准的特征与法的特征具有一定的相似之处。法律是一种概括、普遍、严谨的行为规范;标准除前述特征外更强调科学性。法律是国家制定或认可的行为规范;标准也是国家部门或机构发布的。法律是国家确认权利和义务的行为规范;标准则规定了行为人应当实施的行为。法律是由国家强制力保证实施的行为规范;标准也有相当一部分是由国家强制力保证实施的,比如违反食品安全标准、药品安全标准及其他强制性标准,均可能被追究行政甚至刑事责任。法律是具有普遍性的社会规范;标准在相应的领域也具有普遍性。因此,理解了标准的类法属性,此时再将从旧兼从轻原则扩展到标准领域予以适用,就更加易于接受。笔者坚持认为,用以定罪量刑的《刑法》的法律渊源不仅包括《刑法》的具体条文,也涵盖定罪量刑所需要的技术标准和行政法规等,最为常见的如在法定犯的情况下,据以入罪的行政法规等均是最终定罪量刑的依据,所以,该标准也应当适用从旧兼从轻原则。

2. 对《通知》第1条的理解。

《通知》第1条规定的"正在审判的案件",指的是判决尚未作出的案件,退一步讲,即使一审判决已经作出,如果被告人上诉,则二审阶段仍然属于"正在审判"。《刑事诉讼法》中的"审判"包括第一审程序、第二审程序和审判监督程序等阶段。因此,不能将《通知》规定的"尚未审判"理解为尚未开庭审理,事实上,开庭后判决未作出阶段仍应属于审判阶段。原审一审于2013年12月26日开庭审理,但判决是2014年1月13日作出的。也就是说,《通知》施行时,一审判决尚未作出,此案处于该通知规定的"正在审判"的阶段。

综上,平顶山市中级人民法院最终改判陈某某无罪的判决是正确的。

【结语及建议】

本案是一起刑事判决生效之后当事人申请再审后历经一审、二审阶段,最终改判无罪的案件。涉及的核心问题为,在审判阶段,司法鉴定标准发生变化时,该如何适用从旧兼从轻原则以最终正确适用法律。

笔者紧扣刑法从旧兼从轻原则,以及相关的法律适用规则,最终达到了委托人被改判无罪的辩护效果,使陈某某得到公正处理。

辩护人在刑事辩护中的任务是为被告人提供罪轻或者无罪辩护,所以,在辩护中应当穷尽一切可能,深入钻研刑事法律理论,仔细挖掘刑事法律相关原则的内涵,为准确适用刑事法律规范提供指引,不放过任何一个可能影响被告人定罪量刑的有利事实。对于有争议的法律适用问题,应当根据自己的理解和认识,综合采用体系解释和文义解释等方法,深入探究法律条文的立法本意,并找到具有指导意义的案例和专家的权威意见,据理力争,争取好的辩护效果,为确保法律的正确实施及维护社会的公平正义贡献力量。

证人证言多处存疑时，
申请证人出庭作证

——案例 25：李某某故意伤害案

杨龙尤*

【案情简介】

秦某某与其丈夫邵某在郏县堂街镇邵湾村经营一家小型超市，其儿子邵某1外出务工，其儿媳李某某在郏县堂街镇孔湾新村居住。秦某某的腿有旧疾。邵某1与本村村民邵某2素有矛盾，邵某2多次酒后到邵某1父母经营的超市附近叫骂。

2017年8月2日22时许，秦某某和邵某在家中听到邵某2在自家超市东边的十字路口骂邵某1，秦某某给其妹妹秦某1打电话，让秦某1的丈夫邵某3（邵某2的远房亲戚）到该十字路口将邵某2劝回家。后秦某某又给其儿媳李某某打电话，称邵某2在家门外骂人。李某某接到秦某某的电话后，电话联系邵某1的朋友周某某，让周某某驾车送其回邵湾村。李某某在回家途中拨打报警电话，并多次和郏县公安局堂街派出所电话联系，称邵某2酒后到秦某某家叫骂，要求出警。周某某将李某某送到邵湾村后离开。

邵某在家中听到邵某2在外面的叫骂声，心怀不满，称今晚打邵某2两棍，让邵某2以后不能再到其家叫骂，秦某某劝阻邵某。后邵某气愤不过，从家中门后拿了一根木棍出门，秦某某见状跟随邵某出门。秦某某出门后与仍在外叫骂的邵某2对骂。邵某3赶到现场，劝邵某2回家，邵某2不愿回家。

---

* 杨龙尤，河南前行律师事务所工作委员会副主任。

在邵某3劝说过程中,李某某赶到现场。李某某听到邵某2与其婆婆秦某某的吵架声,接腔骂邵某2,邵某2与李某某对骂。邵某3看劝说无效,离开现场。邵某2在与李某某对骂过程中,扇了李某某一耳光,李某某与邵某2相互厮拽。邵某见状,上前用木棍击打邵某2的头部,将邵某2打倒在地。李某某在与邵某2厮拽过程中亦倒地。秦某某见状将邵某的木棍夺下,用脚踢邵某2两下,问邵某2还骂不骂了,并把邵某拉回家。

2017年8月3日,郏县公安局立案侦查,经法医鉴定,邵某2头面部软组织损伤伴右侧额颞顶枕部硬膜外血肿、左侧额颞部硬膜下血肿、右侧枕叶挫裂伤并血肿,属重伤二级。

2018年3月8日,郏县人民法院作出(2018)豫0425刑初字17号刑事判决,认定邵某犯故意伤害罪,判处有期徒刑5年。

邵某2认为李某某、秦某某也殴打了自己,故向郏县公安局控告李某某、秦某某。2018年7月9日10时许,郏县公安局再次对邵某2进行询问,邵某2陈述,案发当晚参与殴打自己的人员分别有邵某、李某某、秦某某,但不清楚该三人当中具体是谁将自己打伤的。2018年7月9日14时许,郏县公安局刑侦大队传唤李某某、秦某某接受调查。2018年7月10日,郏县公安局以涉嫌故意伤害犯罪共同犯罪为由,对李某某、秦某某采取刑事拘留。

2018年7月17日,笔者接受委托,为犯罪嫌疑人李某某提供刑事辩护服务。在多次会见犯罪嫌疑人的基础上,笔者向侦查机关提交《法律意见书》《不予呈报批准逮捕辩护意见书》《取保候审申请书》等,又数次与承办人当面就事实认定、证据适用以及准确适用法律等问题进行了沟通。2018年8月14日,郏县人民检察院出具郏检侦监批捕(2018)170号批准逮捕决定书,批准逮捕李某某。2018年8月31日,本案侦查终结。

2018年9月4日,案件进入审查起诉阶段。笔者在详细阅卷和多次会见犯罪嫌疑人的基础上,发现证人邵某的证人证言存在疑点,向郏县人民检察院申请调取本案证人邵某的同步录音录像。在观看同步录音录像时,笔者发现证人邵某的陈述与询问笔录存在不符之处,于是告知李某某家属。经李某某家属与证人邵某联系,邵某称自己2018年7月20日的询问笔录,是在受到侦查机关胁迫、引诱的情况下作出的,不是其真实意思表示,并表示自己愿意在庭审中出庭作证。笔者数次与负责公诉的检察官就此事进行了沟通。

2018年10月17日,郏县人民检察院出具郏检公诉补侦(2018)112号补充侦查决定书,以事实不清,证据不足为由,将案件退回郏县公安局补充侦查。2018年12月20日,郏县人民检察院出具郏检公诉补侦(2018)151号补充侦查决定书,以事实不清、证据不足为由,再次将案件退回郏县公安局补充侦查。

2019年3月4日,郏县人民检察院出具郏检公诉刑诉〔2019〕37号起诉书,指控被告人李某某、秦某某故意损害他人身体健康,致一人重伤二级,其行为均已构成故意伤害罪;在共同犯罪中,李某某、秦某某均起次要作用,系从犯。郏县人民检察院于2019年4月9日向郏县人民法院提起公诉。

2019年5月17日,郏县人民法院进行开庭审理,庭审中笔者提出:李某某的行为不构成故意伤害罪。笔者提供证人邵某出具的自述一份,拟证明侦查机关于2018年7月20日对邵某所作的询问笔录,是在邵某受到侦查机关胁迫、引诱的情况下出具的,不是其真实意思表示。笔者申请邵某出庭作证。

郏县人民法院于2019年7月5日作出(2019)豫0425刑初92号刑事附带民事判决,判决:(1)被告人李某某无罪;(2)被告人秦某某无罪;(3)被告人李某某、秦某某不承担民事赔偿责任。

2019年7月15日,郏县人民检察院出具郏检公诉刑抗〔2019〕1号刑事抗诉书,提出抗诉。

2019年8月15日,平顶山市中级人民法院公开审理本案,庭审中笔者再次提出:李某某的行为不构成故意伤害罪。

【辩护意见】

1. 本案中,被告人李某某未对被害人邵某2实施殴打行为,依法不构成故意伤害犯罪。

(1)关于案发前李某某的行为情况。

2017年8月2日22时许,李某某在郏县堂街镇孔湾新村家里准备睡觉时,其婆婆秦某某打电话称邵某2在其家门口骂人。李某某让婆婆秦某某把门关上,并在2017年8月2日22时16分向公安机关报警。2017年8月3日,公安机关出具受案登记表,上面记载"李某某报称郏县堂街镇邵湾村的邵某2在其家超市门口骂人,要求处理"。李某某与公婆关系较好,在两个年迈老人的求助下,李某某主动回去协助处理矛盾,符合常理。并且,李某某到达案发现场前已向公安机关报警,主观上没有伤害故意,与邵某之间也不存在事先预谋。

（2）关于李某某在案发时的行为情况。

公诉机关提供的卷宗材料能够证明李某某与邵某2之间存在肢体接触的证据有：邵某的供述、秦某某的供述、李某某的供述以及被害人邵某2的陈述。被告人秦某某与李某某供述的内容为：在李某某与被害人邵某2对骂的过程中，邵某2扇了李某某一耳光，李某某本人没有殴打被害人邵某2。被害人邵某2陈述的内容为：李某某用手朝其手臂上抓，用拳头朝其胸部、肚子上捶，邵某2本人也用手朝李某某身上打，双方对打的时候，邵某、秦某某过来和李某某一起将邵某2摁倒在地上。上述证据不能证明被告人李某某曾对被害人邵某2实施殴打行为。

（3）关于案发后李某某的行为情况。

在邵某用木棍打倒被害人邵某2后，李某某本人也晕倒在地，随后被120急救车送往医院。

2. 本案中，被告人李某某与邵某不构成共同故意犯罪。

故意伤害罪中，认定共同参与人责任的原则有以下几项：

原则一：要正确认定参与人是否属于共同犯罪。笔者认为，对参与人不能一概而论，应根据犯罪构成的要件及共同犯罪的要求，确认各参与人是否属于共同犯罪。如果属于共同犯罪，参与人才应对共同犯罪的结果负责，或者进行主犯、从犯等的划分，做到罚当其罪；如果不能认定为共同犯罪，各参与人就应当各负其责，有的可能还不构成犯罪。

原则二：主客观相统一原则。参与人共同承担刑事责任的基础在于：主观上，必须具有共同犯罪的故意；客观上，必须实施了共同犯罪的行为。因此，每个参与人的刑事责任都必须以其对实施的犯罪行为具备犯罪故意为前提，也必须以其实施的犯罪行为与犯罪结果之间具有因果关系为前提。缺少其中任何一个前提，参与人都不应对其行为承担刑事责任。有些伤害案件，虽然从形式上看几个行为人都对被害人实施了伤害行为，但彼此之间并无意思联络，其中一人的行为造成严重后果，若由全体参与人承担责任，显失公平。

原则三：罪责刑相适应原则。共同伤害案件的情节五花八门，各参与人在共同伤害中的行为千差万别，对伤害后果所起的作用也各不相同，这时，各行为人在共同伤害过程中发挥的作用就成了区分其罪责的标准。

综上，本案中，李某某与邵某不属于事先有预谋的共同故意犯罪，其行为也不属于事中或事后加入的共同故意犯罪，李某某的行为与邵某2重伤的结果之间不具有因果关系。根据主客观相统一原则,不应认定李某某与邵某构成共同故意犯罪。

【案件结果】

河南省郏县人民法院于 2019 年 7 月 5 日作出(2019)豫 0425 刑初 92 号刑事附带民事判决,判决:(1)被告人李某某无罪;(2)被告人秦某某无罪;(3)被告人李某某、秦某某不承担民事赔偿责任。

2019 年 7 月 15 日,河南省郏县人民检察院提出抗诉。平顶山市中级人民法院于 2019 年 8 月 27 日作出(2019)豫 04 刑终 283 号刑事附带民事裁定,裁定驳回抗诉,维持原判。

【案件评析】

1. 故意伤害中共同犯罪的法律分析。

《刑法》第 25 条规定:"共同犯罪是指二人以上共同故意犯罪。二人以上共同过失犯罪,不以共同犯罪论处;应当负刑事责任的,按照他们所犯的罪分别处罚。"共同犯罪应当具备以下两个特征:第一,主体数量特征。共同犯罪的犯罪主体必须是二人以上。第二,罪质特征。共同犯罪必须是共同故意犯罪。所谓"共同故意犯罪",应当具备以下三个条件:

第一,主观方面,数个行为人必须有共同犯罪的故意。这里有两层意思:其一,数个行为人对自己实施的危害行为都持故意的心理,即数个行为人都明知自己的行为会发生危害社会的结果,并希望或者放任这种结果的发生。其二,数个行为人对行为的共同性是明知的,即数个行为人都认识到自己和其他行为人在共同进行犯罪活动。这里并不要求行为人认识到自己和其他行为人实施的是完全相同的具体活动,只要明知自己正在实施的行为与其他行为人实施的行为属于一个共同的犯罪活动即可。行为人主观上符合以上两方面情况的,即构成共同故意。

第二,数个行为人必须有共同的犯罪行为。所谓共同的犯罪行为,是指各个行为人的犯罪行为具有共同的指向性。即行为人各自的犯罪行为都是在他们的共同故意支配下,围绕共同的犯罪对象,为实现共同的犯罪目的而实施的。各个共同犯罪行为人既可能是以分担的方式实施同一犯罪行为；也可能是部分共同犯罪行为人实施同一犯罪行为，部分共同犯罪行为人根据共同犯罪的目的，实施该犯罪行为以外的其他犯罪行为。总体看，各个共同犯罪行为人所实施的犯罪行为都同危害结果具有因果关系，是同一犯罪活动的组成部分。

第三，共同犯罪具有共同的犯罪对象。即共同犯罪行为人的犯罪行为必须最终指向同一犯罪对象，这是构成共同犯罪必须有共同的犯罪故意和共同的犯罪行为的必然要求。

2. 李某某的主观心态分析。

本案中，首先，李某某在接到秦某某的电话后即向秦某某家中赶去，途中多次打电话报警，要求公安机关处理，这证明其主观上没有伤害的故意；其次，李某某到达案发现场时，秦某某、邵某已经在现场，李某某即与邵某2对骂，没有证据证明李某某与邵某存在共同故意伤害邵某2的事先预谋；最后，邵某2扇李某某一耳光后，李某某与邵某2有厮拽行为，但当时环境黑暗，没有证据证明李某某明知邵某手持木棍的事实，其所实施的对打行为与邵某伤害邵某2的行为没有刑法意义上的因果关系。

因此，李某某与邵某不属于事先有预谋的共同故意犯罪，李某某对邵某手持木棍故意伤害的行为缺乏刑法意义上的明知，没有证据证明李某某的行为属于事中或事后加入的共同故意犯罪，也没有证据证明李某某与邵某有伤害邵某2的共同故意，所以，李某某不应对邵某实施的伤害行为承担刑事责任。

综上，郏县人民法院、平顶山市中级人民法院最终认定李某某无罪，保证了无罪的人免予刑事追究，该判决是正确的。

【结语及建议】

本案是一起一审判决无罪，检察院抗诉，二审维持无罪判决的案件，辩护人最终达到了被告人被判无罪的辩护效果。本案最难得的是，笔者申请证人出庭后，案件得到了突破。本案在侦查期间，被害人及其他证人的陈述使得犯罪嫌疑人李某某可能成立故意伤害致人重伤的共同犯罪。笔者查阅卷宗后发现，证人证言和被害人陈述均不能证明李某某与邵某存在故意伤害的共同故意，同时也发现证人邵某的询问笔录存在疑点，并及时向郏县人民检察院申请调取本案询问证人时的同步录音录像。在观看同步录音录像时,笔者确定证人邵某的陈述与询问笔录存在不符之处,告知李某某家属后,经李某某家属与证人邵某联系,邵某称自己2018年7月20日的询问笔录,是在受到侦查机关胁迫、引诱的情况下作出的,不是其真实意思表示,并表示自己愿意在庭审中出庭作证。笔者及时与一审法院承办法官进行沟通,并于庭审前申请证人出庭作证。证人邵某庭审中的陈述与同案其他人的证言,可以说明李某某主观上无共同犯罪的故意。客观上,李某某虽与邵某2进行厮拽,但该行为不能导致邵某2重伤。

在办理此类案件时,要正确认定参与人是否属于共同犯罪,遵循主客观相统一原则和罪责刑相适应原则。

从最高死刑到不起诉,一起命案的辩护之路

——案例 26:庞某故意伤害(致人死亡)案

张耀显*

【案情简介】

2019 年 5 月 19 日 10 时许,犯罪嫌疑人庞某与王某、刘某在洛阳市西工区发生争吵和厮打,后被人拉开。张某、赵某、林某等人来到现场后,双方再次发生争执和厮打,其间,庞某捅伤刘某后,被目击此事的被害人林某追赶。庞某和林某互相撕扯倒地,后被人拉开。双方离开案发现场时,林某倒入工地的基坑中,经抢救无效死亡。经鉴定,被害人林某符合因疼痛、情绪激动等因素诱发冠状动脉粥样硬化性心脏病发作,致急性循环系统功能障碍死亡征象;体表损伤符合钝性物体作用的特征,磕碰、摔跌可以形成。

2019 年 5 月 20 日,庞某因涉嫌故意伤害罪被洛阳市公安局金谷分局刑事拘留;2019 年 5 月 21 日,因结伙作案,庞某被延长拘留期限至 30 日。

2019 年 5 月 28 日,笔者接受犯罪嫌疑人庞某女儿的委托,为庞某提供刑事辩护服务。笔者详细阅卷,多次会见犯罪嫌疑人,与办案机关沟通,并在侦查阶段和被害人家属多次协商,最终达成赔偿协议并取得被害人家属的谅解。2019 年 6 月 21 日,笔者向洛阳市西工区人民检察院提交法律意见,认为庞某的行为是过失致人死亡,应不予逮捕。2019 年 6 月 26 日,洛阳市西工区人民检察院对庞某以过失致人死亡罪批准逮捕。

---

* 张耀显,河南河洛律师事务所主任。

2019年7月15日,笔者考虑到庞某涉嫌过失致人死亡罪,但具有多因一果的因素,经过和承办检察官多次沟通,设计了"分步走"的辩护思路,先把庞某取保候审,再及时跟进,随即提交了《羁押必要性审查申请书》。2019年8月6日,洛阳市西工区人民检察院采纳了笔者的意见,建议公安机关对庞某变更强制措施。2019年8月12日,洛阳市公安局金谷分局对庞某取保候审。

洛阳市公安局金谷分局侦查终结后,以犯罪嫌疑人庞某涉嫌过失致人死亡罪,于2020年7月8日向洛阳市西工区人民检察院移送起诉。

2020年7月16日,笔者向洛阳市西工区人民检察院提交了书面辩护意见,认为本案可以不起诉。

【辩护意见】

结合全案证据,笔者从正反两条路径向检察机关进行了充分的辩护论证,精心提出了不起诉的辩护意见。

正面路径为:庞某确实有厮打行为,虽不能完全排除因果关系,但是不应仅考虑因果关系一个因素,而应严格把握各项犯罪构成要件。过失犯罪有疏忽大意的过失和过于自信的过失两种形态,不论何种形态,构成犯罪的前提是行为人至少应具有预见结果的可能性。

本案中,犯罪嫌疑人能感知的事实为:被害人从事的是工地的重体力劳动,并积极参与斗殴,表现出健康活跃的身体状态;不能感知的事实为:被害人患有心脏病。双方的厮打行为并不严重,本身不存在可能造成伤亡的高度危险性。法律不强人所难,犯罪嫌疑人无法预见不太严重的相互厮打可能造成他人死亡这一事实。

反面辩护路径为:在群体斗殴案件中,如果对被害人患有心脏病不知情的犯罪嫌疑人被定罪,那么身为死者亲属、老乡的一方斗殴者,在明知同伴患有心脏病的情况下,仍挑起斗殴,又纵容、放任被害人一同参加斗殴,是否对被害人的死亡更具有预见可能性和重大过错?是否应当承担刑事责任,被一同处理?

正反两条路径的论证足以使办案人员对庞某是否构成过失犯罪这一问题有较为清晰的认识。该辩护意见也得到了检察机关的高度重视。

笔者进一步提出:过失犯罪比故意犯罪更强调结果归罪,相较于与犯罪嫌疑人的厮打，被害人的自身行为更可能导致死亡结果的发生。

本案中，被害人在他人已经发生冲突的情况下，从十层楼上长途奔跑抵达斗殴现场，在明知自己可能激动、受伤的情况下，依然积极参与其中，其妻子在一旁拉都拉不住。其行为既超出了体力的极限，又超出了精神的极限，极大可能导致心脏病发作，应当属于自陷风险，被害人本人对死亡结果的发生应承担重要责任。此时其他参与斗殴者的责任应相应减小。当犯罪嫌疑人的行为对被害人死亡结果影响力的大小和关联程度均难以确定时，定罪更应慎之又慎。

进一步讲，被害人并不认识犯罪嫌疑人，将庞某作为斗殴对象，完全是其加入斗殴时自主地无差别选择，即碰到谁就可能会和谁打。因此，只要被害人参与了打斗，不管对象是谁，其心脏病发作的概率都不会因此减小，可能都无法避免悲剧的发生。如果产生被害人"打谁谁倒霉，打谁谁判刑"的结果，又将如何衡量参与人的过错，如何分配同案行为人的责任？

通过以上事实论证和逻辑推演，案情脉络逐渐清晰，笔者对案件有了更高的期待。经过与检察机关的多番沟通，结合犯罪嫌疑人庞某存在自首、积极赔偿、取得谅解、初犯偶犯、认罪认罚等情节，笔者向检察机关提出应当充分依照罪刑法定原则，对庞某不起诉的辩护意见。

【案件结果】

2020年8月7日，洛阳市西工区人民检察院采纳了笔者的辩护意见，出具洛西检一部刑不诉〔2020〕19号不起诉决定书，对庞某作出不起诉决定。

【案件评析】

1. 过失致人死亡罪的法律分析。

过失致人死亡罪，是指行为人应当预见自己的行为可能导致他人死亡，因疏忽大意而没有预见，或者已经预见但轻信能够避免，从而造成他人死亡，剥夺他人生命权的行为。本罪必须符合以下四个条件：(1)犯罪的主体为达到法定责任年龄且具备刑事责任能力的自然人。(2)犯罪的主观方面表现为过失，即行为人对其行为的结果抱有过失的心理状态，包括疏忽大意的过失和过于自信的过失。(3)本罪侵犯的客体是他人的生命权。(4)犯罪的客观方面表现为因过失致使他人死亡的行为。

2. 过失致人死亡罪主观方面的分析。

过失犯罪只有两种犯罪形态,即疏忽大意的过失和过于自信的过失。疏忽大意的过失是应当预见而没有预见,过于自信的过失是已经预见但轻信能够避免,其前提均为预见,至少也应具有预见的可能性。本案中,犯罪嫌疑人庞某所能够感知的事实为:被害人从事的是工地的重体力劳动,并积极参与斗殴,表现出健康活跃的身体状态;而不能感知的事实为:被害人患有心脏病。法律不强人所难,庞某在本案中对被害人的死亡结果没有预见的可能性。因此,庞某在本案中既不存在疏忽大意的过失,也不存在过于自信的过失。

3. 结果加重犯的法律分析。

故意伤害致人死亡是典型的结果加重犯,它是指行为人明知自己的行为会造成他人身体伤害的结果,并且希望或者放任伤害结果的发生,结果却出乎意料地造成了死亡(即行为人对死亡结果持过失心态)。刑法学通说认为,结果加重犯的成立要求加重结果与基本犯罪行为之间满足因果关系与结果归属的要求。就致死类型的结果加重犯而言,如果是后行为或者其他因素导致基本行为与加重结果缺乏直接性关联,则不能认定为结果加重犯。尤其是,绝对不能将故意伤害致人死亡简单地理解为故意伤害后有人死亡。就本案而言,尽管被告人庞某实施了厮打行为,但是厮打的故意并不能直接等同于伤害的故意。另外,更重要的是,通常意义上这种厮打行为并不足以造成被害人死亡的危害后果。本案中,被害人的特殊体质才是导致其死亡的最主要原因。这就意味着,庞某所实施的厮打行为和被害人死亡的加重结果之间明显缺乏直接性关联。因此,本案并不能认定为故意伤害致人死亡。

综上,洛阳市西工区人民检察院对庞某作出不起诉决定是正确的。

【结语及建议】

在接受委托时,笔者认真听取了曾在现场的犯罪嫌疑人家属的描述,了解到现场厮打过程中并无致命性动作,且被害人倒下与斗殴结束之间有短暂的时间间隔,故敏锐地判断所谓"故意伤害致人死亡"可能另有隐情。后在会见庞某时,庞某称其在案发现场曾听到有人喊被害人有心脏病,这进一步印证了笔者的判断。笔者认为被害人的死亡可能并非直接由故意伤害导致，不排除是由被害人自身疾病造成的可能，并及时向办案机关说明了该情况。

后经法医鉴定，被害人符合因疼痛、情绪激动等因素诱发心脏病致急性循环系统功能障碍死亡征象，即被害人死亡的重要原因系其自身心脏病，而非故意伤害。办案机关采纳了辩护人的意见，将犯罪嫌疑人庞某所涉罪名依法变更为过失致人死亡罪。

基于此重大成果，笔者乘胜追击，在多次联系被害人家属并取得谅解的情况下，向公安机关申请对犯罪嫌疑人取保候审，向检察机关提出羁押必要性审查。经过不懈努力，犯罪嫌疑人终于在被羁押近3个月后被依法取保候审。

由于命案具有较强的特殊性与敏感性，被害人家属往往情绪很大，稍有不慎将造成较大的社会影响，因此即便是过失犯罪，涉案人也往往难以获得轻判，根据以往案例，适用缓刑就已经是极为成功的辩护结果。

笔者在审查起诉阶段经过详细阅卷，结合全案证据，从正反两条路径向检察机关进行了充分的辩护论证，精心提出了不起诉的辩护意见。

从最高刑期为死刑的故意伤害罪，变更为过失致人死亡罪；从刑拘、逮捕，到取保候审；从期待能减刑、适用缓刑，直至最终的酌定不起诉。在一年多的漫长诉讼历程中，当事人与家属从笔者卓有成效的工作中，一步步看到了希望，最终等来了公正的结局。

本案中，笔者首先制定了周密可行的辩护策略，并未一接手就直接进行对抗式的无罪辩护，转而先从有罪辩护入手，通过事实、法律分析，引起司法机关对本案犯罪构成的足够重视，并向司法机关阐述，如犯罪嫌疑人被定罪判刑，将可能导致客观归罪，同案其他参与人的责任将无法平衡，最终成功影响司法机关，使其对判处实体刑罚产生应有的顾虑，为当事人争取到相对公正的结果。

建议刑事辩护人在辩护工作中，要学会迂回、有的放矢，不能急功近利，要秉承"精益求精、滴水穿石"的理念寻找决胜的辩点，充分维护好每一个当事人的合法权益，使法律真正体现出应有的公平和公正。

辩护律师应注重辩护思路的设计
——案例 27：曹某故意伤害案

冯振国[*]

【案情简介】

2017 年 8 月 2 日 21 时许，马某克、马某清、郭某瑞经预谋，由郭某瑞冒充马某克的妻子，通过手机微信将曹某约至某主题酒店房间并与其发生性关系。马某克、马某清携带刀具、铁链、绳索等工具进入该房间，以曹某与马某克的妻子郭某瑞发生性关系为由，使用刀具、铁链等工具对曹某进行殴打并向其索要人民币 10 万元。曹某手持从马某清处夺下的刀具逃离该房间时致马某克死亡。经鉴定，马某克系被单刃刺器刺破右髂外动、静脉致急性失血性休克死亡；曹某所受损伤程度构成轻微伤。

笔者于 2017 年 8 月 7 日接受被告人曹某委托，为其提供刑事辩护服务。2018 年 4 月 20 日，郑州市二七区人民检察院以曹某涉嫌故意伤害罪为由，向郑州市二七区人民法院提起诉讼。笔者查阅全部卷宗材料后，在庭审中向法院发表辩护意见。

【辩护意见】

笔者从三个方面对案件进行辩护：

1. 本案中所谓被害人马某克，生前伙同马某清、郭某瑞对被告人曹某实

---

[*] 冯振国，北京康达（郑州）律师事务所创始合伙人、副主任。

施的行为应当认定为抢劫罪而非敲诈勒索罪。三人的行为极其恶劣,严重危及曹某生命健康,属于以暴力、胁迫的方式压制曹某反抗并当场劫取财物,此时曹某完全丧失反抗的意志,因此三人的行为成立抢劫罪。若认为马某克与马某清的行为成立抢劫罪,则曹某可依照《刑法》第20条第3款的规定,行使特殊防卫权,曹某致马某克死亡的行为不构成犯罪。笔者除担任曹某涉嫌故意伤害罪一案的辩护人之外,同时是被告人马某清、郭某瑞构成敲诈勒索罪一案中被害人曹某的代理人。

2. 在对据以定罪量刑的案件事实存在合理疑问时,应当作出有利于被告人的认定。马某克的死亡,究竟是因其不慎撞到曹某所持的匕首上(即过失或意外),还是曹某逃跑时的防卫行为所致,不仅是定罪的关键,也是量刑的重要情节。在该情节无法查明时,根据存疑有利于被告原则,法庭依法应当作出有利于被告人的认定,即认定为马某克不慎撞到曹某所持的匕首上,曹某对此不存在故意。

3. 笔者为被告人作无罪辩护的同时还进行了罪轻辩护。被告人的行为具有以下法定和酌定的从轻或减轻量刑情节:第一,被告人的行为属于正当防卫,不应负刑事责任;即使防卫过当,也应当减少基准刑的60%以上或者依法免除处罚。第二,被告人在案发后未逃离现场,而是打110报警,在原地等候抓捕,到公安机关作如实供述,依法应当认定为自首,可以减少基准刑的40%以下。第三,被害人犯罪行为在先,属于刑法意义上的有明显过错,对矛盾的激化负有直接责任,可以减少基准刑的20%以下。第四,被告人案发后积极拨打120进行急救,并协助对被害人施救,可以减少基准刑的20%以下。第五,被告人在侦查阶段就民事部分积极赔偿被害人家属经济损失并取得谅解,可以减少基准刑的40%以下。第六,被告人积极与被害人家属达成刑事和解协议,可以减少基准刑的50%以下。第七,被告人当庭自愿认罪,可以减少基准刑的10%以下。

【案件结果】

郑州市二七区人民检察院以证据不足为由,申请撤回起诉。郑州市二七区人民法院作出(2018)豫0103刑初333号刑事裁定,准许检察院撤回起诉。后郑州市二七区人民检察院出具郑二检一部刑不诉〔2019〕9号不起诉决定书。

【案件评析】

1. 抢劫罪和敲诈勒索罪的界限与特殊防卫权。

抢劫罪是指以暴力、胁迫或者其他强制方法压制对方反抗,使得对方因无法反抗而放弃财物的行为。敲诈勒索罪是指通过实施恐吓行为,使对方产生恐惧心理,对方基于恐惧心理交付财物,行为人因此取得财物的行为。抢劫罪与敲诈勒索罪的区别在于对被害人意志自由的剥夺程度不同。抢劫罪中,行为人完全剥夺被害人的意志自由,使被害人完全丧失反抗的意志。而敲诈勒索罪中,行为人没有完全剥夺被害人的意志自由,即被害人在是否交付财物上尚有考虑、选择的余地。区分抢劫罪与敲诈勒索罪,对行为人能否行使特殊防卫权有着决定作用。

我国《刑法》第 20 条第 3 款规定:"对正在进行行凶、杀人、抢劫、强奸、绑架以及其他严重危及人身安全的暴力犯罪,采取防卫行为,造成不法侵害人伤亡的,不属于防卫过当,不负刑事责任。"该款作为刑法上防卫行为的特殊规定,属于提示性的注意规定,该规定不能改变正当防卫的一般成立要件,应当受到正当防卫一般成立要件的制约,即行为人所面临的侵害是客观的、现实存在的、正在发生的不法侵害,防卫的对象是不法侵害人,其目的是阻止危害结果的发生,且其行为没有超过必要限度。

本案属于典型的"仙人跳"。和"套路贷"一样,"仙人跳"只是一种行为类型而不是刑法意义上的犯罪类型。"仙人跳"根据具体实施手段(暴力、欺诈、敲诈等)可能会分别涉嫌抢劫罪、诈骗罪以及敲诈勒索罪等。本案中,马某清、马某克携带事先准备的工具进入曹某的房间,以被告人曹某与马某克妻子郭某瑞发生性关系为由设下圈套,诱使曹某上钩,之后,马某清、马某克使用刀具、铁链等工具对曹某进行殴打并向其索要人民币 10 万元,其暴力手段已经达到足以压制曹某反抗的程度,并已严重威胁曹某的人身安全,其行为涉嫌抢劫罪而非敲诈勒索罪。《刑法》第 20 条第 3 款规定:"对正在进行行凶、杀人、抢劫、强奸、绑架以及其他严重危及人身安全的暴力犯罪,采取防卫行为,造成不法侵害人伤亡的,不属于防卫过当,不负刑事责任。"根据上述规定,曹某之行为成立特殊防卫,即便造成马某克死亡的后果,也不属于防卫过当,无须对此承担刑事责任。

2. 巧妙设计辩护思路。

本案不同于一般刑事案件。本案中检察院既指控曹某涉嫌故意伤害一案,又指控郭某瑞、马某清构成敲诈勒索罪,曹某分别是被告人和被害人。在办理本案的过程中,笔者发现马某清、马某克进入房间时有强拿曹某手机并要求其说出密码的行为,认为该行为应当构成抢劫罪,故提出建议,不仅要求作为检察院指控被告人曹某涉嫌故意伤害罪一案的辩护人进行无罪辩护,还要求作为检察院指控被告人马某清、郭某瑞构成敲诈勒索罪一案中被害人曹某的代理人参加诉讼。笔者认为检察机关指控罪名错误,马某清、郭某瑞、马某克(已死亡)的行为应当认定为抢劫罪而非敲诈勒索罪。曹某同意委托笔者作为其辩护人和代理人分别参加诉讼。同时作为两个案件的辩护人和代理人这一辩护思路,在案件的办理中产生了事半功倍的效果。

3. 根据存疑有利于被告原则,应当将被害人的死亡认定为意外事件。
《刑法》第16条规定:"行为在客观上虽然造成了损害结果,但是不是出于故意或者过失,而是由于不能抗拒或者不能预见的原因所引起的,不是犯罪。"本案中,曹某夺取匕首的目的是避免对方再次伤害自己,根据曹某的持刀方式也可以看出,曹某在主观上并没有攻击伤害他人的故意,且在无法查明马某克的死亡究竟是曹某的防卫行为所致还是过失或者意外所致的情况下,根据存疑有利于被告原则,法庭依法应当作出有利于被告人的认定,即认定马某克的死亡纯属意外,曹某不应对此承担刑事责任。

4. 律师可以在作无罪辩护的同时作罪轻辩护。
《关于依法保障律师执业权利的规定》第35条规定:"辩护律师作无罪辩护的,可以当庭就量刑问题发表辩护意见,也可以庭后提交量刑辩护意见。"辩护律师在作无罪辩护时,若法院不认可其辩护意见,就会满盘皆输。为避免此种情形出现,辩护律师有权对被告人的量刑问题发表辩护意见,以求最大限度保护被告人的合法权益。本案中,辩护人在作无罪辩护后,又提出被告人有法定和酌定的从轻或减轻量刑情节,符合"两利相权取其重"的理性人假设。

【结语及建议】

本案是一起公诉机关起诉后又撤诉,最终决定不起诉的典型案件,笔者通过阐述辩护意见,达到了令公诉机关不起诉的目的。公诉机关在另一起案件中指控,被告人马某清、郭某瑞以被害人曹某与马某克妻子郭某瑞发生性关系为由,使用刀具、铁链等工具对被害人曹某实施殴打并索要人民币10万元的行为构成敲诈勒索罪。同时认为曹某手持从马某清处夺下的刀具逃离房间时,将上前阻拦其离开的马某克捅伤,并致其死亡的防卫行为超过了必要的限度,应当构成故意伤害罪。笔者在检察院指控被告人曹某涉嫌故意伤害罪一案中作无罪辩护,同时又在检察院指控被告人马某清、郭某瑞构成敲诈勒索罪一案中认为马某克、马某清的行为符合抢劫罪的构成要件。经过对敲诈勒索罪和抢劫罪进行辨析,公诉机关改变观点,赞成笔者的观点,认为马某清、马某克的行为构成抢劫罪,被告人曹某可以根据《刑法》第20条第3款的规定进行特殊防卫,其行为属于正当防卫。

建议辩护人在刑事辩护中认真区别相似罪名,特别是当不同罪名会使案件结果相差巨大时,更要努力为当事人辩冤白谤,还当事人一个公正的结果。

强奸罪中违背妇女意志及
强迫行为的分析

——案例28：张某民涉嫌强奸案

王红艳* 符 贵**

【案情简介】

2016年8月1日傍晚，被害人郭某某与证人牛某霞、田某明、王某兵四人在鹤壁市山城区的一个小饭馆喝酒吃饭。酒后牛某霞安排田某明送郭某某，田某明电话联系被告人张某民开车接上他和郭某某，三人一起到了西岭的某宾馆。张某民到前台开房后和郭某某进入506房间。其间，张某民从房间出来，下楼后碰到田某明，田某明进入郭某某房间与郭某某说话，张某民在郭某某房间外等候。田某明从房间出来后，张某民进入房间与郭某某发生了性关系。之后张某民出去买了盒女士香烟回宾馆，给了郭某某后离开。牛某霞接到郭某某的电话后，和王某兵一起赶到宾馆，在询问郭某某后，牛某霞打电话报警称自己的朋友郭某某被强奸。

因涉嫌犯强奸罪，张某民于2017年3月11日被鹤壁市公安局山城区分局刑事拘留；经鹤壁市山城区人民检察院批准，于2017年3月24日被逮捕。鹤壁市山城区人民检察院以山检公诉刑诉〔2017〕53号起诉书指控被告人张某民犯强奸罪，于2017年5月17日向鹤壁市山城区人民法院提起公诉。鹤壁市山城区人民法院于2017年8月7日作出（2017）豫0603刑初119号刑事

---

* 王红艳，北京盈科（郑州）律师事务所法律事务部副主任。
** 符贵，北京市康盛（郑州）律师事务所副主任。

判决,判决被告人张某民犯强奸罪,判处有期徒刑3年。

张某民不服判决,委托笔者为其提供刑事辩护服务。笔者在详细阅卷,会见嫌疑人,走访家属及相关人员,充分了解案件事实情况后,帮助张某民以"一审认定事实不清,证据不足,被告人不构成强奸罪"为由提出上诉。

鹤壁市中级人民法院进行了审理,并于2017年10月30日作出刑事裁定,以原判认定事实不清为由,裁定撤销鹤壁市山城区人民法院(2017)豫0603刑初119号刑事判决,发回鹤壁市山城区人民法院重新审理。

鹤壁市山城区人民法院重新审理此案,于2018年4月3日作出(2017)豫0603刑初294号刑事判决,判决被告人张某民犯强奸罪,判处有期徒刑3年。

张某民仍不服,再次提出上诉。笔者也继续作为张某民的辩护律师到庭参加诉讼,积极维护张某民的合法权益。

【辩护意见】

综合重审阶段的一、二审辩护意见,笔者认为,公诉机关提供的证据不足以证明被告人张某民采用暴力胁迫或其他手段,违背被害人的意志,强行与之发生性关系。

本案现有的证据可以证明如下事实:(1)案发前被害人郭某某与证人牛某霞、王某兵、田某明在一起吃饭喝酒,长达三个半小时。四人分开之后,郭某某和田某明一起到宾馆开房入住。郭某某和张某民发生完性关系之后,牛某霞、王某兵随即赶到宾馆,之后田某明就打电话向张某民索要钱财。笔者认为这种事情绝对不是巧合,应当是四人精心设计的骗局。笔者提交的证人证言可以证实牛某霞、王某兵、郭某某等人常年以敲诈勒索别人为生,常年混迹于麻将馆等场所。(2)在去宾馆的路上,田某明一直撮合郭某某和张某民一起开房留宿。(3)张某民是在征得郭某某同意之后才在宾馆开的房间,而且郭某某是主动自愿随其进入宾馆房间的。(4)田某明进入房间再次劝说郭某某与张某民发生性关系,之后张某民才进入房间同郭某某发生性关系。(5)张某民送完烟离开房间之后,郭某某通知等候在宾馆附近的牛某霞、王某兵进入宾馆。郭某某在四次笔录中均称张某民离开506房间之后,其给牛某霞打电话。第四次笔录更是详细地称其是在张某民送完烟离开房间之后,给牛某霞打的电话。监控录像显示,张某民送完烟离开506房间的时间是 22 点 20 分 46 秒,牛某霞、王某兵进入宾馆的时间为 22 点 21 分 18 秒,间隔时间仅为 32 秒,这说明两人一直蹲守在宾馆附近,随时准备进入宾馆控制住张某民。(6)证人牛某霞、王某兵、田某明以及被害人郭某某在 506 房间内,由田某明向张某民打电话索要钱财未果,后牛某霞、王某兵、郭某某三人离开宾馆找张某民,寻找半个小时未找到后,由牛某霞打电话报警,并非由郭某某本人打电话报警。

本案的证据能够证明张某民同郭某某发生了性关系,但证明张某民强行与郭某某发生性关系的证据不足:(1)本案中可以证明张某民强行与郭某某发生性关系的唯一的直接证据是郭某某的陈述,为孤证;(2)郭某某的四次陈述以及法官当庭宣读的一份郭某某的询问笔录中的陈述,违背常理和人类的记忆规律,案件细节越描越细,在关键细节上前后不一致,出入较大,故被害人陈述不应当予以采信;(3)郭某某陈述中张某民强行与其发生性关系的部分,与本案的其他证据相冲突,不应当予以采信;(4)郭某某的陈述和张某民的供述相冲突,且证明力小于张某民的供述,因此应当采信张某民的供述。

结合本案的证据情况,以及笔者提交的证人证言,本案不能排除郭某某与牛某霞等人合谋,自愿与张某民发生性关系,索要钱财不成后,以强奸为由报警的合理怀疑。故笔者认为,法庭应当撤销原判,依法改判张某民无罪。

【案件结果】

河南省鹤壁市中级人民法院于 2019 年 6 月 22 日作出(2018)豫 06 刑终 67 号终审判决,判决:(1)撤销鹤壁市山城区人民法院(2017)豫 0603 刑初 294 号刑事判决;(2)上诉人张某民无罪。

【案件评析】

1. 强奸罪的法律分析。

强奸罪,是指行为人违反刑法相关规定,违背被害人的意愿,采用暴力、胁迫或其他手段,强迫被害人发生性行为的犯罪。《刑法》第 236 条第 1 款规定:"以暴力、胁迫或者其他手段强奸妇女的,处三年以上十年以下有期徒刑。"本罪的构成要件为:(1)犯罪的主体一般是具有刑事责任能力的男性。

(2) 犯罪的主观方面为直接故意,即行为人明确具有强奸意图,期望与被害妇女发生性行为。如果行为人不具有强奸意图,而以性行为之外的行为满足生理及心理欲望,则不能构成强奸罪,如强行碰触妇女身体部位的强制猥亵行为。(3) 犯罪的客体是妇女的性自由权利,即妇女按照自己的意志决定是否发生性行为的权利。犯罪对象是所有女性。(4) 犯罪的客观方面表现为违背妇女意志,并以暴力、胁迫或者其他手段,使妇女处于不能反抗、不敢反抗、不知反抗的状态或利用妇女处于不知反抗、无法反抗的状态而乘机实行奸淫的行为。

2. 本案重点审查行为人是否违背妇女意志,是否以暴力、胁迫或其他手段强迫妇女发生性行为。

强奸行为侵犯的是被害妇女的性自由权利,性自由权利包含妇女的性自主意志和不受任何手段强制的性自主行为。由此,分析是否构成强奸罪,必须要先分析行为人实施性行为是否违背了行为对象的性自主意志,再分析行为人是否采用暴力、胁迫或其他手段强行与被害妇女发生性行为。

"违背被害人意志"是强奸罪构成要件中的一个要素。这一要素的主观性较强,认定标准复杂,证明无罪的难度很大。刑事实体法关于认定是否"违背被害人意志"的标准存在不同的学说。最低的标准是"只要没有明确拒绝,就是同意"(Only NO means NO)。而最高标准是"只有明确同意,才是同意"(Only YES means YES)。我国的刑事司法实践在此问题上一直主张具体案件具体分析,不单纯以被害人当场或者事后的意思表示认定是否"违背被害人意志",这就为刑事辩护留足了空间。本案中,笔者综合直接证据与间接证据、实物证据与言词证据,从事前、事中、事后全过程分析,经查证认定:张某民称,证人田某明进入房间劝说郭某某,其在认为郭某某同意后才与之发生性关系,主观方面没有强奸的故意。郭某某在侦查阶段的第四次陈述中证实了田某明进入房间让她与张某民发生性关系的事实。郭某某所在房间与证人田某明所在房间紧挨着,其间郭某某没有大声呼救等求助行为,这不符合常理。通过对郭某某身体进行医学检查,发现其衣物无破损,体表无明显伤痕,客观上没有被强迫发生性行为的表现。在案证据无法证明郭某某因醉酒丧失反抗意识和反抗能力。综上,在案证据不足以认定张某民违背了郭某某的性自主意志,实施了强迫行为。据此,在事实不清、证据不确实、充分的情况下,应判决张某民无罪。

【结语及建议】

本案是一起艰难曲折、历经一审认定构成强奸罪、二审发回重审、重审一审又认定构成强奸罪、重审二审改判无罪的案件。笔者在二审阶段接受委托,为张某民进行辩护,在深入细致地研究卷宗材料和多次会见、走访相关人员后,对案件事实情况有了充分的了解,对案件性质也有了大致判断,最终选择进行无罪辩护。

身为律师,不管主要办理何种类型的业务,都要在自身业务领域持续学习和深入研究。打铁还需自身硬,在法律服务工作中更是如此。只有坚持在自身业务领域长年累月地精耕细作,才能在专业、复杂、疑难的案件中,寻找到正确的方向,准确地运用专业知识和技能,圆满完成当事人的委托事项,达到委托目的。本案中,只有对强奸罪相关理论知识和辩护实务有深厚的研究和掌握,才能抓住关键性的辩护要点,即本案行为人张某民是否违背了郭某某意志,强行与其发生性行为,从而对违背意志和强迫手段进行着重分析,依据在案证据和供述、陈述内容,得出不能认定构成强奸罪的结论,推翻原审判决。

同时,律师心中要一直坚守法律的公平正义,要有坚持不懈、不畏艰难、追根究底、求索真相的精神。本案中,笔者不仅反复研究卷宗材料,多次会见犯罪嫌疑人,还多次走访调查与本案事实、与涉案人物相关的人员,更加广泛、全面地了解案件事实情况,寻找与案件相关的突破口。在重审后的二审阶段,通过耗费大量精力与时间的调查,最后找到了新证人张某龙,并从他那儿得到了新的录音证据,录音显示郭某某、牛某霞在案发后,联手向张某民索要钱财失败,诬告陷害张某民。虽然该录音中其他噪声较大,导致声音不清晰,未被鉴定机构出具相关鉴定文书予以确认,但对于客观事实来说,属于重大发现,对于被告人最终被改判无罪,具有一定影响。所以,身为律师,既要有扎实的专业知识和技能,也要有对法律的信仰和追求真理的精神。

如何认定强奸案件中的违背妇女意志

——案例29：张某强奸案

黄　帅*

【案情简介】

张某(男)与范某(女)于2019年8月7日经人介绍添加微信好友,并在当天确定恋爱关系。

2019年11月14日21时许,张某在范某家小区附近网吧上网,范某下班后到网吧和张某一起离开。两人结伴步行至范某居住的楼栋外缠绵十数分钟,后进入楼栋步梯的二楼与三楼转角处发生性行为,范某所住楼层为二楼,楼体为带电梯的高层。

在恋爱期间,二人数次因为女方与其他男性交往而发生争吵。在当晚发生性行为后,二人又在微信上发生了不愉快的聊天。

范某在发生性行为4天后,即2019年11月18日,以"被强奸"为由报警。公安机关于2019年11月23日对张某刑事拘留,于2019年12月6日对张某执行逮捕。

笔者在张某被捕后即接受委托,前往看守所会见张某,对案件情况进行了详细了解,并到案发现场及其他与案件有关的地点一一核实。根据初步分析,笔者向公安机关提交了法律意见,并提出取保候审及调取相关材料的申请,但公安机关当时并没有采纳该法律意见也未同意相关申请。

案件进入审查起诉阶段后,笔者在仔细阅卷的基础上数次与检察官就事

---

* 黄帅,河南众科律师事务所律师,焦作市律师协会环保财税法律专业委员会主任。

实认定、证据适用等问题进行了沟通。在检察院将案件退回补充侦查后,笔者认为所提的意见得到了采纳,但没想到之后检察院还是于2020年5月12日向法院提起了公诉。

本案从2020年5月中旬到12月底共进行了四次庭审,每次公诉人都会补充新的证据,但在笔者看来,在案证据始终达不到刑事证明标准。因为强奸罪一旦成立,就意味着张某至少会失去3年的宝贵时光,所以笔者每次都会尽可能将观点意见清晰地体现在辩护词里。

四次庭审中,笔者共提交了三份辩护词。当法官助理向笔者要电子版辩护词的时候,笔者意识到这是一个好的预示。果然,检察院以提起公诉后证据发生变化,不符合起诉条件为由,决定对张某撤回起诉。法院于2020年12月29日作出刑事裁定,准许检察院撤诉。

至此,张某在被羁押了13个月有余后重获自由。

【辩护意见】

是否违背妇女的性意志,主要从妇女的认知能力、反抗能力以及未明确拒绝时的客观原因来综合分析。

一、能否凭范某在发生性行为数天后的聊天记录中说自己非自愿,就认定张某构成强奸

范某在第一次庭审时明确表示已更换手机和微信号,无法用原始的手机登录报警时的微信账号。

报警后第4天,公安机关才检查范某的手机,此时保留的截图上下文的聊天内容明显不连贯,有人为删除的痕迹。

聊天记录显示,在发生性行为后的2天内,张某还帮范某玩游戏,范某甚至还有撒娇的行为。第3天,由于张某向范某索要恋爱期间的巨额花费,二人关系恶化,范某才在争吵中对张某说"你违背我的意志,强行与我发生性关系",这种表述完全脱离生活,不符合日常用语习惯,可以从侧面印证这是范某为了给报警留下证据而刻意为之。同时,范某在聊天中也明确说:"放心,这次聊天记录我没删。"这就解释了为什么范某保留的微信截图内容不连贯。所以在范某报警至公安机关检查手机的这4天里,范某很可能删除了不利于自己的聊天记录。公安机关未在第一时间提取手机信息,范某自己又故意毁灭证据,这导致聊天记录截图失去证明效力。

范某报警所用的聊天记录不连贯、不完整,并且没有原始载体,无法核对的聊天记录截图不具备证明效力,因此不能认定张某在当时违背了范某的性意志。

二、范某是主动还是被迫到达案发现场的

范某称先是看了电梯停留在 11 层,之后才进楼道。

但调取的楼内监控显示,在案发当日 21 分 42 秒时,正好有住户从电梯出来,范某与张某在 21 分 53 秒进入楼道,间隔 11 秒。根据民用电梯设计安装的相关技术规范,电梯从 1 层到 11 层至少需要 22 秒,此为矛盾之处。从监控中的动作来看,张某是径直走进楼道,范某紧随着张某,并且是自己拉开楼道的门进去的,根本没有扭头看电梯的动作。如果二人没有协商好一起进去,则张某应当有所停留,确认范某是否走进楼道,这与范某在报警时说的完全不符。

范某在询问笔录中称:"他跟着我进了单元楼,仍旧说要最后一次把我送到家门口……进去后我看电梯停在 11 楼就转身准备走步梯……在单元楼大厅时,张某在前,我在后,等他进了楼梯间后,他没有直接上楼梯而是给我开着门让我进去,然后跟着我上楼梯。"

三、范某有无大声拒绝

范某在询问笔录中称:"我穿着高跟鞋没站稳……我当时被撞得很痛就大喊……我太痛了,一直哭喊着求他不要这样子。"通过现场勘查,范某家门口距离事发地点只有 6 米左右,公安机关对同楼住户的询问均反映出当晚没有任何人听到异常声响,这与范某在报警时的说法不符。

四、范某的裤子是否自己脱下

范某称裤子是被张某用左手脱下,那么裤子上必然会留下张某的指纹。但范某同时称已经把裤子洗了,导致无法核实该说法的真实性。

另外,案发时间为 11 月 14 日,晚间天气快跌至 0 摄氏度,范某并不像夏天那样穿着单薄。张某如何能够在范某反抗的情况下,既不给范某造成任何伤痕又能单手脱下范某的裤子?

五、范某是否无法反抗

无法反抗一般为不知、不能、不敢反抗。

首先,范某不存在认知障碍。其次,范某在报警时的笔录中数次提到其推开了张某,二人体型、体重相当(张某 104 斤,范某 103 斤),所以范某有足够的反抗能力。最后,张某当天是和朋友一起在网吧上网,身上没有任何危险物品。在步行回家时,小区监控也拍到范某还挽着张某的胳膊。二人发生性行为的地方距离范某家门口仅 6 米左右,并非远离人群无法呼救或密闭无法逃脱,张某本人没有任何前科劣迹,之前没有和范某发生过肢体冲突,所以也不会在心理上给范某造成可能受到伤害的恐慌,不会因此导致范某不敢反抗。

六、范某描述的强奸动作不可能实现,其人身检查记录上的伤痕不是张某造成的

范某描述的动作,身上瘀青的形状、位置,不具备合理性。自二人发生性关系至范某报警,已经过去 4 天,公安机关后续出具的情况说明显示,伤痕的测量是由范某自行进行的,且与事发已时隔 4 天,因此这些伤痕无法证明是张某造成的。

范某身上的伤痕形成的原因存在多种可能性,在没有指纹对比等能与张某建立起唯一关联的情况下,不能认定是张某造成的。

(一)形成方式

人身检查笔录显示,范某双臂手腕向上 15 厘米内侧均有一处瘀青,左腿大腿根部向下 7 厘米处有一处瘀青。

范某报警时称,当天穿着皮毛一体的外套、内衬打底衫。若要隔着厚厚的衣服造成范某在事发 4 天后仍能清晰看到的瘀青,需要张某具有非常强的力量。但张某身材消瘦,并不符合这一点。而且该伤痕如果是在拉扯过程中形成的,那么由于衣物的滑动,所形成的伤痕应当是狭长的,绝不可能是范某那样对称的、匀称的点状瘀青。

范某报警时称,其背对张某时,被张某用左手脱掉了裤子和内裤,也由此留下了大腿根部的瘀青。但瘀青的形成应是捏、压所致,如果按照范某描述的动作,留下的应当是刮、擦的挫伤。

范某报警时称,当时张某用手压在肩膀上将她整个人按在墙上,她的脸侧贴着墙,她使劲用双手支撑着身体。照常理分析,要压制一个人起身所需要的力量应当远大于拉扯所需的力量,但其肩膀并无伤痕。

(二)描述的动作前后矛盾

1. 2019 年 11 月 18 日的询问笔录。

范某报警时称,当时张某用手压在肩膀上将她整个人按在墙上,她的脸侧贴着墙,她使劲用双手支撑着身体。

从现场看,楼梯平台周围的墙壁上,分别在胸部位置和腿部位置各有一个箱体。如果要挡住腿,则不可能是东侧的。但北侧的箱体距离墙面过近,在腿贴着箱体的情况下,范某又用双手撑着不被压在墙上,这种情况下根本不可能完成弯腰的动作。

2. 2020年11月7日的询问笔录。

范某称自己左手被控制,身子右边能动,于是用右手推张某。从这一动作分析,后方的人只能是用左手控制她。从常理分析,如果从后方用右手控制前面人的左手,这时一般会顺势用右手胳膊肘去抵住前面人的身体。如果存在力量压制的话,前面的人就不可能转动右边身体。

范某称当时腿被下方的管子挡住,只有上半身被压着,脸贴着管子或墙壁,导致"像"是她弯着腰撅着屁股一样。从现场看,楼梯平台东侧排布有管道,如果要"被迫"撅起屁股,则头就必须被按进管道缝隙中才能实现这一动作,否则就超出了人体生理构造的实际可能性。如果要压制住一个人,则前面的人的小腿骨处必然会和管道发生力道很大的磕碰而留下痕迹,面部也会因为与管道发生挤压而受伤,但报警时范某并没有上述合理的伤痕,自始至终她也没有提过这种伤痕。

3. 庭审中的陈述。

范某当庭陈述当时是双手被张某反拽着、身体向前弯着腰发生的性关系,持续时间大概2分钟。该动作、时间与范某在报警时的陈述完全不同。不管时间如何变迁,关于到底是双手撑着墙还是被反拽着,这一动作不可能记错。

如果范某确实是被反拽着双手,那么她到底是脸贴着墙还是面前没有障碍物?从痕迹来看,范某头面部没有任何擦伤,如果她面前是墙,不管是脸贴着还是头顶着,都必然会留下伤痕,但范某从来没有提过头面部有伤。从实践可行性来看,如果她面前没有障碍物,那么范某就是凌空撅着屁股,这时候只要稍微扭一下,张某就无法顺利完成性行为。并且,张某如何能够两手反拽着范某双手的同时又压迫范某保持弯腰的姿势?这完全不符合生理结构。

这种动作,只有在女方不反抗或者丧失反抗能力的情况下才能成功完成。

【案件结果】

武陟县人民法院审判委员会讨论后认为,本案现有证据不足以对张某进行有罪判决,并上报焦作市中级人民法院。之后,武陟县人民检察院以提起公诉后证据发生变化,不符合起诉条件为由,决定对张某撤回起诉;武陟县人民法院认为符合法律规定,准许撤诉。

【案件评析】

强奸罪的认定关键就是是否违背妇女意志。而是否违背妇女意志主要从妇女的认知能力、反抗能力以及未明确拒绝时的客观原因来综合分析。司法实践中,强奸罪发生的空间相对封闭,一般情况下只有被害人及被告人在场,没有其他证据来证明当时的情况。这样就使得强奸罪的认定主要依赖被害人的陈述,如果有性行为的发生(包括未遂、中止),被害人坚称发生性关系时违背了自己的意志,在这种情况下,即使被告人否认,大概率也是要定罪的。事实上,构成强奸罪必须坚持违背妇女意志和强制手段的统一。强奸罪的本质特征包括两个方面:一是违背妇女意志;二是使用暴力、胁迫或其他手段。本案中,要认定张某构成强奸罪,必须证明其有违背妇女意志和使用暴力、胁迫或其他手段的行为。

但本案中并没有直接证据证明行为人张某违背范某的性意志并控制范某的人身使其不能反抗。刑法惩罚的是犯罪行为,也就是要求本案中张某的行为要符合强奸罪的构成要件。但本案中仅有范某的单方面陈述,其他证据均存在无法排除的合理怀疑,缺乏证明强奸犯罪事实的客观证据。反而范某关于发生性行为的动作、环境的描述前后矛盾,不符合生活常识。由于二人是情侣关系,范某也在聊天记录中透露出想跟张某和好,于是在此主观意愿下发生了性行为,故张某不构成强奸罪。就强奸罪的构成要件而言,即使是由于被骗、被诱惑而发生了性行为,妇女在当时也有权对性自由进行选择,只要不违背妇女当时的自主意识,那么就仅是道德层面的问题,不能构成强奸罪。更何况本案中,恋爱中的男女难以割舍感情,在这种复杂的情感之下发生性行为,更不应以犯罪论。

本案中，辩护人抓住案发的特殊地点、被害人关于案发时细节的描述存在诸多不合常理的地方、被害人和被告人在案发前后的关系等，得出被害人的陈述是虚假的，进而证明在案证据不能得出被告人的行为违背了被害人的意志的结论。最终检察院撤回起诉，使涉嫌强奸罪的被告人获得实质无罪的效果。

【结语及建议】

本案能最终以检察院撤诉结案，离不开笔者的坚持，也离不开审判人员的认真对待。要知道，张某回到家时已经被羁押在看守所13个月有余。在这种情况下，审判人员要考虑的不仅是罪与非罪的问题，还要考虑可能衍生出的国家赔偿。加之强奸案件严重违背社会公序良俗，若处理不善，很有可能酿成舆论风波。

在案件刚到法院时，笔者曾提出在取得谅解的前提下适用缓刑，但因为检察院在量刑建议中没有明确同意，本地法院也没有先例，承办法官对案情尚未全面掌握故未表态。随着与范某一方谈判的破裂，以及通过阅卷发现了大量问题，笔者坚定了必须帮张某维护合法权益的想法。

案发地点距离范某家门口只有6米左右，位置非常特殊；二人见面并步行至案发地点的沿途有若干监控摄像头；二人习惯通过微信聊天，这都给查清案件事实提供了必要的客观条件。

通过观看二人在监控视频中的动作，对比范某多次自相矛盾的陈述，结合二人的走路步态、姿势、身位，笔者发现二人在当时仍是很亲近的状态，并且是范某主动进入案发现场的。

通过观察当时二人的衣着和体貌特征，结合现场的实际情况，笔者根据范某的描述进行了情景再现，发现了很多矛盾点。如能否形成伤痕，伤痕的形状、位置，发生性行为的姿势和必要的压制动作都不符合范某的说法。

通过对每一个细节的小心求证，笔者针对检察院的指控一一进行了分析。本案中除了范某的陈述，没有任何客观证据能够证明张某有强奸的行为。最终，笔者有效维护了张某在本案中的合法权益。

笔者严格按照强奸罪的构成要件，从张某是否违背范某的性意志和是否使用强制手段使范某不能反抗的本质出发进行辩护，证明本案证据中的自相矛盾、不合常理之处，同时也结合范某在仅存的聊天记录中透露出的爱恋之意,从范某自身角度补强了辩护意见,有力地促成了张某得到公正处理的结果。

建议律师同行在办理类似案件时,务必要到案发现场实地察看,寻找有利证据,如果能见到被害人更好。律师秉持严谨的态度在情景再现时往往能够发现很多细小的线索,进而抽丝剥茧迎来转机。

在进行辩护工作时,除灵活运用法律规定之外,也要加强类案检索,以其他强奸案件的已生效裁判文书支撑自己的观点,充分维护好每一个当事人的合法权益,使法律真正体现出应有的公平和公正。

证人证言相互矛盾、证据来源不明、关键证据缺失，应认定为"证据不足"

——案例30：徐某某强制猥亵案

童　靖[*]

【案情简介】

2019年7月18日10时许，被告人徐某某在其家门口附近与其楼下住户郭某某（美籍华人、被害人）因既往矛盾发生纠纷，引起厮打，徐某某妻子揭某某、郭某某母亲张某1也参与其中。后来，郭某某报警，并控告徐某某采取强行抓挠其胸部、大腿根部、裆部、口咬等方式对其实施强制猥亵，造成其阴部撕裂。

郑州市公安局文化路分局于2019年7月30日受理本案，并于同日决定立案侦查。2019年8月26日，文化路分局对徐某某执行刑事拘留，同年9月6日执行逮捕。2019年10月28日，文化路分局向郑州市金水区人民检察院移送审查起诉。因案件复杂，2019年11月28日，郑州市金水区人民检察院延长审查起诉期限15日，于2019年12月10日将案件起诉至郑州市金水区人民法院。因涉及个人隐私，2020年6月30日，郑州市金水区人民法院不公开审理了本案。

根据卷宗材料，2019年7月18日的人身检查笔录显示：郭某某左侧胳膊上侧，左侧乳房，右侧乳房，腹部，左侧大腿内侧、外侧，右侧大腿内侧，大腿根部有多处抓痕和咬伤等。

---

[*] 童靖，河南国基律师事务所高级合伙人、副主任。

郑州市公安局物证鉴定所〔2019〕704号鉴定书（伤情鉴定意见）显示：郭某某会阴部未见确切外伤。

郑州市公安局物证鉴定所〔2019〕3307号鉴定书（DNA鉴定意见）显示：郭某某左胳膊伤口处、左乳房处的衣服、右乳房处的衣服、头部、会阴部未见徐某某DNA；左胳膊伤口处的衣服上的提取物包含徐某某DNA分型。

证人张某2、杨某某等的证言，表示看到并详细描述了徐某某猥亵郭某某的全过程，但被害人陈述与证人证言之间、同一证人前后证言之间，均有明显相互矛盾之处。

被告人徐某某的陈述及其妻子揭某某的证言，均否认存在猥亵行为，称双方仅是相互厮打。

2019年11月5日，笔者委托河南津实诉讼证据鉴证中心对本案中郭某某损伤的致伤方式等出具专家辅助人意见，该意见显示：（1）郭某某双侧乳房、腹部、双大腿内侧的损伤不符合强制猥亵行为过程中形成的损伤的特征，自己也可以造成，应系造作伤；（2）郭某某左肩部、左上肢外侧类圆形浅褐色皮下瘀血符合他人致伤方式形成。

笔者接受委托后，与办案机关沟通，于2019年10月17日向郑州市公安局文化路分局申请取保候审，未获准许；于2019年11月7日向郑州市金水区人民检察院提交法医鉴定申请书（申请对郭某某胸部、腹部、大腿内外两侧伤势的形成方式进行鉴定）、调取证据申请书（申请调取徐某某、揭某某人身损伤鉴定意见，郭某某的母亲张某1的笔录，郭某某案发时的通话记录、手机照片及录像，案发后110、120记录及现场执法记录和视频资料等），未获准许；于2019年12月18日向郑州市金水区人民法院提交法医鉴定申请书、证人出庭作证申请书（申请侦查员刘某及证人杨某某出庭作证）、取保候审申请书。在法院督促下，公安机关提交补充侦查卷，补充提交了徐某某、揭某某、张某1三人的伤情鉴定意见（与郭某某一样均为轻微伤），张某2于2019年7月18日在文化路分局治安大队所作的笔录（该笔录称没有看到徐某某有抓郭某某乳房和下体等猥亵行为），张某1笔录，杨某某笔录，新增证人王某某笔录及其提交的证据（声称是案发当时自己路过现场拍摄的照片，但后发现为案发时郭某某手机中的照片）。

2020年11月20日，徐某某被郑州市金水区人民法院取保候审。

【辩护意见】

公诉机关指控徐某某涉嫌强制猥亵罪,但公安机关所侦查的事实不清、证据严重不足,且案件疑点众多,证人证言相互矛盾,证据存疑,现有证据不足以证明被告人实施了具体的犯罪行为,应宣告其无罪,本案证据存在以下问题:

第一,徐某某和郭某某因邻里纠纷发生短暂肢体冲突,双方均有受伤,并非郭某某所说的猥亵。

第二,DNA鉴定意见中,郭某某隐私部位无徐某某的DNA,不能证明徐某某接触过被害人的隐私部位。

第三,郭某某的陈述与证人张某2、杨某某、王某某、张某1的证言之间存在矛盾,尤其是证人张某2在2019年7月18日的笔录中称没有看到徐某某有抓郭某某乳房和下体的行为,在2019年7月30日的笔录中却改口称看到了徐某某猥亵郭某某并详细地描述了过程。证人杨某某的两次证言中,关于案发时其所处的位置、停留的时间及对现场的描述均不一致,且其所在位置并不能看到郭某某。证人王某某提交的照片实为案发时郭某某手机中的照片。

第四,郭某某称其阴部被撕裂,但伤情鉴定意见中表述"会阴部未见确切外伤"。

【案件结果】

2021年8月13日,郑州市金水区人民法院认为本案证据不足,检察院指控的犯罪不能成立,判决宣告徐某某无罪。

【案件评析】

1. 关于强制猥亵罪。

1997年《刑法》中关于强制猥亵罪的法律规定,系1979年《刑法》规定的"流氓罪"被分解后的犯罪之一。1979年《刑法》第160条第1款规定:"聚众斗殴、寻衅滋事、侮辱妇女或者进行其他流氓活动,破坏公共秩序,情节恶劣的,处七年以下有期徒刑、拘役或者管制。"强制猥亵罪中的"猥亵"是规范的构成要件要素。什么样的行为构成"猥亵",不仅是事实的判定,更是法律和社会道德的判定。本案中,男性被告人与女性被害人因为邻里纠纷发生肢体冲突,案发时又正值盛夏,被害人衣着较少。所以在犯罪的司法认定中就存在两个难题:第一,被害人隐私部位的伤痕是不是被告人造成的?第二,若肢体冲突造成隐私部位受伤,是否构成"猥亵"?前者是一个事实与证据认定问题,而后者是一个社会规范判定问题。根据"猥亵"的字面意思,该词语应是"做下流的动作"。因此"强制猥亵",是指违背他人意愿,以抠摸、搂抱、鸡奸、手淫等淫秽下流手段,猥亵他人的行为。从社会规范角度判定"猥亵",需要着重考虑以下几方面因素:(1)猥亵行为侵害的身体部位所代表的性象征意义是否明显;(2)猥亵行为是否伴随暴力、胁迫等强制手段;(3)猥亵行为持续时间的长短;(4)其他能反映猥亵行为对被害人身心伤害的大小、对普通公民性羞耻心冒犯的程度的情节。

本案中,被告人徐某某与邻居郭某某因房屋漏水原因不明引发纠纷,发生短暂肢体冲突,双方均有受伤。根据徐某某及其妻子揭某某的笔录中关于案发当时的描述,徐某某在冲突过程中从未触碰过郭某某的隐私部位。根据揭某某拍摄的双方发生冲突后的第一时间的现场视频也可以看出,郭某某当时神志清醒,衣饰完整,并不符合被强制猥亵、侵犯后的情形。根据本案的案件事实,综合考虑上述因素可知,在徐某某与郭某某的肢体冲突中,郭某某的伤情不属于"猥亵"所致,不应以强制猥亵罪对徐某某进行评价。

2. 本案的证据材料存在诸多疑点,不能据此认定徐某某涉嫌犯罪。

第一,公诉机关出具的证明证实,7月18日上午,案发现场郭某某报警内容是其妈妈被楼上邻居打了,笔者提交的手机视频亦证实郭某某在案发现场坐着拨打报警电话,但是郭某某对其报警称母亲被打的事实不予陈述。

第二,郭某某陈述经医院检查外阴部有撕裂伤,该陈述与伤情鉴定意见中"会阴部未见确切外伤"的结论不符。

第三,根据郭某某及张某1(郭某某母亲)所述,徐某某对郭某某猥亵时,揭某某(徐某某妻子)按着郭某某的双腿,郭某某及张某1均没有还手,这与鉴定意见中郭某某、张某1、徐某某、揭某某均有轻微伤的结论不符。

第四,证人张某2第一次(2019年7月18日)的证言称没有看到徐某某有抓郭某某乳房和下体的行为,第二次(2019年7月30日)的证言称徐某某有猥亵郭某某的行为,上述证言相互矛盾,且与查证的事实不符。

第五,证人王某某对徐某某的正面身份证照片进行辨认,但经查证,其并未从正面看到徐某某,且所提交的照片系案发时郭某某手机中的照片。其对徐某某的正面照片予以辨认后确认他就是殴打并猥亵郭某某的男子与事实不符。

第六,证人杨某某两次的证言中关于案发时其所处的位置、停留的时间及对现场的描述均不一致,且与现场勘验的情况不相符。

鉴于公诉机关提交的证据存在上述问题,证明徐某某强制猥亵的证据尚达不到确实、充分的程度。

【结语及建议】

本案辩护殊为不易,最终能取得圆满的结果,不仅有赖于笔者的耐心、细心和责任感,也多亏被告人家属的坚持不懈、多方面配合以及办案法官对程序正义的坚持和对案件事实的追根究底。

从接受委托之时起,徐某某的妻子、年迈的父母不厌其烦、随叫随到,多次与笔者沟通,一遍又一遍地叙述事情的经过,并配合笔者通过聘请专家辅助人参与诉讼、寻找专业人士运用三维动画技术还原案发现场等多种手段还原案件事实,找出卷宗材料、证人证言中的疑点,历时700余天后,才有了徐某某最终被郑州市金水区人民法院依法宣告无罪的结果。

纵观本案,在案件侦查阶段及阅卷过程中,笔者就发现了不少疑点,如证人证言相互矛盾,公安机关经多次申请仍不能调取查阅执法记录视频,明明双方均有受伤,案卷中却只有被害人的伤情鉴定意见等。在卷宗材料疑点如此之多的情况下,本案却通过了公安机关、检察院的关卡,走到了法院审理环节。笔者在案件进入侦查阶段之初就提出了案件疑点,并向公安机关、检察院提交了数十份调查取证申请书、法医鉴定申请书、取保候审申请书等,均被无视。

在困难重重的调卷过程中,当事人家属十分配合,将事件的前因后果、案发流程写成书面材料,给笔者提供了许多帮助。最重要的一点是,徐某某的妻子十分有证据意识,在双方冲突结束之后就用自己的手机拍下了视频,这成为笔者后来能够对卷宗材料、被害人陈述、证人询问笔录进行质疑的关键。也正是在这些视频中,笔者发现,其中一个证人提交的自己拍摄的案发现场照片，正是视频里被害人手机上的一张图片。以此为契机，笔者找出了案件更多的疑点，引起法院重视，令公安机关、检察院补充提交证据，借此还原案件真相。

　　本案被害人为美籍华人，存在涉外因素，因此案件的审理过程也几经波折。本案经历了数次开庭，案件情况层层上报，由基层法院上报至中级法院，中级法院上报至高级法院，高级法院请示最高人民法院，最高人民法院又报告给外交部，最终才得以宣判。在重重困难下，基层法院突破种种限制，落实以审判为中心的诉讼制度，发挥审判尤其是庭审在查明事实、认定证据、保护诉权、公正裁判中的作用，真正做到了实体公正和程序公正的统一，避免执法、司法随意性，坚守防范冤假错案的司法底线。这不仅是对案件当事人正当权益的维护，更是将全面推进依法治国、建设社会主义法治国家的理念落实到基层的体现，让人民群众在每一个司法案件中都感受到公平正义。

刑辩律师应善于运用科技手段发现事实真相

——案例 31：徐某某强制猥亵案

冯振国*

【案情简介】

2019年7月18日10时许，在被告人徐某某家门口的走廊附近，徐某某及妻子揭某某与楼下住户郭某某及其母亲张某1因房屋漏水问题发生纠纷进而引起厮打。后来，郭某某报警，并控告徐某某以强行抓挠其胸部、大腿根部、裆部、口咬等方式对其实施猥亵，造成其左臂、胸部、大腿根部等部位受伤。后经鉴定，郭某某头皮挫伤、左上臂咬伤致皮肤破损，损伤程度构成轻微伤；张某1颈部右侧及下缘各有一条状擦伤，右手腕内侧有散在条状划伤，结合原始照片见颈部有片状皮下瘀血，损伤程度构成轻微伤；徐某某左眼下睑一处划擦伤，前胸部一处擦挫伤，左上臂及左手背片状皮下出血，右手拇指根部肿胀，左前臂及左膝部多处擦伤，所受损伤程度构成轻微伤；揭某某右颞顶部头皮挫伤红肿，左前臂擦伤，所受损伤程度构成轻微伤。

2019年9月6日，笔者接受委托，为犯罪嫌疑人徐某某提供刑事辩护。在详细阅卷和多次会见嫌疑人的基础上，笔者又数次与承办人及负责公诉的检察官等就事实认定、证据适用以及准确适用法律等问题进行了沟通。

郑州市金水区人民检察院认为，被告人徐某某以暴力方法强制猥亵他人，其行为触犯了《刑法》第237条第1款之规定，犯罪事实清楚，证据确实、

---

* 冯振国，北京康达(郑州)律师事务所创始合伙人、副主任。

充分,应当以强制猥亵罪追究其刑事责任。郑州市金水区人民检察院以郑金检一部刑诉〔2019〕1360号起诉书指控被告人徐某某犯强制猥亵罪,向法院提起公诉。

【辩护意见】

辩护人的总体意见是:被告人徐某某客观上实施的行为并非强制猥亵行为,且不具有强制猥亵的主观故意,同时,本案犯罪事实不清、证据不足,不能排除合理怀疑,故徐某某不构成强制猥亵罪。理由是:(1)本案被害人郭某某会阴部伤及胸部伤的形成时间和形成方式存疑。关于被害人郭某某会阴部的人身检查笔录、急诊科诊断证明书、郑州市公安局物证鉴定所的鉴定意见均说明两处没有外伤,这与被害人郭某某自行提供的诊断证明书相互矛盾。关于被害人胸部的外伤,辩护人对被害人陈述中所描述的侵害场景进行动画设计,证明该场景不可能形成,且专家辅助人意见书显示,其伤势不符合强制猥亵行为过程中形成的损伤的特征,应系造作伤。(2)证人张某1、杨某某、王某某、张某2的证言及被害人郭某某的陈述的真实性存疑,且该四名证人的证言相互之间以及与被害人陈述之间存在矛盾,不能相互印证。(3)作为证据的人身检查笔录、辨认笔录、鉴定意见、书证及其他材料,真实性、合法性存疑,且缺乏关联性。其中,证人王某某提交的照片进行了镜像处理,真实性存疑。(4)在DNA鉴定意见中,郭某某隐私部位无徐某某的DNA,不能证明徐某某接触过被害人的隐私部位,因此不能排除被告人徐某某从未抓过郭某某的胸部、裆部的可能,也不能排除本案系被害人诬告陷害的合理怀疑。

根据我国《刑事诉讼法》的规定,证据不足,不能认定被告人有罪的,应当作出证据不足、指控的犯罪不能成立的无罪判决。本案中,公诉机关提交的证据存在上述问题,证明徐某某强制猥亵的证据尚达不到确实、充分的程度,因此审判机关应当依法宣告被告人无罪。

【案件结果】

金水区人民法院以(2019)豫0105刑初1599号刑事判决书对被告人徐某某作出无罪判决。

【案件评析】

1. 强制猥亵罪的法律分析。

根据《刑法》第237条第1款的规定,以暴力、胁迫或者其他方法强制猥亵他人的,构成强制猥亵罪。成立本罪需要符合以下要件:(1)行为对象:被害人应当是已满14周岁的人。猥亵不满14周岁的儿童,不构成本罪。(2)强制方式:行为人必须以暴力、胁迫或者其他强制方式猥亵被害人。具体表现为强迫他人使其对行为人的猥亵行为不能、不敢、不知反抗。(3)行为人主观上应具有故意。即行为人需明知自己的行为会侵犯他人的性羞耻心而追求侵犯他人性羞耻心的危害结果的发生,但该主观故意不要求行为人具有满足性刺激的目的。

强制猥亵罪是指以暴力、胁迫或者其他方法强制猥亵他人的行为。构成本罪要求主客观相统一,即既有强制猥亵的故意,也有相应的行为。本案辩护的难点在于行为人客观上在双方的肢体冲突中不慎伤及对方隐私部位。从客观行为造成的后果来推断是否具有强制猥亵的故意,是本案中辩护人进行辩护的一个难点。刑法作为可能限制人身自由、剥夺他人生命的法律,要始终保持其谦抑性。本案中,现有证据并不能证明郭某某隐私部位的伤势是由徐某某造成的,同时徐某某并无猥亵郭某某的主观意图、没有侵犯郭某某性羞耻心的故意,不能认定其具有强制猥亵罪的犯罪意图,因此不能认定其构成强制猥亵罪。

2. 刑辩律师要始终保持犀利的双眼,积极寻求专业帮助,善于运用科技手段进行调查取证。

本案中,笔者通过认真阅卷、申请专家辅助人出庭并出具意见、采用动画模拟技术等手段,发现报案人多次报案且案由不同、证人证言存在虚假和矛盾陈述、手机照片被镜像处理、被害人的伤情可能系自伤、部分证据未能随卷移送等问题,这些问题都是决定案件走向的关键因素。综合案件情况,辩护人认为,徐某某的行为属于正常的肢体冲突,主观上没有猥亵他人的故意。在此情况下,比对分析相关证据以及探寻客观后果形成的原因便成了本案的重中之重。辩护人成功申请了专家辅助人出庭并出具专家意见,来证明被害人关键部位的伤系造作伤;运用科技手段证明对被害人所作的人身检查笔录是伪造的;运用先进的动画模拟技术对证人证言进行分析,在法庭上播放PPT来证明证人所描述的角度无法看到案发现场。笔者正是从细节入手，抓住认定案件基本事实的关键证据存疑这一辩护要点，运用科技手段并申请专家辅助人出庭，最终证明了公诉机关提供的证据存在问题，没有达到确实、充分的程度，其指控的犯罪事实不能成立，并最终说服法官采信了笔者的观点。根据《刑事诉讼法》第200条的规定，法院应根据已经查明的事实、证据和有关的法律规定作出判决，证据不足，不能认定被告人有罪的，应当作出证据不足、指控的犯罪不能成立的无罪判决。因此，法院对被告人徐某某作出了无罪判决。

笔者善于寻求专业帮助，对公诉机关出具的证据进行认真辨别，避免了案件的判决结果与事实真相大相径庭的情况发生，为被告人争取到了一个满意的结果。

【结语及建议】

本案是公诉机关向法院提起诉讼后，法院作出无罪判决的典型案件。在案件办理过程中，侦查机关查清案件事实后，公诉机关认为行为人的行为构成强制猥亵罪，从而提起公诉。控辩双方有争议的问题往往都是案件的焦点问题，忽略了任何一个细节，都会让我们与所追求的事实真相相差甚远。笔者在查阅卷宗后，认为行为人的行为属于正常的肢体冲突，且行为人没有猥亵他人的故意。同时，笔者根据《刑事诉讼法》的规定，成功申请了专家辅助人出庭并出具专家意见，来证明被害人关键部位的伤系造作伤。笔者还运用科技手段，对郭某某从报案到公安机关再到医院的时间和距离进行分析，发现侦查人员在人民医院对被害人所作的人身检查笔录是伪造的。同时运用动画模拟技术对证人证言进行分析，并成功在法庭上播放了PPT，以证明证人所描述的角度无法看到案发现场。最终证明本案无法排除合理怀疑，不符合认定刑事犯罪的标准。笔者充分把握该辩点，最终法院对笔者的辩护意见予以采纳，使得被告人徐某某得到了公正的审判结果。

建议辩护人在辩护工作中，要重视案件证据中的每一个细节，善于运用科技手段，走出办公室对现场进行勘查和调查取证。要牢牢把握控辩双方在法庭出示的证据须经过质证才能作为定案依据的规定，对控方提供的证据进行认真分析。只有严格按照《刑法》《刑事诉讼法》及相关司法解释的规定，才能真正做到保护法益的同时保障当事人人权，为国家法治建设添砖加瓦。

"从旧兼从轻"原则、追诉时效以及因果关系综合分析应用

——案例 32：王某明非法拘禁案

刘兆庆*

【案情简介】

1995年9月1日凌晨3时许，黄某某在南召县城郊乡某村，分别进入三户村民家中实施盗窃，之后又进入王某奇家，被王某奇之妻王某敏发现后，将王某敏打成轻微伤后挣脱逃离。王某奇闻讯即起身查看并大喊抓贼，黄某某胆怯逃窜，在村南边被村民抓获，多名村民对黄某某进行殴打。时任村治保委员会主任的王某明赶到现场后，用皮带对黄某某进行抽打。在黄某某无法逃跑的情况下，王某明和村民用绳子将黄某某捆绑，之后仍有村民进行殴打，王某奇母亲用烧红的钳子往黄某某的嘴里捣。1995年9月1日6时40分，南召县公安局城郊乡派出所民警邓某接到王某奇报警后，即赶到现场让王某奇、王某明解开捆绑黄某某的绳子，黄某某被解绑后，邓某让群众送水盆给黄某某清洗身上污垢，群众没有送水盆，黄某某即自行到旁边水塘里面，用水清洗面部及上身污垢，洗完后从水里出来坐到岸边，神情有异。经紧随邓某赶到现场的医生金某某检查，黄某某上身大面积皮下瘀血，血压较低，脉搏较快，情况不好，欲将黄某某送去医院时，发现黄某某已经停止呼吸，瞳孔散大。经法医鉴定，黄某某死于创伤性休克。自本案发生至2018年

---

* 刘兆庆，北京市京师(郑州)律师事务所管委会委员、刑事法律事务部主任、文化品牌委员会主任，京师全国刑委会理事。

公安机关立案,已经二十多年了。

南召县人民检察院以召检一部刑诉〔2019〕86号起诉书,指控被告人王某明、王某奇犯非法拘禁罪,于2019年10月29日向南召县人民法院提起公诉,量刑建议为10年至11年有期徒刑。

2019年9月2日,笔者接受委托,为王某明提供刑事辩护服务。在详细阅卷和多次会见的基础上,笔者又数次与承办人及负责公诉的检察官当面就事实认定、证据证明效力以及准确适用法律等问题进行了沟通。

【辩护意见】

1. 根据从旧兼从轻原则,审理本案应当适用1979年《刑法》的相关规定,起诉书适用法律错误,应当不予采纳。

本案发生于1995年9月1日,当时施行的是1979年《刑法》,现行《刑法》尚未出台。根据从旧兼从轻原则以及现行《刑法》第12条"中华人民共和国成立以后本法施行以前的行为,如果当时的法律不认为是犯罪的,适用当时的法律;如果当时的法律认为是犯罪的,依照本法总则第四章第八节的规定应当追诉的,按照当时的法律追究刑事责任,但是如果本法不认为是犯罪或者处刑较轻的,适用本法"的规定,经过比对,在相关规定上,1979年《刑法》比现行《刑法》刑罚更轻,更有利于王某明,因此笔者认为,审理本案应当适用1979年《刑法》的相关规定。起诉书主张适用现行《刑法》第238条的规定,建议对王某明判处10年至11年有期徒刑,属于适用法律错误,应当不予采纳。

2. 本案已经超过追诉时效,并且不符合继续追诉条件,追究王某明的刑事责任没有法律依据和事实依据。

首先,1979年《刑法》第76条规定:"犯罪经过下列期限不再追诉:……(三)法定最高刑为十年以上有期徒刑的,经过十五年;(四)法定最高刑为无期徒刑、死刑的,经过二十年。如果二十年以后认为必须追诉的,须报请最高人民检察院核准。"

1979年《刑法》第78条规定:"追诉期限从犯罪之日起计算;犯罪行为有连续或者继续状态的,从犯罪行为终了之日起计算。在追诉期限以内又犯罪的,前罪追诉的期限从犯后罪之日起计算。"

本案中,公诉人主张王某明的行为涉嫌非法拘禁罪,本罪法定最高刑为

10 年以上有期徒刑,追诉期限为 15 年。从 1995 年 9 月 1 日行为终了,到 2018 年 9 月 27 日南召县公安局立案,已经过去 23 年,远远超过 15 年的追诉期限,依法不能再行追诉。同时,即便是法定最高刑为无期徒刑、死刑的犯罪,20 年以后认为必须追诉的,也要报请最高人民检察院,对其追诉必要性进行审查,经过核准才能追诉。

本案指控的非法拘禁罪不属于法定最高刑为无期徒刑、死刑的犯罪,更没有经过最高人民检察院的核准,故不符合追诉要件,追诉王某明的刑事责任没有法律依据。

其次,根据最高人民法院《关于适用刑法时间效力规定若干问题的解释》第 1 条的规定,对于行为人 1997 年 9 月 30 日以前实施的犯罪行为,超过追诉期限的,是否追究行为人的刑事责任,适用 1979 年《刑法》第 77 条的规定。同时,1979 年《刑法》第 77 条规定:"在人民法院、人民检察院、公安机关采取强制措施以后,逃避侦查或者审判的,不受追诉期限的限制。"

本案不符合"不受追诉期限的限制"的情形,理由有二:

第一,结合全案资料,没有证据证明 1995 年 9 月 1 日案发之后,公安机关对王某明立案侦查。根据 1979 年《刑事诉讼法》第 61 条的规定,公安机关认为有犯罪事实需要追究刑事责任的,应当立案。本案中,公安机关通过出具情况说明,提供原案卷宗中其他同案犯的监视居住文书、撤销监视居住文书、提请逮捕书、传唤证等文书,来推测本案已经立案,并推测没有立案文书的原因可能是卷宗中的立案决定书丢失。公安机关还到法院抽查当年其他刑事案件的卷宗,发现也没有立案文书,以此来推测当年所有刑事卷宗都没有立案决定书,并就此情况出具说明。

笔者认为,刑事案件应当排除一切合理怀疑,不能用推测取代《刑事诉讼法》的规定,没有立案文书就不能证明本案在当年已立案。

第二,结合全案资料,没有证据证明当年对王某明采取过强制措施,也没有证据证明王某明实施了逃避侦查或者审判的行为。

1979 年《刑事诉讼法》第六章强制措施一章明确规定强制措施包括拘传、取保候审、监视居住、拘留、逮捕。

本案中,当年涉及王某明的文书仅有一张传唤证,传唤证送达村委会,村委会注明"村委会委派王某明到栾川一带查看村办地毯点,至今未回,回来后村委会负责通知王某明到派出所"。本次传唤不属于强制措施,并且王某明有正当理由,并非故意逃避侦查。

同时,笔者认为,对逃避侦查应当作立法解释或者限制解释,即逃避侦查是一种持续状态,而非一种行为状态;且从立法本意来讲,逃避侦查是一种长期持续状态,而非短暂持续状态。

本案中,即使有证据证明王某奇、王某明二人在案件侦查过程中有过短暂的逃跑,即外出躲避几个月,这也只属于暂时性逃避侦查,并非一直持续至今。1995年12月,王某明接受村委会委派,去了造纸厂几个月,之后在1996年至2018年期间,一直担任村干部,正常履职。公安机关无其他证据证明在此期间对王某明采取过强制措施,也不能证明王某明实施了逃避侦查或者审判的行为。

综合前述,本案不存在"不受追诉期限的限制"的情形,不符合继续追诉的条件。

最后,本案距离案发已过二十多年,并且不属于必须追诉的刑事犯罪,王某明已取得被害人家属的谅解,不追诉有利于化解社会矛盾,恢复正常社会秩序,同时不会影响社会稳定或者产生其他严重后果。因此,对王某明不应当再行追诉。

3. 现有证据不能达到证据确实、充分的标准,不能证明黄某某的死亡与王某明的行为之间存在直接的因果关系,不能排除合理怀疑,王某明不应当对黄某某死亡的结果承担刑事责任。

(1)南召县公安局1995年出具的刑事技术鉴定书不具有真实性,不能作为认定黄某某死亡原因的证据。该鉴定书显示,黄某某死于创伤性休克,落款时间是1995年9月1日。但是相关证据①足以证明,1995年9月1日时,死者曾自称赵某某,身份不明,直到1995年9月16日,经郭某某指认才知道死者名叫黄某某。而鉴定人员1995年9月1日作出的报告已经显示死者为黄某某,不符合常理,也与公安机关多方查明死者身份的客观事实相矛盾。

笔者认为,该鉴定书真实性存疑,不能作为认定黄某某死亡原因的证据。

(2)南召县公安局刑事技术鉴定程序不合法,鉴定结论不能排除合理怀疑。

---

① 1995年9月1日案发时,办案人员询问被害人,其自称"赵某某,爱人叫贺某某";1995年9月3日,南召县殡仪馆出具火化证明,载明死者"自称赵某某";1995年9月5日,南召县公安局出具协查尸体通报,称死者自称"赵某某",寻找知情者。1995年9月16日,郭某某笔录载明"今天上午,看到协查通报,确认死者是丈夫黄某某"。

1979年《刑事诉讼法》第74条规定:"对于死因不明的尸体,公安机关有权决定解剖,并通知死者家属到场。"

本案中,南召县公安局上述刑事技术鉴定书显示,法医仅对死者进行了尸表检验,随即得出"黄某某死于创伤性休克"的结论。法医并未对黄某某进行尸体解剖和毒化检验等。

庭审中,笔者提供河南津实诉讼证据鉴证中心出具的《专家辅助人鉴证意见书》,并依法定程序申请专家辅助人出庭,针对黄某某死亡原因接受笔者的询问,并向法庭分析说明以下事项:

创伤性休克是机体遭受暴力作用后,发生了重要脏器损伤、严重出血等情况,使患者机体有效循环血容量减少,组织灌注不足,以及创伤后的剧烈疼痛、恐惧等综合形成的机体代偿失调的综合征,多见于严重的外伤,如大血管破裂,复杂性骨折、挤压伤或大手术等。

创伤性休克是否为死亡原因,需要依据尸表检验及全面详细的尸体解剖检验来确定,提取脑、心、肺、肝、脾、肾及肾上腺等重要器官及血管组织进行组织学检验,明确有无脏器损伤、血管破裂出血,排除猝死;提取血(液)、脑组织等进行常规毒物检验,排除中毒,确定有广泛弥散性血管内微血栓形成等病理基础后,才可明确诊断。

案卷材料中,刑事技术鉴定书中的记载及照片显示,死者黄某某面部、胸腹部、背部、臀部、四肢等部位多处表皮剥脱、皮肤挫伤、皮下出血;右眉弓处有一长3厘米的创口,右侧口唇及面颊处有一5厘米烧伤痕,其余未见损伤。由于仅作尸表检验,未对死者尸体进一步解剖检验,无法明确是否有多发骨折、内脏重要器官损伤、大出血等。依据尸表检验的损伤形态,损伤及出血量不足以造成创伤性休克,故将创伤性休克鉴定为直接死亡原因的依据不充分。

依据案卷材料,死者黄某某生前有与他人饮酒的事实,且调查材料显示,饮酒量在200毫升以上,因此应当对其血液中的酒精含量及酒精对心、脑重要组织器官有无损害进行组织学检验。因未检验,结合其死亡过程,不排除其死亡与酒精中毒有关的可能性。

依据案卷材料,死者黄某某生前(1995年9月1日早晨)自行进入水塘内清洗身体,并饮用水塘水(据了解,当时的室外温差大约在19~29摄氏度之间,水下温度相对会更低一些),后步行到岸边突然倒地后死亡,死亡突然、进展迅速。根据死亡过程,因未对脑、心、肾及肾上腺等主要器官进行组织学检验,其死亡是否系潜在疾病急性发作或应激反应(凉水刺激、恐惧等)引起的猝死,无法确定。

由此,专家辅助人的意见为:根据送检材料和死者黄某某的死亡过程,因未进行尸体解剖检验、常规毒化检验、组织学检验,南召县公安局1995年9月1日出具的刑事技术鉴定书中关于"死者黄某某死于创伤性休克"的依据不充分。不能排除黄某某的死亡系酒精中毒、自身潜在疾病发作、应激反应(凉水刺激、恐惧)等因素导致的猝死的可能,也不能确定上述可能因素对黄某某直接死亡原因的影响。

(3)介入因素影响王某明的行为对死亡结果的原因力,不能确定王某明的行为与死亡结果之间存在直接因果关系。

刑法上的因果关系从形式上可以区分为简单因果关系、复杂因果关系、中断的因果关系三种。简单因果关系,是指一个危害行为直接而合乎规律地引起一个或几个危害结果的发生。复杂因果关系,是指两个或两个以上的危害行为共同作用或先后衔接产生一个或几个危害结果。所谓中断的因果关系,是指某种危害行为引起或正在引起某种危害结果,在因果关系的发展过程中,介入了另一原因,如介入了第三者的行为、被害人自身的行为或特殊自然事实等其他因素,从而切断了原来的因果关系,行为人只对另一原因介入前的情形负责,介入原因引起的最后结果与前因行为之间没有因果关系。在介入了其他因素而导致被害人死亡结果发生的场合,要判断某种结果是否由行为人的行为所造成,应当综合考虑行为人的行为导致结果发生的可能性大小、介入因素异常性大小、介入因素对结果的作用力大小等。

本案中,王某明仅是用皮带抽打了黄某某十几下,并且都是在腿部、背部,当时参与殴打黄某某的有几十人,所造成的伤害都是皮外伤,根据专家辅助人的意见,依据尸表检验的损伤形态,损伤及出血量不足以造成创伤性休克。黄某某的死亡不能排除酒精中毒、自身潜在疾病发作或应激反应(凉水刺激、恐惧)等介入因素。因此,要判断黄某某的死亡结果是否由王某明的行为所造成,应当综合考虑王某明的行为导致死亡结果发生的可能性大小、介入因素异常性大小、介入因素对结果的作用力大小等。因尸体未作解剖且已火化,在现有证据条件下,难以判断这些介入因素是否切断了王某明的行为对死亡结果的作用力,也不能确定王某明的行为与死亡结果之间存在直接的因果关系。

(4) 根据疑罪从无原则,王某明不应当为黄某某的死亡承担刑事责任。

现行《刑事诉讼法》第 55 条规定,"证据确实、充分,应当符合以下条件:(一)定罪量刑的事实都有证据证明;(二)据以定案的证据均经法定程序查证属实;(三)综合全案证据,对所认定事实已排除合理怀疑"。这不仅要求定罪和量刑的事实都要有查证属实的证据予以证明,还要求对犯罪事实(包括定罪事实和量刑事实)的认定达到排除合理怀疑的程度,是主观与客观的统一。

结合本案卷宗和专家辅助人的意见,笔者认为:南召县公安局 1995 年 9 月 1 日出具的刑事技术鉴定书不能作为支持黄某某系创伤性休克死亡的依据;案发后没有进行尸体解剖检验、常规毒化检验,也没有提取病理检材进行组织学检验及其他机械性损伤致死的相应检验,仅依据尸表检验直接分析死者系创伤性休克死亡,缺乏证据支撑和客观依据;不能排除黄某某因酒精中毒死亡;不能排除黄某某因自身潜在疾病急性发作猝死;不能排除黄某某因应激反应(凉水刺激、恐惧等)猝死;不能排除黄某某因饮用污水而中毒死亡;案发时,对黄某某实施殴打行为的有几十人,现有证据不能证明是王某明的行为造成了致命伤并直接导致黄某某死亡。

综上所述,根据存疑有利于被告原则、疑罪从无原则,王某明不应当对黄某某的死亡结果承担刑事责任。

【案件结果】

南召县人民法院于 2020 年 12 月 18 日作出(2020)豫 1321 刑初 26 号刑事裁定,裁定本案终止审理。

【案件评析】

1. 适用法律分析。

本案发生于 1995 年 9 月 1 日,当时施行的是 1979 年《刑法》,现行《刑法》尚未出台。根据从旧兼从轻原则以及现行《刑法》第 12 条"中华人民共和国成立以后本法施行以前的行为,如果当时的法律不认为是犯罪的,适用当时的法律;如果当时的法律认为是犯罪的,依照本法总则第四章第八节的规定应当追诉的,按照当时的法律追究刑事责任,但是如果本法不认为是犯罪或者处刑较轻的,适用本法"的规定,经过比对,在相关规定上,1979年《刑法》比现行《刑法》刑罚更轻,更有利于王某明,因此笔者认为,审理本案应当适用1979年《刑法》的相关规定。

2. 追诉时效评析:本案是否符合继续追诉条件。

根据刑法规定,当出现法定事由时,国家对犯罪人(某犯罪行为)的刑罚权归于消灭,其中追诉时效已过是刑罚权消灭的事由之一。所谓追诉时效,是指刑法规定的对犯罪人追究刑事责任的有效期限。在追诉时效内,国家有权追究犯罪人的刑事责任;超过追诉时效的,国家追究犯罪人刑事责任的权力即归于消灭。刑法设立追诉时效制度有多重意义:时间流逝导致追诉必要性逐渐消失,追诉的可行性也在降低;有利于敦促国家司法机关及时追诉犯罪行为;有利于维护犯罪人的权益,鼓励犯罪人在犯罪后改过自新。由于本案发生于1995年9月,到2018年公安机关立案和2019年10月南召县人民检察院提起公诉时,已经过去了二十多年,在此期间,《刑法》于1997年进行了修改。换言之,本案涉及1979年《刑法》和1997年《刑法》如何适用的问题。1997年《刑法》对于追诉时效制度已经作出了修改,比较而言,1979年《刑法》比1997年《刑法》更有利于本案的被告人。如前所述,根据从旧兼从轻原则,审理本案应当适用1979年《刑法》的相关规定,即王某明涉嫌非法拘禁罪的追诉时效为15年。王某明的行为发生于1995年,南召县公安局于2018年立案时,早已超过了15年的追诉时效,而且其间没有导致时效中断的事由,王某明也没有逃避侦查或者审判。同时,即便是法定最高刑为无期徒刑、死刑的犯罪,20年以后认为必须追诉的,也要报请最高人民检察院,对其追诉必要性进行审查,经过核准才能追诉。本案指控的非法拘禁罪不属于法定最高刑为无期徒刑、死刑的犯罪,更没有经过最高人民检察院的核准,也不存在"不受追诉期限的限制"的情形,因此按照《刑法》的相关规定,国家不应再追究王某明的刑事责任。

3. 黄某某的死亡与王某明的行为之间的因果关系评析。

介入因素影响王某明的行为对死亡结果的作用力,不能确定王某明的行为与黄某某的死亡结果之间存在直接因果关系。要判断黄某某死亡结果是否由王某明的行为所造成,应当综合考虑王某明的行为导致死亡结果发生的可能性大小、介入因素异常性大小、介入因素对结果的作用力大小等。因尸体未作解剖且已火化,在现有证据条件下,难以判断本案中的介入因素是否切断了王某明的行为对死亡结果的作用力,也不能确定王某明的行为与死亡结果之间存在直接的因果关系。

【结语及建议】

本案是一起超过追诉时效而被终止审理的典型案件,笔者最终达到了委托人被无罪处理的辩护效果。笔者在查阅卷宗后,发现本案中的追诉时效是很好的辩护出发点,此外也从法律适用、因果关系、犯罪构成、法律效果和社会效果等方面综合进行辩护。笔者在本案中申请专家辅助人出具意见,对本案的因果关系进行专业且深入的分析、研判,从而推动案件往有利于委托人的方向发展。

建议辩护律师在辩护工作中不能忽视追诉时效的重要性,娴熟掌握新旧刑事法律规定,秉承着"认真、仔细、全面"的理念寻找到决胜的辩点,充分维护好每一个当事人的合法权益,使法律真正体现出应有的公平和公正。

犯罪情节显著轻微,社会危害性不大,可作不起诉处理

——案例 33:张某某诈骗案

卫元江* 刘国滨**

【案情简介】

犯罪嫌疑人张某某因涉嫌诈骗罪于 2020 年 6 月 22 日被原阳县公安局刑事拘留。

原阳县人民检察院审查查明,2018 年以来,卞某某以自己的名义注册多家公司并办理营业执照正副本、公司章、财务章、法人章、银行账户等成套手续,将之卖给上游犯罪嫌疑人使用。为进一步获取经济利益,卞某某开始利诱他人办理成套的公司、账户手续进行买卖,进而形成层层介绍买卖的犯罪形态。

张某某经宋某某介绍,于 2019 年 2 月 19 日以自己的名义成立南京某汽车服务有限公司、南京某信息咨询有限公司、南京某建筑工程有限公司等六家公司,并先后将该六家公司的营业执照、印章、对公账户等成套手续卖给卞某某,共获利 1000 元。

案发后,张某某退回 1000 元赃款。

【辩护意见】

1. 张某某不具有诈骗的犯罪故意,其行为不符合诈骗罪的构成要件。

---

* 卫元江,河南省新乡市政协常委、新乡市律师协会监事会副总监事。
** 刘国滨,河南中原法汇律师事务所律师。

笔者在会见张某某时,张某某称:"2019年2、3月份,我与中学同学宋某某吃饭时,宋某某让我帮忙给银行冲个业绩,说两天时间就办好了。因为我们是7年的朋友了,我想着很简单,就同意了。后来,宋某某和他一个姓卞的朋友带我去银行,在银行的时候,他们说银行快关门了,让我赶紧签字,他们不让我看是什么文件。在银行签字的时候,他们和银行工作人员一直在说说笑笑,交流很愉快,我感觉他们应该是银行的工作人员。在银行签过字后,他们将我的身份证原件放在了他们那里,大概有两个星期。后来姓卞的去学校接我让继续帮忙开户,我不好意思拒绝,就又去了几次。每次签完字姓卞的都说请我吃饭,我说回家吃,就没去。我感觉我帮我同学冲业绩,他肯定得了不少钱,所以他给我的1000块钱我就收下了。我感觉我一直没有去跟他们吃饭,他们给我钱是让我吃饭的,我也没多想就收了。我同学宋某某还让我办了一张电话卡,办好后给姓卞的男子了。我被公安机关带走时听同案的其他人说,他们没有办电话卡,手机上收到了很多转账记录,我要是收到这样的短信,肯定会第一时间报警的。我真的不知道他们是来诈骗的,他们从来也没有提到诈骗。我认为我的行为不构成诈骗,我没有任何犯罪的想法,也没有任何犯罪的行为。"

根据张某某的以上陈述,可以看出其没有诈骗犯罪的故意,只是为了帮助朋友冲业绩,并没有想到该开户信息会被犯罪分子作为诈骗的工具。根据主客观相一致原则,笔者认为张某某的行为不符合诈骗罪的主观构成要件。张某某在帮助朋友完成开户后,朋友多次邀请其吃饭,其没有去,朋友给其1000元钱让其吃饭,这属于正常的人情往来,这1000元不应被当作张某某帮朋友开户而获得的报酬。

2. 退一步讲,张某某主观恶性、人身危险性和社会危害性显著轻微,再犯可能性极小,可不认定为构成犯罪,可对其作不起诉处理。

(1)张某某法律意识淡薄,思想单纯,尚未踏入社会,从未想过实施犯罪行为,此次行为纯粹是受朋友欺骗和蒙蔽。案发后,其思想和心理也受到沉重打击,整日以泪洗面,不明白自己怎么就成了犯罪嫌疑人。经过此次教训,其一定会增强法律意识,提高防范能力,不让犯罪分子有机可乘。

(2)张某某到案后一直积极、主动配合侦查机关侦查,主动供述相关涉案事实,态度一直较好。

(3)张某某系在校大学生,平时表现良好,上进心强,没有任何违法犯罪前科劣迹。其9月份准备参加专升本考试,正处于冲刺阶段,专升本考试面对的群体是应届毕业生,若错过这次考试机会,将会对其学业造成重大影响,对其身心造成巨大打击,甚至可能会令其遗憾终身。

综合全案,笔者认为,张某某没有诈骗犯罪的故意,其行为不符合诈骗罪的构成要件,且情节显著轻微,完全可不作犯罪处理。刑法的目的在于惩罚犯罪,更在于惩前毖后、治病救人,使人改过自新,预防再犯。法律之内应有天理人情。综合上述情况,对张某某作不起诉处理,不仅可以挽救一个积极上进的大学生,更是挽救了一个家庭,使当事人在感受法律威严的同时,感受法律的温暖,增强民众对法律的信仰和服从,实现法律效果、政治效果和社会效果的高度统一。

【案件结果】

2020年11月11日,原阳县人民检察院以新原检一部刑不诉〔2020〕59号不起诉决定书,对张某某作出不起诉决定。

【案件评析】

《刑法》第266条规定:"诈骗公私财物,数额较大的,处三年以下有期徒刑、拘役或者管制,并处或者单处罚金;数额巨大或者有其他严重情节的,处三年以上十年以下有期徒刑,并处罚金;数额特别巨大或者有其他特别严重情节的,处十年以上有期徒刑或者无期徒刑,并处罚金或者没收财产。本法另有规定的,依照规定。"最高人民法院、最高人民检察院《关于办理诈骗刑事案件具体应用法律若干问题的解释》第1条规定,"诈骗公私财物价值三千元至一万元以上、三万元至十万元以上、五十万元以上的,应当分别认定为刑法第二百六十六条规定的'数额较大'、'数额巨大'、'数额特别巨大'"。

第一,从诈骗罪的主观方面进行分析。诈骗罪要求犯罪嫌疑人具有故意,并且以非法占有为目的,而在本案中,张某某只是将银行账户借给朋友"冲业绩",且张某某一直以为该业务是银行的正规业务,从未想过是诈骗,不存在非法占有他人财物的故意。并且,张某某到案后积极配合调查,主观恶性极小,故其行为不应被定性为诈骗罪。

第二,从客观方面进行分析。张某某在本案中的违法所得仅为1000

元,到案后主动退赃,其行为情节显著轻微。

第三,综合其他情况,对张某某不应判处刑罚。对其进行普法教育,增强其法律意识,即能达到最好的教育作用。最终检察院也作出了不予起诉的决定。

需要说明的是,本案有 13 名在校大学生涉嫌犯罪,如果定罪量刑,这 13 名在校大学生的前途将丧失,且会对其身心健康及后续成长造成巨大的打击。原阳县人民检察院最终对犯罪嫌疑人张某某作出不起诉决定,实现了天理、国法、人情相平衡。

【结语及建议】

本案是一起涉嫌诈骗罪的共同犯罪案件。本案的辩护亮点主要有两个:其一,紧扣诈骗罪的犯罪构成,从否定犯罪嫌疑人具有诈骗罪的主观故意入手,进而否定诈骗罪的成立;其二,强调办理案件要考虑犯罪嫌疑人在校大学生的身份,执法办案应实现法律效果与社会效果相统一,实现良法善治。笔者将二者结合进行辩护的思路,说服力很强,最终达到了犯罪嫌疑人张某某被不予起诉的辩护效果。

建议辩护人在履行辩护职责时,要详细了解涉案罪名及相关法律规定,特别是对犯罪嫌疑人的主观方面、客观方面有清楚的了解,这样更有利于辩护人对案件的把控,提高办案效率,进一步维护犯罪嫌疑人的合法权益。

事后的隐瞒行为不构成诈骗罪中的虚构事实或隐瞒真相

——案例34：马某某诈骗案

付艳国*

【案情简介】

2014年5月，经马某1引荐，马某某以经纪员身份，以每斤收取一定费用的方式，协助刘某、范某在安阳市内黄县收购干辣椒631580斤，价值4349054元，并以刘某、范某名义分别储存在马某某所在地的4个冷库中。2014年9月至2015年6月，在未经刘某等人同意的情况下，马某1以银行贷款周转为由，指使马某某将刘某等人储存在某冷库中的干辣椒以每斤6元左右的价格全部卖出，后马某1指使马某某仍以行情不好、储存的干辣椒尚未出售为由隐瞒刘某等人。马某某扣除仓储费用和劳务费用后，将所卖辣椒款转账给马某1。2016年6月29日，汝阳县公安局以涉嫌诈骗罪立案侦查，并对马某1、马某某采取刑事拘留，后予以逮捕。

汝阳县人民检察院以汝检诉刑诉〔2016〕229号起诉书指控，马某1在未经刘某等人同意的情况下，指使马某某隐瞒实情，取得仓库管理人的信任，将刘某等人储存在某冷库中的干辣椒全部卖出。后马某1指使马某某仍以行情不好、储存的干辣椒尚未出售为由隐瞒、欺骗刘某等人。经鉴定，干辣椒价值2526486元。2017年1月4日，汝阳县人民检察院向汝阳县人民法院提起公诉。

---

* 付艳国，河南常青律师事务所律师。

【辩护意见】

1. 史某某是存放辣椒的隐名合伙人,是本案实际被害人之一。案发时,史某某任汝阳县派出所所长,曾亲自参与对马某某的抓捕。对被告人马某某、马某1的第一次讯问均是在史某某任职的办案中心进行的。刑事案件中,被害人的确定本就属于案件的基本事实,结合本案的特殊性更应确定被害人的真实情况。被告人马某1一直称其供述系在受到刑讯逼供的情况下所作。如果以此为由排除被告人供述的话,那么公诉机关指控被告人构成诈骗罪的证据明显不足。

2. 被告人的行为不符合诈骗罪的构成要件。诈骗罪是指以非法占有为目的,用虚构事实或者隐瞒真相的方法,骗取数额较大的公私财物的行为。首先,诈骗罪的本质在于"骗",骗的结果是被害人基于错误认识而貌似"自愿地"(心甘情愿地)交出财物。因此,"基于错误认识而处分财产"是诈骗罪的客观本质要素。本案中,从刘某等人找马某某准备做收购辣椒的生意,到马某某将刘某等人引荐至内黄县,直至完成收购辣椒并将其存储到冷库,都是正常的民事行为,不存在任何虚构事实或隐瞒真相的手段。公诉机关指控的所谓隐瞒行为是指将辣椒出售而未告知的行为,但并非只要有隐瞒行为就构成诈骗罪,该隐瞒行为只是让刘某等人以为辣椒还存放在仓库中尚未出售,但该认识错误实际上并没有也根本不会导致被害人自愿地或心甘情愿地将自己的辣椒或钱款交付给被告人,所以被告人的行为不是隐瞒真相而导致被害人交付财物,根本不符合诈骗罪的客观要件。

3. 诈骗罪的主观要件要求具有非法占有的目的,而共同犯罪必须具有共同故意。马某某没有非法占有他人财物的目的,也没有与马某1共同合意非法占有他人财物的主观意图。根据被告人马某某、马某1的供述及马某某与范某某的陈述、通话录音等可知,范某某在与他人合伙收购辣椒之后,因高息压力将其自有的三分之一份额转让给了马某某,马某某也给范某某打电话确认其是否转让。根据马某某的供述,马某1让他出售辣椒时称,这只是临时借用款项,在办理的银行贷款发放下来之后,就能将刘某等人的辣椒款偿还。由此可知,马某1让马某某销售辣椒并使用款项时,并非想非法占有他人财产。不论马某1当时是否真的想在将来偿还辣椒款,从马某某的认知能力及注意义务来讲,根据当时的客观情况,绝对意识不到马某1是想非法占有他人财物,也根本没有与马某1共同合意非法占有他人财物的主观意图。

【案件结果】

汝阳县人民法院一审判处马某1有期徒刑10年零6个月,判处马某某有期徒刑5年。马某某委托笔者提起上诉,洛阳市中级人民法院以认定事实不清、证据不足为由发回重审。汝阳县人民法院重审后作出(2017)豫0326刑初442号刑事判决,判决两名被告人无罪。汝阳县人民检察院提起抗诉,洛阳市中级人民法院最终维持无罪判决。

【案件评析】

1. 诈骗罪的法律分析。

《刑法》第266条规定,以非法占有为目的,虚构事实、隐瞒真相,诈骗公私财物,数额较大的,构成诈骗罪。本罪的构成要件:(1)客体要件。本罪侵犯的客体是公私财物所有权。(2)客观要件。本罪客观上表现为使用欺诈方法骗取数额较大的公私财物。(3)主体要件。本罪主体是一般主体,凡达到法定刑事责任年龄、具有刑事责任能力的自然人均能构成本罪。(4)主观要件。本罪在主观方面表现为直接故意,并且具有非法占有公私财物的目的。在不同的犯罪情节下,对诈骗罪的行为人的处罚不同,也就意味着具体的刑期不同,最高刑期是无期徒刑。

2. 诈骗罪中的"骗",必须是先虚构事实、隐瞒真相,被害人基于行为人的"骗",自愿或貌似自愿地处分财产;不是基于行为人虚构事实、隐瞒真相而处分财产,以及行为人合法占有财产后实施欺骗隐瞒行为,不构成诈骗罪。

欺诈行为从形式上说包括两类:一是虚构事实,二是隐瞒真相。二者从实质上说都是使被害人陷入错误认识的行为。如果欺诈内容不是使他们作出财产处分,或者不是基于欺诈行为而处分财产,或者行为人在合法占有财产后实施欺骗隐瞒行为,则均不构成诈骗罪。本案中,刘某等人经马某1引荐,找到马某某为经纪员为其收购辣椒,收购完成后将辣椒储存于冷库中,以待结合市场行情销售,马某某和马某1对之后辣椒已被销售的事实进行了隐瞒,刘某等人并不是因隐瞒行为产生错误认识而处分财产。刘某等人收购辣椒并储存于冷库,是自主的市场经营行为,不是基于马某1、马某某二人的欺诈行为而产生错误认识并因错误认识处分财产的行为。

3. 民事欺诈和刑事诈骗的区别。

民事欺诈和刑事诈骗之间存在质的区别。诈骗罪的构成必须具备以下要件:行为人以非法占有为目的,虚构事实或者隐瞒真相,让被害人产生错误认识,被害人基于错误认识处分财产。本案是一起合伙人之一私下处分合伙财产而引发的民事纠纷,合伙人马某1未征得其他合伙人同意,私自处分共同合伙财产,被发现后愿意退赔和以物抵债,其行为不符合诈骗罪的犯罪构成。马某某是本案的第二被告人,负责经营冷库,其在确认第一被告人的合伙人身份之后,同意第一被告人处分财产,尽到了足够的注意义务,连民事责任都无须承担。

综上,汝阳县人民法院重审后作出的无罪判决是正确的。

【结语及建议】

本案是被告人被判决有罪后被发回重审又被判无罪的典型案例。委托人被羁押长达两年的时间,到案后也认为自己销售辣椒后,未将款项交给被害人的做法存在问题,因此一直作的是有罪供述。笔者接受委托后,发现程序上存在非法证据问题,被告人并不是通过欺诈骗取被害人的财产,只是事后处置财产时存在隐瞒行为。在与委托人充分沟通后,笔者坚持作无罪辩护,最终辩护意见被全部采纳,委托人被判无罪并获得了国家赔偿。

笔者对此案的辩护深有感触。近几年司法制度越来越规范,司法机关对刑事案件的办理日趋规范和细致,冤假错案已经非常鲜见。但基于案件数量与办案人员的比例、各地区发展不平衡等因素,在刑事辩护中,个别案件还是存在一定的问题,只不过是轻微瑕疵或重大问题的区别。建议辩护人在刑事辩护工作中,一定要秉承"严谨、坚守、细心"的理念,受人之托、忠人之事,充分维护好每一个当事人的合法权益,使被告人无罪不罚、罚当其罪,使法律真正体现出应有的公平和公正。

刑事犯罪与经济纠纷的边界划定

——案例 35：张乙诈骗案

井利娜*

【案情简介】

2011 年，张甲（犯罪嫌疑人张乙之兄）以其同事陈某的名义购买郑州市某小区房屋，后张甲将该房屋交给张乙管理。2013 年 6 月，张乙将该房屋出售给马某，并告知马某该房产为军队经济适用房，暂不能办理房屋所有权变更登记。后马某于 2013 年 8 月至 2014 年 3 月先后向张乙交付购房款 94 万元，张乙于 2014 年 3 月将该房屋交付给马某使用。此后，张乙根据张甲的指示，通过现金以及转账等方式陆续将售房款支付给张甲及其指定账户。2017 年 11 月，该房屋的产权登记人陈某称该房屋为其所有，要求马某搬离该房屋，遂产生纠纷。张乙多次与各方协调未果，马某于 2019 年被迫搬离该房屋，并随即向公安报案称被张乙诈骗。

2019 年 4 月 1 日，张乙因涉嫌诈骗罪被郑州市公安局柳林分局刑事拘留，同年 4 月 13 日被逮捕，2021 年 7 月 21 日被郑州市金水区人民法院取保候审。

郑州市金水区人民检察院出具郑金检一部刑诉〔2019〕559 号起诉书，指控被告人张乙犯诈骗罪，向郑州市金水区人民法院提起公诉，具体指控如下：2011 年上半年，张甲以其同事陈某的名义购买涉案房屋，张甲将该房屋交给被告人张乙打理。2013 年 6 月，张乙虚构其有权出售该房屋的事实，将该房

---

* 井利娜，上海市浩信（郑州）律师事务所高级合伙人、副主任。

屋以94万元的价格卖给被害人马某,张乙将骗取的款项用于购买房产、汽车等个人支出。

张乙于2019年4月1日被郑州市公安局柳林分局刑事拘留。2019年4月8日,笔者接受委托,为张乙提供刑事辩护服务。2019年6月10日,案件进入审查起诉阶段。笔者全面、详细阅卷,同时多次会见张乙,详尽听取其本人及家属意见,对案件事实、证据和法律规定进行深入探究和分析,多次与案件承办人及公诉检察官当面就事实认定、证据适用等问题进行充分沟通,力求厘清事实、还原真相、精准定性、准确适用法律,并提交相关银行流水等证据材料及法律意见书。

案件进入一审程序后,笔者始终坚持认为本案应为经济纠纷,被告人张乙不构成诈骗罪。笔者多次向承办法官就案件基本事实,被告人是否有诈骗行为和犯罪故意,是否有非法所得,有非法所得时的款项去向等发表辩护意见,但郑州市金水区人民法院最终于2019年12月16日作出刑事判决,判决被告人张乙犯诈骗罪,判处有期徒刑10年零6个月,并处罚金人民币30万元。被告人张乙不服一审判决,向二审法院提出上诉。二审程序中,笔者与承办法官充分沟通,说明一审在事实认定以及法律适用方面存在的错误,二审法院在2020年4月10日以事实不清为由裁定撤销原判,将案件发回郑州市金水区人民法院重审。

案件进入重审程序后,笔者就事实认定、证据运用以及准确适用法律等问题进行了充分论述,并于2020年至2021年间,多次向承办法官提交被告人张乙的无罪辩护词及补充意见。

【辩护意见】

1. 张乙的行为不符合诈骗罪的客观构成要件。

本案中,张乙不存在虚构事实、隐瞒真相的欺骗行为。通过对比张甲前后多次的证人证言,可以发现,张甲对于关键事实的陈述前后存在多处矛盾,其证言的客观性存疑,不应当作为认定张乙有罪的依据。结合张乙的供述,张乙的母亲、丈夫的证人证言,被害人马某的陈述,不能排除张乙享有处分涉案房屋的权利,且其在出售前已向被害人马某讲明了该房屋的权利来源及权利状态的可能。此外,张乙向该房屋的实际权利人张甲支付了远超马某购房款的款项,并在张甲的指示下向其转账用以解决涉案房屋权属纠纷。故根据各方的言词证据以及本案被告人张乙向其兄张甲转款的事实,笔者认为张乙并未实施向被害人马某虚构事实、隐瞒真相的欺诈行为,被害人也没有产生错误认识,更谈不上基于错误认识而处分财产,进而遭受损失。故而,笔者认为,本案已有证据不足以排除张乙对涉案房屋享有处分权利这一事实,即无法认定张乙向马某出售涉案房屋时,存在虚构其有处分权的行为,亦即检察院对张乙存在虚构事实或隐瞒真相的诈骗行为的指控,缺乏证据支持。

2. 张乙不符合诈骗罪的主观构成要件。

张乙没有诈骗的故意,更没有非法占有被害人财物的目的。被害人马某向张乙支付94万元购房款后,已实际占有并使用涉案房屋多年直至案发。在双方交易时,张乙已明确告知暂时无法办理产权证,待可以办证时再行办理过户手续,张乙系通过支付合理对价取得该94万元财产。此外,张乙在将该房屋出售后,向张甲交付的现金及银行转账款项已超过94万元,起诉书中关于张乙将该94万用于购买房产、汽车等个人支出的指控亦与事实不符。事实上,张乙用于上述个人支出的资金系其以个人贷款、借款等方式自行筹集,张乙对此也进行了充分举证。张乙在案发后积极表示要退还马某94万元购房款,亦具备以其名下房产偿付该款项的能力。张乙与马某之间就涉案房屋的交易,交易标的客观存在,交易过程自然,交易内容真实,交易价格符合当时市场价。张乙在得知马某报案后,一直在积极寻找解决办法,自始没有逃避责任的行为。故而,笔者认为张乙在交易过程中以及案发后的行为,足以证明其在本案中不存在非法占有马某财产的犯罪目的与诈骗故意。

3. 关于张乙是否存在违法所得的问题。

本案中,张乙在收到马某交付的购房款后,已按照其兄张甲的指示,将该款项陆续交给张甲及其指定的其他案外人,张乙并不存在任何违法所得。为了向法官清楚地证明这一事实,笔者专门制作了显示张乙在本案中的收入与支出的损益表,来向法官说明其并不存在任何违法所得。

4. 关于张乙的处分权问题。

张乙将涉案房屋卖给马某后,除多次给张甲现金、向张甲转账及交付银行卡给张甲使用外,在案发后,张甲欺骗张乙向"房主"陈某的律师转账30万元以解决房屋权属纠纷,事实是张甲通过虚构的"律师"的银行账户取得了上述30万元,因此,无论之前张乙是否有权处分,此时都应视为其已取得处分权。否则,张甲的行为应认定为诈骗张乙30万元。

5. 刑事犯罪与经济纠纷的界限问题。

诈骗罪的认定应严格把握刑事诈骗与正常经济纠纷之间的界限,刑事手段不应过度介入经济纠纷的处理过程。犯罪行为不仅应具有刑事违法性,还应具有社会危害性。在刑法上将某种行为认定为犯罪行为,必须具备达到一定严重程度且值得处罚的违法性。刑法之所以把诈骗行为规定为犯罪,是因为这种行为严重侵犯他人财产权益,犯罪分子骗取他人财产时,或者隐匿了身份、住址,或者没有留下被害人用以主张权利的证据,或者将骗取的财产挥霍、藏匿等,被害人无法通过正常的民事救济途径维护其权益,对于这种情况,不采用刑事手段制裁不足以维护正常的社会秩序。根据刑法的谦抑性原则,欺骗行为造成的损失能够通过民事途径进行救济的,一般不宜认定为诈骗罪。本案中,张乙根本不存在虚构其有权处分房屋的行为,出售房屋的款项也转给了房屋权属人张甲,并将房屋交付给马某使用,故被告人张乙与被害人马某之间的房屋买卖行为系正常经济纠纷。被害人马某通过民事手段即可维护其自身的合法权利,双方应通过民事诉讼中平等的举证、质证、辩论来实现权利和平衡利益,而不应动用刑罚这一最后救济手段。

6. 本案若认定张乙构成诈骗罪,将会产生极坏的社会效果。

从马某购买涉案房屋至案发时,该地房屋价格上涨许多,张甲试图通过虚构一系列事实要回涉案房屋,张乙最终成为本案牺牲品,亲兄妹之间因为一套房子的增值,导致妹妹被送进监狱,这不仅违背社会善良风俗,也将会产生极坏的社会效果。

综上所述,根据我国《刑法》《刑事诉讼法》及相关法律的规定,本案证据不能证明张乙犯诈骗罪,法院应依法判决被告人张乙无罪。

【案件结果】

一审法院判决被告人张乙犯诈骗罪,判处有期徒刑10年零6个月,并处罚金人民币30万元。二审法院以原判认定事实不清为由,裁定撤销原判、发回重审。重审时一审法院依法宣判被告人张乙无罪。

【案件评析】

1. 诈骗罪的法律分析。

诈骗罪是指以非法占有为目的,用虚构事实或者隐瞒真相的方法,骗取数额较大的公私财物的行为。根据《刑法》第266条之规定,诈骗罪必须符合以下四个要件:(1)犯罪主体。本罪主体是一般主体,凡达到法定刑事责任年龄、具有刑事责任能力的自然人均能构成本罪。(2)犯罪主观方面。本罪在主观方面表现为直接故意,并且具有非法占有公私财物的目的。(3)犯罪客体。本罪侵犯的客体是公私财物的所有权。(4)犯罪客观方面。本罪在客观方面表现为使用欺诈方法骗取数额较大的公私财物的行为。

2. 诈骗罪的特征。

诈骗罪中,行为人客观上必须有欺诈行为,被害人因行为人的欺诈行为陷入错误认识而作出行为人所希望的处分财产的行为。欺诈行为是指行为人将其内在的欺诈意图通过外在的行动表现出来,即行为人虚构事实、隐瞒真相,使对方陷入错误认识进而作出处分财产导致财产损失的行为。本案中,张乙并未向马某隐瞒涉案房屋的产权性质,马某亦未对房屋产权性质产生错误认识,马某是在知晓上述事实的基础上购买的涉案房屋。并且,本案现有证据不能排除张乙具有处分涉案房屋的权利的可能,且即使认为张乙向马某出售房屋时不存在处分权,但根据在案证据亦能认定,后期在张乙向其兄张甲支付全部售房款及按张甲指示转账来解决纠纷后,张乙就已取得了涉案房屋的处分权。故本案中张乙并不存在虚构其有权处分房屋的行为,马某也不存在基于错误认识而处分财产的情形。

诈骗罪中,行为人主观上要有非法占有的目的。认定张乙的行为是否成立诈骗罪,首先需要确认张乙是否存在非法占有的目的。司法实践中,主观目的的认定主要包括两种方式:一是直接的认定,即行为人通过自己的思考,在自己意志的支配之下产生的主观认定,如果行为人对自己的行为供认不讳,那么就可以直接认定。二是间接的推定,即间接客观推定,就是在无法直接认定的情况下,可以根据在案证据和相关法律的规定,进行客观推定,这种推定限于直接证据难以获得的情况。在本案中,马某向张乙支付94万元购房款后,已实际占有并使用涉案房屋多年直至案发,这说明被告人没有诈骗财物的故意。张乙在将涉案房屋出售后,向其兄张甲有大量转款及其他付款行为,张甲无法证明这些转账是出于其他目的,无法排除该转账所涉款项为售房款的可能性,因而无法证明张乙非法占有售房款。张乙没有非法占有行为,更没有非法占有目的。

3. 刑事诈骗与经济纠纷之区分。

诈骗罪的构成要件要素，比如非法占有目的、虚构事实、隐瞒真相、被害人处分财产等，在经济纠纷中也或多或少存在。而区分诈骗罪与民事欺诈的标准，应当是标的物是否真实存在、行为人是否有权处分标的物、行为人是否具有处分标的物的真实意思表示并获得对价、欺骗行为是否让交易完全落空等。不能单纯以虚假陈述来认定诈骗罪，也不能完全根据被害人或者其他权利人的陈述来认定诈骗罪。刑事司法不能沦为商品交易中任何一方实现交易目的的工具。

综上所述，根据法院已查明的事实，公诉机关提交的证据不足以证明张乙存在欺诈以及非法占有的主观目的，张乙的行为不符合诈骗罪的构成要件，故法院判决张乙无罪是正确的。

【结语及建议】

本案原审一审判决作出后，被告人张乙提起上诉，通过笔者不懈努力，二审法院以原判认定事实不清为由，裁定撤销原判、发回重审。笔者细究案件证据，制定了详细的辩护策略，深挖辩护要点。通过绘制案件时间轴、编制财产状况损益表、制作言词证据对比表等，从案件事实、证据运用到法律适用，将本案的辩护要点、证据判断分析得一目了然，帮助法官理清案件事实，做到了精细化辩护。

在当前经济环境下，为了营造良好的营商环境，诈骗罪的刑民界分应以犯罪构成要件为基本标准，严守刑法谦抑性原则，不能将经济纠纷上升为诈骗犯罪进行刑事制裁。本案在被告人张乙原审一审被判处有期徒刑10年零6个月的情况下，经过笔者的不懈努力和坚持，终发回重审，改判无罪。刑事辩护律师要具备庖丁解牛的精神，抓住每一次机会，抓紧每一秒时间，在事实、法律、证据上穷尽辩护观点，将辩护准备工作做到极致。

无主观犯罪故意和客观犯罪行为,对公司诈骗行为不知情、无作为,不构成犯罪

——案例36:原某诈骗案

张治卿[*] 张栋毅[**]

【案情简介】

2016年7月,犯罪嫌疑人原某入职洛阳×力网络信息服务有限公司(以下简称"网络公司")担任公司商务部策划职务。原某系中国传媒大学硕士,在公司学历较高。网络公司的子公司×号影业(洛阳)有限公司(以下简称"影业公司")所在的大学科技园区有大学生创业相关补贴可以申请。但是,公司的法定代表人和股东并不符合申请条件,只有将原某变更为影业公司的法定代表人和股东才可以获取相关补贴。原某随后在公司的安排下签署了相关的工商登记变更资料,之后原某就成为影业公司的法定代表人和股东,并担任公司的执行董事兼总经理。但是,原某在担任影业公司法定代表人期间,并未实际参与该公司的经营管理,当时公司也没有经营业务。原某没有从影业公司获得任何经济利益和相关的股权分红。2018年,影业公司产生了实际业务,由公司实际控制人牛某某管理,原某仍然没有管理公司。公司共获得国家补贴及运营费补贴资金1.5万元。

2020年6月12日,洛阳市公安局东关分局对吕某某、牛某某、原某涉嫌诈骗一案立案侦查,犯罪嫌疑人原某、牛某某、吕某某分别于2020年6月12

---

[*] 张治卿,河南明耀律师事务所专职律师,合伙人。
[**] 张栋毅,河南律师事务所律师。

日、7月15日、8月4日到公安机关投案。2020年6月13日,公安机关将涉嫌诈骗罪的原某刑事拘留,羁押于洛阳市看守所。2020年7月4日,原某亲属委托笔者介入,笔者于2020年7月6日会见了原某,并向侦查机关提交了取保候审申请书,于7月14日向洛阳市瀍河回族区人民检察院提交不予批捕申请书。2020年7月20日,检察机关出具不批准逮捕说明书,同日,嫌疑人原某被取保候审(看守所释放)。

2020年8月27日,公安机关侦查终结,并将本案移送检察机关。

洛阳市公安局东关分局的起诉意见书指控,2017年9月,犯罪嫌疑人吕某某指使网络公司的子公司影业公司的实际控制人牛某某将影业公司的股份及法定代表人虚假转让给原某(牛某某女友),以获取大学生创业(开业)补贴及运营费补贴。吕某某明知2016年至2017年间,影业公司未实际经营业务,也未购置相机、滑轨、航拍器、监视器等影视设备,未进行直播活动、产品宣传等事实,仍让网络公司员工以"影业公司2016年、2017年有员工20余人,营运30余场业务"等虚假事实准备申报材料,向洛阳市人力资源和社会保障局申请大学生创业(开业)补贴及运营费补贴资金1.5万元。

2020年8月28日,案件进入审查起诉阶段,笔者向检察机关提交委托书、律师事务所公函等材料,为原某提供刑事辩护服务。在详细阅卷和多次会见犯罪嫌疑人的基础上,笔者又数次与负责公诉的检察官当面就事实认定、证据适用以及准确适用法律等问题进行了交流沟通。

2020年9月12日,笔者向洛阳市瀍河回族区人民检察院提交了专业审慎的法律意见书,建议检察机关对原某作出不起诉决定。

【辩护意见】

笔者仔细阅读了所有的案卷材料,会见了被告人原某,就原某所涉嫌的罪名、犯罪事实以及在本案中所处的地位、影响量刑的具体情节发表如下法律意见:

1. 被告人原某主观上不存在故意犯罪意图,只是服从网络公司的要求担任影业公司的法定代表人,对骗取国家补贴的犯罪事实,没有主观故意和客观行为。

本案涉及的影业公司原本由网络公司100%持股,2016年8月25日,股东变更为牛某某、郭某某,二人分别持股48%、52%,由牛某某担任法定代表人。

吕某某陈述,2016年网络公司为了申请补贴成立影业公司,股东有牛某某(法定代表人)、郭某某二人。之后,因该二人不符合申请国家补贴的条件,2017年9月18日,牛某某将其持有的影业公司的48%股份全部转让给原某,并变更原某为法定代表人。网络公司自此利用原某大学毕业生的身份申请运营补贴。但是,原某虽然作为影业公司法定代表人,但实际上只是网络公司的一般员工,从网络公司领取工资,并未参与影业公司的控制、管理、经营、分红等任何业务事项。

李某、郭某某、熊某某等三人的询问笔录均证明,原某未参与影业公司的实际管理、经营,原某只是网络公司的普通员工,影业公司的实际控制人为牛某某。2018年9月之后,原某离职去其他公司上班,直至案发,其对影业公司骗取国家补贴的过程和事实根本不知情。

李某系网络公司人事经理,其在询问笔录中指认,吕某某指示其通知原某,将原某变更为影业公司法定代表人。变更法定代表人及股东的决定系吕某某作出的。原某未参与影业公司的经营管理。申请到的补贴汇入影业公司的账户,没有涉及原某个人账户。影业公司的财务由网络公司财务部门负责,影业公司的房屋租赁合同也是李某签订的。网络公司开会决定变更原某为影业公司法定代表人,参加会议的人员有吕某某、牛某某、李某等部门负责人,最终由吕某某决定变更法定代表人为原某,该会议原某并未参加。国家补贴的申请手续由网络公司的行政部门负责,法定代表人的变更手续由熊某某代办。对于该补贴的申请过程,原某不知情,也没有参与。

郭某某原为网络公司员工,其在询问笔录中称,网络公司人事经理李某找到其说,公司法定代表人或股东是大学生的,可以申请国家创业补贴。之后,2016年8月25日,影业公司股东变更为郭某某。网络公司财务人员向郭某某索要了申请国家补贴的材料。但是事实上,申请国家补贴要求法定代表人是大学生,而此时影业公司法定代表人牛某某不是大学生,故不符合申请补贴的条件。

笔者认为,此时网络公司及其管理层就已经有预谋地想要利用影业公司骗取国家创业补贴。只是网络公司对国家政策解读错误,误以为只要法定代表人与股东这二者的其中之一是大学生,就可以申请补贴,实际上根据国家政策,只有公司法定代表人是大学生的,才可以申请国家补贴。因此才有了将原某变更为法定代表人的后续事实。

熊某某在询问笔录中称,网络公司人事经理李某指示其将原某变更为影业公司法定代表人。网络公司将其租赁的一间房屋给影业公司作办公室,影业公司在2016年至2017年间没有实际业务,两个公司在名义上虽然没有关系,但影业公司实则受网络公司控制。2018年,影业公司有了业务,实际控制人为牛某某。自始至终,原某没有参与影业公司的经营、管理,影业公司的房租、水电费均是由网络公司支付的。

综上所述,2016年5月,网络公司为了申请国家补贴,成立影业公司,又于2016年8月24日将牛某某、郭某某变更为影业公司股东。因对政策解读错误,利用股东郭某某的大学生身份等相关材料没能申请到国家补贴。后来又产生了将原某变更为法定代表人申请国家补贴的犯罪意图。因原某当时是网络公司员工,又与牛某某是恋人关系,便于操控,最终犯罪行为得逞。

2. 本案中,被告人原某仅是被利用大学毕业生身份,并未参与本案诈骗行为,也未获得任何违法利益。2018年,影业公司有了实际业务,其2019年申请的1万元运营补贴符合国家政策规定。检察院应对被告人原某作出不起诉决定。

洛阳市人力资源和社会保障局就业促进工作办公室员工杨某某陈述,申请领取国家创业补贴,需要企业提供运营发票,对于有发票的企业,才能发放国家运营补贴。

本案中,据吕某某陈述,网络公司财务部门负责影业公司的财务(包括记账、房租、水电费、物业费、招聘、申请资质等),提供影业公司创业、运营发票的主体为网络公司的财务部门,因此涉嫌诈骗的主体并非原某,而是网络公司和影业公司。

《河南省就业补助资金管理办法》(豫财社〔2018〕8号)第12条规定,创业补贴包括开业补贴、运营补贴和项目补助。

根据本案已查清的事实,被告人原某的大学毕业生身份被网络公司、影业公司利用以申请国家创业补贴,并成功领取1.5万元补贴费用。根据相关规定,该创业补贴费用应当支付给创业者本人,也就是支付到原某个人的银行账户。但该费用实际支付到了影业公司的银行账户,被告人原某对该笔款项毫不知情,也没有经手。

根据案卷中的笔录证据,影业公司在2018年已经有了大量的实际业务,依据上述政策,影业公司在2019年申请的国家创业补贴符合规定,2019年发放的1万元补贴不属于诈骗所得。并且根据相关规定,就业补助资金应当是谁使用、谁负责。本案中,被告人原某不存在占有、使用资金的事实。所有领取国家创业补贴的行为均是网络公司所为,因此,被告人原某不应当承担刑事责任。

3. 本案中,被告人原某不存在故意、过失心态以及预见自己的行为可能构成犯罪的情况,也不存在犯罪预备。

《刑法》第14条规定:"明知自己的行为会发生危害社会的结果,并且希望或者放任这种结果发生,因而构成犯罪的,是故意犯罪。故意犯罪,应当负刑事责任。"第15条规定:"应当预见自己的行为可能发生危害社会的结果,因为疏忽大意而没有预见,或者已经预见而轻信能够避免,以致发生这种结果的,是过失犯罪。过失犯罪,法律有规定的才负刑事责任。"

作为公司员工,原某只是服从网络公司管理层人员的指示,向公司提交个人学历证书等资料,不能预见到网络公司利用其个人资料骗取国家就业创业补贴的事实,故其不构成犯罪,并且也不是主犯或者从犯、胁从犯。

最高人民法院、最高人民检察院《关于办理诈骗刑事案件具体应用法律若干问题的解释》第3条规定:"诈骗公私财物虽已达到本解释第一条规定的'数额较大'的标准,但具有下列情形之一,且行为人认罪、悔罪的,可以根据刑法第三十七条、刑事诉讼法第一百四十二条的规定不起诉或者免予刑事处罚:……(三)没有参与分赃或者获赃较少且不是主犯的……(五)其他情节轻微、危害不大的。"案发后,被告人原某及时自首,供述自己了解的相关事实,提供案件线索,推动案件侦破,符合《刑法》中自首、立功的相关规定,并且其没有犯罪前科,故应当从轻、减轻或免除处罚。

综上所述,被告人原某在本案中没有主观犯罪故意和客观犯罪行为,没有参与影业公司的经营、管理、分红等,没有实际出资,且2018年8月之前就已经从网络公司离职。本案诈骗行为都是网络公司及其负责人所为,原某对本案涉及的诈骗行为不知情,无接触,无作为。

因此,依据《刑事诉讼法》第177条第1款的规定,应当对被告人原某作出不起诉决定。

【案件结果】

检察机关认为,原某的行为情节显著轻微、危害不大,不构成犯罪,依照《刑事诉讼法》第16条第(一)项和第177条第1款的规定,决定对原某不起诉。

【案件评析】

诈骗罪的法律分析如下：

《刑法》第266条规定："诈骗公私财物，数额较大的，处三年以下有期徒刑、拘役或者管制，并处或者单处罚金；数额巨大或者有其他严重情节的，处三年以上十年以下有期徒刑，并处罚金；数额特别巨大或者有其他特别严重情节的，处十年以上有期徒刑或者无期徒刑，并处罚金或者没收财产。本法另有规定的，依照规定。"

根据该条规定，诈骗公私财物，数额较大的，应当立案。诈骗罪是数额犯，行为人采用诈骗的方式骗取公私财物，必须达到"数额较大"的标准，才能构成诈骗罪，予以立案追究。

最高人民法院、最高人民检察院《关于办理诈骗刑事案件具体应用法律若干问题的解释》第1条规定："诈骗公私财物价值三千元至一万元以上、三万元至十万元以上、五十万元以上的，应当分别认定为刑法第二百六十六条规定的'数额较大'、'数额巨大'、'数额特别巨大'。各省、自治区、直辖市高级人民法院、人民检察院可以结合本地区经济社会发展状况，在前款规定的数额幅度内，共同研究确定本地区执行的具体数额标准，报最高人民法院、最高人民检察院备案。"

《刑法》第31条规定："单位犯罪的，对单位判处罚金，并对其直接负责的主管人员和其他直接责任人员判处刑罚。本法分则和其他法律另有规定的，依照规定。"

构成本罪必须符合以下四个要件：(1)主体要件。本罪主体是一般主体，凡达到法定刑事责任年龄、具有刑事责任能力的自然人均能构成本罪。(2)主观要件。本罪在主观方面表现为直接故意，并且具有非法占有公私财物的目的。(3)客体要件。本罪侵犯的客体是公私财物所有权。(4)客观要件。本罪客观方面表现为以非法占有为目的，用虚构事实或者隐瞒真相的方法，使被害人陷于错误认识并"自愿"处分财产，从而骗取数额较大的公私财物。

该罪的成立要求行为人实施了欺诈行为。从形式上说，欺诈行为包括两类：一是虚构事实，二是隐瞒真相；从实质上说，是使被害人陷入错误认识的行为。因此，不管是虚构、隐瞒过去的事实，还是现在的事实与将来的事实,只要具有上述内容,就是一种欺诈行为。如果欺诈内容不是使他人作出财产处分,则不是欺诈行为。欺诈行为必须达到使一般人能够产生错误认识的程度。

欺诈行为还须使他人产生错误认识,且他人产生错误认识是行为人的欺诈行为所致。即使他人在判断上有一定的错误,也不妨碍欺诈行为的成立。在欺诈行为与他人处分财产之间,必须介入他人的错误认识;如果他人不是因欺诈行为产生错误认识而处分财产,则不成立诈骗罪。欺诈行为的相对人只要求是具有处分财产的权限或者地位的人,不要求一定是财产的所有人或占有人。行为人以提起民事诉讼为手段,提供虚假的陈述和证据,使法院作出有利于自己的判决,从而获得财产的行为,称为诉讼欺诈,也成立诈骗罪。

综上,洛阳市瀍河回族区人民检察院最终对原某作出的不起诉决定是正确的。

【结语及建议】

本案是一起民营企业为享受国家对大学生创业的政策性补贴而犯罪的典型案件,笔者最终达到了委托人被无罪处理的辩护效果。在本案侦查期间,原某承认网络公司要求其作为影业公司的法定代表人。笔者查阅卷宗后,发现卷宗里的书证和各嫌疑人的供述,均不能证明原某存在犯罪行为。笔者充分阐述了辩护重点,取得了良好的辩护效果。

建议刑事辩护律师在辩护工作中,在把握好犯罪构成要件的基础上,运用刑事法律规定和司法解释等,从一团乱麻中透过现象看到本质,找到案件取胜的辩点,最大限度地维护好当事人的合法权益,让"深化司法责任制综合配套改革,加强司法制约监督,健全社会公平正义法治保障制度,努力让人民群众在每一个司法案件中感受到公平正义"的理念真正实现。

严重侵犯法益的建筑物不受法律保护

——案例 37：郭某林故意毁坏财物案

冯　谌* 　张帅锋**

【案情简介】

2016 年 12 月 6 日，唐河县祁仪乡东背街村民田某波与祁仪乡兴堂村柿园组村民靖某奇达成协议，靖某奇将其承包的柿园组北山约 400 平方米林地转让给田某波，拟作为田某波父母（均在世）的墓地。柿园组组长靖某华在该协议上写明"山是靖某奇的山，以靖某奇签订的协议为准，组无意见"，并签字。田某波于 2017 年 3 月初动工在该林地处建造墓地围墙，3 月中旬完工。

被告人郭某林及其父郭某大在距田某波所建墓地约 200 米处经营某饭店。2017 年 3 月 27 日上午，郭某林一家认为该墓地太大，对其家庭有影响，遂找到田某波协商，让其拆除该墓地围墙，但被拒绝。后郭某林、刘某莉夫妇找到兴堂村村支书刘某敬、柿园组组长靖某华及柿园组村民靖某营、靖某须，一起到祁仪乡乡政府找到兴堂管理区区长袁某良，反映田某波违法占地建造墓园的情况，要求对此事进行处理。袁某良说："那是你们自己组的地，既然没有和你们打招呼，你们自己就能处理。"随后即去参加会议。待袁某良开完会，刘某敬带领郭某林等人再次找到袁某良反映此事，并将圈地经过作了详细汇报，袁某良表示待调查后再进行处理。当天中午，刘某敬、靖某

---

* 冯谌，上海市协力（郑州）律师事务所律师，河南省律师协会刑事法律专业委员会副主任。
** 张帅锋，上海市协力（郑州）律师事务所律师。

华、靖某营、靖某须在郭某林家饭店吃饭。其间,郭某林联系挖掘机师傅焦某长将田某波所建墓地围墙拆除。经唐河县价格认证中心评估,田某波建造的墓地围墙价值人民币13356元。

唐河县人民法院于2021年2月23日作出(2020)豫1328刑初594号刑事附带民事判决,以故意毁坏财物罪判处被告人郭某林有期徒刑7个月,判令被告人郭某林赔偿附带民事诉讼原告人田某波人民币6356元。

2021年4月13日,笔者接受郭某林的委托,依法为其提供刑事辩护。笔者认真阅卷,全面收集相关法律规定、案例,并与二审主审法官就事实认定、法律适用等问题进行多次沟通。

【辩护意见】

一审法院认定被告人郭某林犯故意毁坏财物罪的主要依据是,经唐河县价格认证中心评估,田某波建造的墓地围墙价值人民币13356元。而唐河县价格认证中心在评估时没有考虑到,严重侵犯法益的建筑物不受法律保护,故笔者首先从严重侵犯法益的角度论证该价格评估报告不客观、不合法。

1. 田某波无偿占有大面积他村林地修建"活人墓"的行为,违反多项禁止性、强制性法律规定。一是违反多项有关农村土地的强制性法律规定。《土地管理法》《农村土地承包法》以及《民法典》物权编等法律规定,土地承包经营权人未经依法批准,不得将承包地用于非农建设;违法建筑应当限期拆除,恢复土地原状;土地经营权流转,不得改变土地所有权的性质和土地的农业用途;发包方将农村土地发包给本集体经济组织以外的单位或者个人承包,应当事先经本集体经济组织成员的村民会议三分之二以上成员或者三分之二以上村民代表的同意,并报乡(镇)人民政府批准。田某波修建"活人墓"的行为违反上述强制性规定。二是违反有关殡葬管理的强制性规定。国务院《殡葬管理条例》规定,任何单位和个人未经批准,不得擅自兴建殡葬设施;农村的公益性墓地不得对村民以外的其他人员提供墓穴用地;禁止在耕地、林地建造坟墓。

2. 田某波无偿占有大面积他村林地修建"活人墓"的行为,属于严重行政违法、实质性行政违法。违法建筑可以划分为严重违法建筑和一般违法建筑。严重违法建筑必须立即予以拆除,一般违法建筑并非一律予以拆除。

本案中，田某波违法占用约400平方米林地建造的"活人墓"，显然属于严重违法建筑、实质性违法建筑，一经举报，相关行政机关应当立即责令其拆除。该违法建筑如果没有被郭某林拆除，亦必然会被相关行政机关依照法定程序拆除。

3. 案涉违法建筑的实际价值应当是该建筑被拆除后的残值。法律不保护非法权益，并不是说非法权益人得不到权益，而是无法实现预期的目的。违法建筑虽是一种非法权益，但也在法律调整范围之内。在违法建筑中，作罚款处罚的，虽然罚款后违法建筑人不一定能够办理产权凭证，但一定意义上已合法地拥有了所有权；作拆除处罚的，拆除后的残值自然归违法建筑人合法拥有，国家并不予以没收。本案中，案涉违法建筑的实际价值系该建筑被拆除后的残值。显然，该残值不可能达到故意毁坏财物罪的定罪标准，且郭某林也没有破坏该残值。因此，二审应当改判上诉人郭某林无罪。

4. 郭某林不构成故意毁坏财物罪。故意毁坏财物罪是指故意毁坏公私财物，数额较大或者具有其他严重情节的行为。这里的公私财物具体包括"公"财物和"私"财物。"公"财物的认定可以参照《刑法》第91条，"私"财物的认定则应当参照《刑法》第92条。本案中，田某波修建"活人墓"无疑违反了《土地管理法》《农村土地承包法》《殡葬管理条例》以及《民法典》物权编等法律规定，性质属于严重行政违法、实质性行政违法。严重违法建筑应当予以拆除。依据《价格认定依据规则》对拆除后的违法建筑的价值进行评估时，应该考虑到其属于严重违法建筑这一事实。本案中，如将涉案围墙属于严重违法建筑这一事实作为认定价值的基础，则其价值无疑达不到故意毁坏财物罪的入罪标准，故郭某林不构成故意毁坏财物罪。

为了进一步增大郭某林被改判无罪的可能性，笔者又提出了两点辩护意见：郭某林的行为属于私力救济中的自救行为，不宜评价为犯罪；原判认定田某波建造"活人墓"的成本的证据不足。

【案件结果】

河南省南阳市中级人民法院于2021年7月2日作出（2021）豫13刑终330号刑事附带民事判决，撤销河南省唐河县人民法院（2020）豫1328刑初594号刑事附带民事判决，判决上诉人郭某林无罪。

【案件评析】

本案争议的焦点是原审被告人郭某林的行为是否构成故意毁坏财物罪。一审法院认为,郭某林有故意毁坏他人财物的行为,且该财物经评估,数额较大,故郭某林的行为构成故意毁坏财物罪。二审法院认为,本案中,田某波所建墓地围墙不属于合法财产,不受法律保护,不属于故意毁坏财物罪侵犯的客体。田某波在其父母仍健在的情况下,在山林中建造比较大的墓地,为法律所禁止,该围墙不属于刑法所保护的法益。即郭某林没有侵犯他人的合法财产,没有侵犯他人的法益,故其行为不符合故意毁坏财物罪的构成要件,系无罪。

笔者认为,二审法院的裁判是正确的,但裁判理由可以进一步完善。

《刑法》第275条规定:"故意毁坏公私财物,数额较大或者有其他严重情节的,处三年以下有期徒刑、拘役或者罚金;数额巨大或者有其他特别严重情节的,处三年以上七年以下有期徒刑。"可见,故意毁坏财物罪的犯罪对象是"公私财物",具体包括"公"财物和"私"财物。"公"财物可以参照《刑法》第91条规定的"公共财产"来认定。而"私"财物显然应当参照《刑法》第92条规定的"私人所有财产"来认定,即"(一)公民的合法收入、储蓄、房屋和其他生活资料;(二)依法归个人、家庭所有的生产资料;(三)个体户和私营企业的合法财产;(四)依法归个人所有的股份、股票、债券和其他财产"。公民的合法财产显然属于故意毁坏财物罪的犯罪对象。那么公民的非法财产是否属于故意毁坏财物罪的犯罪对象呢?笔者认为,不能一概而论。如小产权房属于不合法财产,但大量生效的裁判文书证实,小产权房在很大程度上受法律保护。非法财产是否受法律保护,是否能成为故意毁坏财物罪的犯罪对象,关键在于该财产的存在本身是否严重侵犯法益。如某人毁坏了他人花费百万余元购买的毒品,鉴于该毒品的存在严重侵犯了相关法益,故该毁坏行为不能构成故意毁坏财物罪。又如故意毁坏他人盗窃的巨额财物,该财物对于盗窃者而言是非法财物,但该财物的存在本身没有侵犯法益。如果任由他人毁坏该财物,则可能影响盗窃案件的被害人及司法机关追赃,进而影响该被害人的合法财产权益。刑法对非法财物的保护并不等于保护非法取财的行为。无论财物是合法获取的还是非法获取的,只要该财产的存在本身并未严重侵犯法益,都应受到刑法保护,都可以成为故意毁坏财物罪的犯罪对象,任何毁损行为构成犯罪的,均应当依法追究刑事责任。刑法对于此类非法所得财物的保护,目的不在于保护其非法取财行为或非法使用行为,而在于保护所有社会财富免受非法侵犯,从而维护社会关系和社会秩序的稳定。对于侵犯非法所得财物的行为,构成犯罪的,应当追究刑事责任;同样对于获取非法所得的行为,构成犯罪的,也应当追究刑事责任。因此,至少部分非法财产应当认定为《刑法》第92条第(四)项规定的"其他财产"。

具体到本案而言,主要是界定违法建筑是否属于故意毁坏财物罪的犯罪对象。实践中,违法建筑分为严重违法建筑和一般违法建筑,只有严重违法建筑才应当予以拆除。《城乡规划法》第64条对未取得建设工程规划许可证或者未按照建设工程规划许可证的规定进行建设的,规定了几种处理方案:一是对于正在施工建设中的,责令停止建设;二是尚可采取改正措施消除对规划实施的影响的,限期改正,处建设工程造价5%以上10%以下的罚款;三是无法采取改正措施消除影响的,限期拆除;四是不能拆除的,没收实物或者违法收入,可以并处建设工程造价10%以下的罚款。其中,尚可采取改正措施消除对规划实施的影响的建筑,虽是违法建筑,但不应当予以拆除,业主的所有权显然应当依法予以保护。本案中,涉案墓地围墙显然属于严重违法建筑,其不受法律保护。但该围墙被拆除后,其残值显然成为田某波的合法财产,依然受法律保护。不过,本案中的残值,一则价值极小,远不够故意毁坏财物罪的立案标准;二则郭某林也没有毁坏该残值。

因此,二审法院把"郭某林没有侵犯他人的合法财产"作为改判其无罪的理由之一,似有不妥,如果修改为"郭某林拆除的墓地围墙属于严重违法建筑,不属于故意毁坏财物罪的犯罪对象",则更为准确。

【结语及建议】

本案是一审判决被告人有罪,二审改判无罪的典型案例,笔者最终达到委托人被判无罪的辩护效果。笔者接受委托后,检索出大量故意毁坏违法建筑而被认定为故意毁坏财物罪的案例,在组织团队研讨时,大家普遍认为,应作罪轻辩护。笔者认为,如果郭某林的行为确实构成故意毁坏财物罪,则一审的量刑是适当的,作罪轻辩护没有意义,故本案只有作无罪辩护才有价值,而作无罪辩护需要准确找到切入点、突破点。笔者经深入思考,决定把本案中的价格评估报告这一关键证据作为切入点、突破点。笔者首先检索出有关价格评估方面的相关规定,其中,国家发展和改革委员会价格认证中心发布的《价格认定依据规则》第 4 条第(一)项规定,价格认定的依据包括法律、法规、规章及规范性文件、技术标准文件。其次,又全面检索了《土地管理法》《农村土地承包法》《殡葬管理条例》以及《民法典》物权编等规定,确定涉案墓地围墙属于严重违法建筑,依法应当予以拆除。进而得出结论:该围墙本身不受法律保护,对该非法建筑进行价格评估时,依法应当考虑其严重违法的性质对价格评估的影响。以此为依据,笔者建议二审法院依法改判郭某林无罪;同时,出于全面考虑,提出"郭某林的行为属于私力救济中的自救行为,不宜评价为犯罪;原判认定田某波建造'活人墓'的成本的证据不足"的辩护意见。最终,在检察机关坚持有罪的情况下,争取到郭某林被判无罪。

建议刑事辩护律师在刑事辩护过程中,准确抓住案件辩护的切入点、突破点,从切入点、突破点出发,全面检索有关法律、法规、规章的相关规定,深刻理解相关法条的立法意图,提出准确的辩护意见,并充分予以论证,最终达到维护当事人合法权益的目的,实现法律的公平、公正。

超过追诉时效之辩,是刑事辩护最有效的辩护要点

——案例38:冯某伪造公司印章案

陈 沉[*] 王天雨[**]

【案情简介】

2004年10月29日,广东省阳江市冯某和厦门市某公司签订《内部承包协议书》,该协议书对双方的权利义务作了明确约定。冯某还刻制了厦门市某公司印章和厦门市某公司东莞分公司印章,按照协议约定正常经营。2012年10月19日,冯某及厦门市某公司东莞分公司为他人的400万元借款提供担保,因借款人不能归还到期债务,出借人到东莞市第一人民法院起诉,法院判决冯某对借款承担连带清偿责任,厦门市某公司对债务承担补充清偿责任。判决生效后,东莞市第一人民法院从厦门市某公司的账户上划走数百万元资金。

2014年10月29日,厦门市某公司向厦门市公安局思明分局报案称冯某伪造公司印章,思明分局当天立案侦查,并将冯某列为网上追逃对象。

2015年5月8日,厦门市某公司在厦门市思明区人民法院起诉冯某,请求解除《内部承包协议书》,并请求冯某赔偿损失。2015年8月3日,厦门市思明区人民法院作出(2015)思民初字第7687号民事裁定,解除双方的《内部承包协议书》。

---

[*] 陈沉,河南敏学律师事务所副主任。
[**] 王天雨,河南敏学律师事务所律师。

2018年12月15日,冯某在火车上被厦门市公安局思明分局干警抓获,公安机关对其连夜审讯。2018年12月20日,冯某因涉嫌伪造公司印章罪被刑事拘留,羁押于厦门市看守所。2019年1月18日,冯某被取保候审。

【辩护意见】

1. 从法律层面讲,伪造公司印章罪属于比较轻微的刑事犯罪,双方之间属民事纠纷,没有羁押的必要。

关于伪造公司印章的行为,对其处罚的规定主要出现在两个规范性法律文件中:其一是《治安管理处罚法》。《治安管理处罚法》第52条规定,"有下列行为之一的,处十日以上十五日以下拘留,可以并处一千元以下罚款;情节较轻的,处五日以上十日以下拘留,可以并处五百元以下罚款:(一)伪造、变造或者买卖国家机关、人民团体、企业、事业单位或者其他组织的公文、证件、证明文件、印章的"。其二是《刑法》。《刑法》第280条第2款规定:"伪造公司、企业、事业单位、人民团体的印章的,处三年以下有期徒刑、拘役、管制或者剥夺政治权利,并处罚金。"对伪造公司印章的行为可以进行治安处罚,即使按照《刑法》进行处罚,最高也只是判处3年有期徒刑。

2004年10月29日,冯某和厦门市某公司签订《内部承包协议书》,约定委托期限为3年,即2004年11月1日至2007年10月30日,承包费为每年100万元;协议期满,如果冯某经营良好且按时上交费用,经双方协商,冯某优先续约。2007年10月31日,双方又续约。根据《内部承包协议书》的约定可以看出,双方名义上是承包关系,实际上是挂靠关系,或者说是厦门市某公司违反法律规定,出借资质给冯某使用。双方续签承包协议,证明冯某在承包经营期间,经营良好且按时上交管理费用。据冯某讲,在建筑行业,出借资质、挂靠承包等司空见惯,东莞分公司成立之初,为了方便招投标和开展其他工作而刻制了厦门市某公司印章,冯某向厦门市某公司提交报表、缴纳税款等使用的都是涉案印章,厦门市某公司对冯某在签订协议书时已经使用涉案印章的行为是明知且认可的,其使用目的相对单纯,相对于其他犯罪,社会危害性较小。

2015年8月3日,厦门市思明区人民法院作出(2015)思民初字第7687号民事裁定,解除双方的《内部承包协议书》。根据思明区人民法院民事裁定书中认定的事实可以看出,双方之间属民事纠纷,该纠纷完全可以通过民事诉讼程序予以解决。

有学者认为,民法要扩张,刑法要谦抑。只有在穷尽救济途径且其他法律无法规制的前提下才能适用刑法。最高人民法院、最高人民检察院相继明确表态,坚决防止将经济纠纷当作犯罪处理,坚决防止将民事责任变为刑事责任,因此,司法机关应依法审慎采取强制措施。

2. 现有证据不能证明冯某伪造了公司印章,冯某符合取保候审的条件。

现有证据可以证明,2004年10月29日,冯某即开始使用涉案印章,时过境迁,冯某不记得该印章由谁刻制,但可以肯定不是冯某刻制,现有证据也不能证明该印章是冯某刻制的。

按冯某所说,自从被公安机关网上追逃,他就像一只老鼠,整天提心吊胆,东躲西藏,长期担惊受怕导致其精神出现了问题,经常失眠,所以不宜长期关押。冯某也不存在串供及毁灭证据的可能和必要。厦门市某公司出借资质,在管理上存在漏洞,也有一定过错。冯某在当地是一个有名的民营企业家,长期关押对其个人和公司都会造成负面影响。冯某符合取保候审的条件,公安机关应变更刑事拘留为取保候审。

3. 本案已经超过追诉时效,即使冯某构成犯罪,也不应当再追究其刑事责任。

《刑法》第280条第2款规定,伪造公司、企业、事业单位、人民团体的印章的,处3年以下有期徒刑、拘役、管制或者剥夺政治权利。《刑法》第87条规定,法定最高刑为不满5年有期徒刑的,追诉时效的期限为5年,犯罪经过该期限的,不再追诉。伪造公司印章罪的最高法定刑期为3年,追诉时效的期限为5年,追诉时效从犯罪之日起计算,犯罪经过5年则不再追诉。

伪造公司印章罪是行为犯,只要行为人实施了伪造公司印章的行为就构成犯罪。冯某使用涉案印章的时间是2004年10月29日,公安机关对冯某进行网上追逃的时间是2014年10月29日。在此之前,无人对冯某进行控告,冯某未受传讯,未被采取强制措施,其本人更无逃避侦查的行为,依据《刑法》第87条的规定,冯某的犯罪行为已经超过法律规定的刑事追诉时效;根据《刑事诉讼法》第16条第(二)项的规定,不应当再追究其刑事责任。

综上所述,冯某是否构成犯罪还需要相关证据予以印证。冯某被网上追逃数年,已经不存在以任何形式干扰证人作证、毁灭、伪造证据或者串供的可能,采取取保候审不致发生社会危险性,符合取保候审的条件,对其应变更刑事拘留为取保候审。退一步讲,冯某即使构成犯罪,因已超过追诉时效,根据法律有关规定，也不应当再追究其刑事责任，本案应当撤销立案。

【案件结果】

2020年1月17日，厦门市公安局思明分局出具解除取保候审决定书，该决定书载明："我局于2019年1月18日起对冯某执行取保候审，现因现有证据不足以证实犯罪嫌疑人冯某伪造公司印章的犯罪事实，根据《中华人民共和国刑事诉讼法》第79条第2款之规定，决定予以解除取保候审。"

【案件评析】

我国刑法根据罪责刑相适应原则，以犯罪的法定最高刑为标准，建立了追诉时效制度。追诉时效，是指刑事法律规定的对犯罪分子追究刑事责任的有效期限。犯罪已过追诉时效期限的，不再追究刑事责任，即司法机关或有告诉权的人不得再对行为人进行追诉；已经追诉的，应撤销案件或不起诉，或终止审判。

追诉时效制度是世界各国共通的一个刑法制度，既符合我国适用刑罚的目的，又有利于司法机关开展工作和稳定社会秩序。该项制度的设置主要基于以下几种考虑：第一，维护社会关系的稳定。第二，督促司法机关提高工作效率，对行为人要及时追诉、及时行使追诉权。第三，时间久远之后，证据有湮灭的可能，在司法资源有限的情况下，当前发生的犯罪更值得司法机关重点打击。法律设置追诉时效期限的价值在于提高司法效率，节省司法资源，及时有效打击犯罪，实现刑法一般预防和特殊预防的功能，维护司法权威。如果不顾追诉时效期限，势必造成与刑法目的相违背、与法治理念相违背，不仅无法达到一般预防的目的，也无法达到特殊预防的目的，与刑法的法治精神不符。我国《刑法》第87条、第88条及第89条分别是关于追诉时效期限、追诉期限的延长、追诉期限的计算与中断的规定。超过追诉时效，意味着不能行使求刑权、量刑权与行刑权，也不能适用非刑罚的法律后果，因而导致法律后果消灭。

就本案而言，冯某涉嫌在2004年10月29日实施伪造公司印章的行为，10年后公安机关才立案对相关人员追诉，这10年中，没有出现追诉期限延长与中断的情况。伪造公司印章罪的追诉时效是5年,超过了5年,司法机关就不能再行追诉。因此,冯某涉嫌的犯罪行为已经超过法律规定的追诉时效,依法不应再追究其刑事责任。

【结语及建议】

1. 律师和委托人的沟通至关重要,委托人的信任是办好案件的关键。

本案委托人在广东省阳江市,犯罪地点在广东省东莞市,办案机关在福建省厦门市,犯罪嫌疑人被关押在厦门市看守所,笔者在河南省焦作市,几地相隔数千公里,跨地区办案有一定不便和难度,也有一定风险。最初,笔者只是接受咨询,婉拒委托代理。经过电话沟通,委托人对笔者十分信任,执意委托,为不辜负委托人的重托,笔者和委托人多次沟通,三次赶赴厦门,几地奔波,不辞辛苦,全力以赴。

2. 异地办案,不卑不亢,有理有节,依法刑事辩护。

笔者接受委托后,即持冯某女儿签名的委托书、关系证明等相关手续到厦门与思明分局沟通,想了解一些与案件有关的情况。办案人员仅仅告知犯罪嫌疑人涉嫌的罪名,对于律师询问的犯罪嫌疑人涉嫌犯罪的时间、地点、方式、过程,以及犯罪嫌疑人的到案经过、认罪态度等,都是无可奉告。因为冯某的女儿还在读书,为了不耽误其学业,笔者未雨绸缪,在赴厦门之前让冯某的女儿在委托书上签字按指印,并全程制作了视频。公安机关看过视频后依然拒绝接收委托手续,不同意笔者会见冯某,理由是他们在办案过程中没有听冯某讲过自己有女儿。

根据《刑事诉讼法》的规定,笔者持律师证、委托书、律师事务所公函、关系证明等,径直到厦门市看守所请求会见。因为手续齐全,厦门市看守所依法安排会见。在会见冯某的时候,冯某同意并在委托书上签名捺印。

3. 职业道德高于经济利益。

委托代理协议约定按照阶段收费。当笔者决定将有关追诉时效的辩护意见提交侦查机关时,已经确定冯某会被变更强制措施,或者案件会被撤销。按照委托代理协议约定,委托人不需要再支付后面两个阶段的代理费。当然,笔者也可以到法庭审判阶段再提交辩护意见,这样,既可以收到三个阶段的代理费,又可以得到无罪的判决结果。当经济利益和社会利益、职业道德发生冲突时,笔者选择了后者。虽然代理关系在案件侦查阶段就结束了,笔者失去了一定的经济利益,但是获得的却是当事人的尊重、潜在的案源、内心的平静以及法律的尊严。希望笔者的选择能树立标杆,真正影响晚辈们的职业生涯,也希望笔者的行为能给律师这个行业添一点点光彩。

4. 超过追诉时效之辩,是最有效的辩护要点;律师的辩护观点和思路在哪个阶段提出,需要审时度势。

追诉时效,法律规定明确,律师耳熟能详,但是笔者最初并没有从这个角度考虑着手,因为不是每个案件都会用到追诉时效。但是,作为辩护律师,就像民事案件应当首先考虑诉讼时效一样,刑事案件也应当首先考虑追诉时效,运用得当,往往会产生颠覆性的辩护效果。然而,并不是所有案件都要知无不言,言无不尽,如果没有十足把握,辩护内容及观点还是点到为止,不能毫无保留,最关键的观点在审判阶段呈现更合适。

古希腊有一句谚语,法律不保护躺在权利上睡觉的人。民法如此,刑法也一样,司法机关也不能躺在权力上睡觉。对于律师来说,超过追诉时效之辩,是一条最有效的途径。

冲突结束后又实施不法侵害，对方还击属正当防卫

——案例 39：刘某寻衅滋事案

孙玉芳[*]

【案情简介】

案发地点位于安徽省宿州市泗县石龙湖国家湿地公园码头，该码头系被告人刘某自家所建。刘某名下登记有一家旅游公司，其家人就在公园湖面经营划船旅游服务项目。受石龙湖国家湿地公园管理局（由该县林业局兼管）委托，刘某父子兼有巡护员身份，平日里还承担对湿地巡护管护的职责。

2018 年 7 月 7 日 13 时许，5 名中年男子驾驶一艘小船从远处水域驶入码头，刘父见状上前询问，双方因言语不和发生争执，进而引发肢体冲突。于是刘父给刘某打电话说："有人驾船电鱼还打伤了我，你赶快来吧。"刘某挂断电话，立刻开车带着弟弟奔向码头，途中多次拨打 110 和片区民警电话进行报警。兄弟二人到达码头时，看到父亲正被多人围殴，刘某让弟弟先下车去拉架，自己停好车后顺手从旁边一辆三轮车上拿了根塑料棒，冲上前去击打围殴父亲的人。刘某父子合力一起将带头的张氏兄弟（张某及其哥哥张某某）逼退到水里后，便停止打斗。此时派出所民警赶到现场，刘弟登上对方开来的船只，当场从船舱内找到一台鹰眼王八立方转换 12V-24V（渔夫之胜）机头、长竹竿、用铁条制作的圆形带网罩子等多种电鱼工具。事后民警将

---

[*] 孙玉芳，河南航创律师事务所律师。

上述现场缴获的电鱼工具及码头监控视频带回派出所。

打斗中双方互有人员受伤,对方张氏兄弟被鉴定为轻微伤;刘某一方有三人受伤,但未被安排鉴定。泗县大路口派出所最初以行政案件立案,几天后又以刑事案件立案。刘某父子三人因涉嫌寻衅滋事罪分别被刑事拘留、逮捕、提起公诉,张氏兄弟被认定为被害人。2019 年 11 月 21 日,安徽省泗县人民法院以寻衅滋事罪分别判处刘某父子三人有期徒刑 2 年。刘某父子不服,三人均提起上诉。安徽省宿州市中级人民法院受理后,认为原判部分事实不清,证据不足,依照《刑事诉讼法》第 236 第 1 款第(三)项的规定,裁定撤销原判、发回重审。

2020 年 8 月 6 日,笔者担任刘某寻衅滋事案的辩护人。受委托后,笔者会见被羁押的刘某了解案情,同时第一时间赶赴案发现场调查、收集证据,并向群众进行走访咨询,认真仔细地了解有关湖面打捞水草的过程和知识。笔者在泗县看守所第一次会见刘某时,刘某称:"当时在案发现场,县林业局王局长曾给我打过电话,说驾船到码头的 5 个人中,为首的张氏兄弟是他妻子的侄子,要求放他们一马,不要追究他们的责任。因他们打伤了我父亲,当时我正在气头上,就没答应。王局长的妻子徐某在县检察院工作,这个案件是徐某一手操作的。"笔者追问:"消息可靠吗?这可不是儿戏。如果他们是姑侄关系,姓氏应该一样才对,现在一个徐姓,一个张姓,不合乎常理啊。"刘某说:"千真万确,按理是都应该姓张的,至于徐某为什么姓徐,原因不详。"第二天,笔者到泗县人民法院阅卷时,谨慎地向主审法官反映了这一重要线索,并称:"如果被告人反映的情况属实,那么泗县人民检察院应当回避。案件程序一旦出现问题,势必会影响案件结果的公平公正,恳请人民法院慎重考虑。"2020 年 8 月 19 日,泗县人民法院以接到宿州市中级人民法院改变管辖的通知为由,作出退回案件的决定。后本案被移送到灵璧县人民检察院异地审查起诉。

异地审查起诉期间,笔者多次与承办检察官交换意见,并精心准备了一份 5000 余字的法律意见书,从案发起因、打斗过程、情节后果、被告人身份、现场搜出的电鱼工具、视频资料、派出所执法程序等多方面进行详细分析阐述,最终提出对刘某应不予起诉的法律意见,无奈意见未被采纳。承办检察官明确告知笔者,公诉机关一致认为刘某的行为已构成犯罪,如果认罪认罚或可适用缓刑。当时,刘某 2 年的羁押期限即将届满,缓刑对他已毫无意义。在征得刘某本人同意后,笔者婉拒了公诉机关的建议。2020 年 10 月 10 日,灵璧县人民检察院就刘某涉嫌寻衅滋事一案,正式向灵璧县人民法院提起公诉。

【辩护意见】

2020年12月21日,刘某寻衅滋事一案在灵璧县人民法院开庭审理。除原有证据外,公诉人当庭又提交了两份泗县大路口派出所对大路口乡和平村张某、付某的询问笔录。该二人证明:"泗县人民检察院的徐某娘家在大路口乡和平村,她自幼随母姓,本案附带民事诉讼原告人张氏兄弟论辈分应当叫徐某小姑。"至此,泗县人民检察院工作人员徐某与本案被害人张氏兄弟的姑侄关系被证实。法庭之上,面对公诉机关的有罪指控及诸多证据,笔者逐一质证并发表如下辩护意见:

第一,案发后泗县林业局出具的所有证明材料均应予排除。原因是,泗县林业局现任局长王某与泗县人民检察院徐某系夫妻关系,而徐某与本案附带民事诉讼原告人张氏兄弟又系姑侄关系,故对案发后经王某之手,假借泗县林业局名义分别于2018年7月10日、8月28日、12月5日作出的三份情况说明应当按照非法证据予以排除。

第二,刘某父子具有合法的巡护员身份。案发前泗县林业局陈副局长代表泗县石龙湖国家湿地公园管理局与刘某父子签订的巡护管护协议、支付管护费的银行凭证、刘父身穿印有"巡护员"字样的红马甲巡视湿地的照片、案发后泗县林业局胡副局长到刘家索要公园旅客中心钥匙的录音等证据已形成完整的证据链,足以证明刘某父子合法的巡护员身份。

第三,案发时刘某父子是履行看护职责的合法一方。作为巡护员,刘父有权利、有义务对来路不明的船只和人员进行询问并制止其不法行为。张氏兄弟等人未经许可,携带电鱼工具擅闯码头的行为涉嫌违法。

第四,附带民事诉讼原告人是非法一方。现场从张氏兄弟船上缴获了电鱼工具。张某某当庭所述的用手夹着水草运上岸的言论,严重违背客观事实和自然规律,足以证明张氏兄弟从来就没有打捞过水草,案发当天他们驾船去石龙湖,目的就是非法捕鱼,而不是打捞水草。

第五,附带民事诉讼原告人张某是二次打斗的加害人。张某在刘父与其哥哥张某某之间的冲突已经结束的情况下,又绕到刘父身后进行袭击的行为,是导致矛盾激化并引发群体斗殴的关键。

第六,刘某的行为属于正当防卫。被告人刘某在看到年迈的父亲被多人围殴的情况下,为使父亲免受正在进行的不法侵害,不得已而用塑料棒对张某背部、腿部进行打击,该行为属于正当防卫。

综上,本案刘某父子是保护湿地的合法一方,张氏兄弟是涉嫌非法电鱼的违法一方。按照我国《刑法》以及最高人民法院、最高人民检察院、公安部《关于依法适用正当防卫制度的指导意见》的相关规定,刘某父子在遭到张某背后袭击时所采取的一系列还击行为属于正当防卫。刘某不构成寻衅滋事罪,应予当庭释放。

【案件结果】

笔者有理有据的辩护意见最终得到公诉机关的认可,庭后灵璧县人民检察院向灵璧县人民法院提交撤诉申请。2021年2月7日,灵璧县人民法院作出(2020)皖1323刑初465号刑事附带民事裁定,裁定:(1)准许灵璧县人民检察院撤回起诉;(2)驳回附带民事诉讼原告人张某某、张某的起诉。

2021年3月3日,灵璧县人民检察院出具不起诉决定书,该决定书载明"经本院审查并经人民检察院退回补充侦查,本院仍认为泗县公安局认定的证据不足,不符合起诉条件,依照《人民检察院刑事诉讼规则》第367条的规定,决定对刘某不起诉"。至此,刘某在被羁押730天后,终于被无罪处理。

【案件评析】

本案涉及寻衅滋事罪,同时又涉及异地管辖、正当防卫情形。

1. 异地管辖的法律分析。

按照《刑事诉讼法》第27条的规定,上级人民法院可以指定下级人民法院审判管辖不明的案件,也可以指定下级人民法院将案件移送其他人民法院审判。管辖属于程序方面的问题,是实体审理的前提和基础,司法实践中,程序的公平公正尤为关键和重要。本案因原公诉机关个别工作人员与被害人之间存在利害关系,所以才形成有罪判决,直接导致冤案的发生。笔者从无意中得到的细微线索入手,积极向相关部门反映,并大胆说出自己对该线索所反映的事实可能会影响案件公正处理的担忧,从而促使本案在异地起诉审理,为案件排除干扰,向着公平公正迈出关键的一步。

2. 寻衅滋事罪的法律分析。

《刑法》第293条规定,"有下列寻衅滋事行为之一,破坏社会秩序的,处五年以下有期徒刑、拘役或者管制:(一)随意殴打他人,情节恶劣的"。灵璧县人民检察院起诉书认为,"被告人刘某伙同他人持锤柄随意殴打他人,并造成2人轻微伤后果,情节恶劣,其行为触犯了《刑法》第293条,犯罪事实清楚,证据确实、充分,应当以寻衅滋事罪追究其刑事责任"。寻衅滋事罪是指在无事生非、借故生非的故意下实施相应的行为。笔者认为,寻衅滋事罪的侵害对象是不特定的,而本案刘某侵害的对象是特定的;寻衅滋事罪侵犯的客体是社会秩序,而本案侵犯的客体仅是自然人身体健康。本案中,刘某父子是在获得合法授权的情况下,履行正常保护湿地职责的合法一方,而张氏兄弟是涉嫌非法电鱼的违法一方,发生冲突的原因比较清楚。张氏兄弟轻微伤的后果是刘某父子在正当防卫中所造成的。因此本案基本事实清楚,法律评价当无异议,即刘某的行为不符合寻衅滋事罪的犯罪特征,不构成寻衅滋事罪,公诉机关对刘某犯寻衅滋事罪的指控不成立。

3. 正当防卫的法律分析。

《刑法》第20条第1款规定:"为了使国家、公共利益、本人或者他人的人身、财产和其他权利免受正在进行的不法侵害,而采取的制止不法侵害的行为,对不法侵害人造成损害的,属于正当防卫,不负刑事责任。"具体到本案,刘某的反击行为针对的是正在进行的不法侵害,客观上虽然给被害人造成一定程度的伤害,但并没有超过必要的限度。本案附带民事诉讼原告人张某在刘父与其哥哥张某某之间的冲突已经结束的情况下,突然从背后袭击刘父的行为,是导致矛盾激化、引发群殴的关键。按照最高人民法院、最高人民检察院、公安部《关于依法适用正当防卫制度的指导意见》第9条第3款关于"双方因琐事发生冲突,冲突结束后,一方又实施不法侵害,对方还击,包括使用工具还击的,一般应当认定为防卫行为"之规定,被告人刘某父子三人在案发现场对张氏兄弟的二次袭击进行还击的行为,属于正当防卫,刘某父子三人应不负刑事责任。

【结语及建议】

本案是一起检察院提起公诉,经法院开庭审理后,公诉机关又以本案证据发生变化,不符合起诉条件为由申请撤回起诉的典型案例,司法实践中实属罕见。

  笔者认为,本案公诉机关之所以最终撤回起诉,关键在于笔者有关被告人刘某的行为属于正当防卫的辩护意见得到了公诉机关的认可。我国《刑法》对正当防卫虽有明确规定,但在司法实践中常常被忽视或不能正确运用,尤其在故意伤害和寻衅滋事这类多人参与打斗的案件中,更难以准确定性正当防卫。本案被告人刘某的还击行为貌似与故意伤害罪和寻衅滋事罪相关,但故意伤害罪明显不能构成,寻衅滋事罪也牵强附会,而检察院仍以寻衅滋事罪提起公诉。针对本案具体案情,笔者采取"又破又立"的无罪辩护思路,以最高人民法院、最高人民检察院、公安部《关于依法适用正当防卫制度的指导意见》第9条第3款规定为根据,以正当防卫为突破口,重点针对刘某的行为是在履行看护职责,是合法行为,不构成犯罪,法不能向不法让步发表辩护意见。正是因为笔者的意见得到了公诉机关的认同,所以公诉机关才会撤回起诉。

  案件虽早已结束,但每次想起,笔者仍难免心潮澎湃。在笔者接受委托之前,安徽省当地先后曾有9名律师介入过本案,9名律师都一致劝说刘某认罪认罚。但笔者没有步人后尘,而是顶住压力,始终坚持作无罪辩护,最终促使公诉机关在开庭审理后撤回起诉。最后,笔者建议,作为一名刑辩律师,一定要敢于创新办案思路,针对不同案情,选准突破口,形成严谨、有效的辩护意见,还要不为困难折服、不为压力所迫。唯有如此,才能真正成为一名合格的新时代的护法人。

虚假诉讼罪不适用于当事人启动的民事再审程序

——案例40：程某虚假诉讼案

曾 磊*

【案情简介】

2018年3月，由洛阳市某企业实际控制的汝阳县12家食用菌产业扶贫项目公司的前期贷款相继到期。为帮助办理续贷业务，时任该企业总经理的张某筹集1500万元资金帮助12家食用菌产业扶贫项目公司归还了到期贷款。后张某虚增该企业先前已归还过的债务700万元，并以郑某某的名义制作虚假的落款日期为2018年3月28日的《借款及担保承诺》，要求洛阳市某企业承担还款责任，同时要求洛阳市某企业以其在农商银行的2000万元存款和另外12家借款使用人，对2200万元借款、利息及相关费用提供连带担保。该案经一审、二审，2019年10月25日，法院判决洛阳市某企业及该企业法定代表人杨某某向郑某某偿还1950万元及利息。

后该案原、被告双方均又申请河南省高级人民法院再审。2020年6月8日，张某找到被不起诉人程某打印名下银行卡的交易流水，并要求程某按照其要求抄写一份内容虚假的证人证言提交到河南省高级人民法院。2020年12月23日，河南省高级人民法院作出（2020）豫民申2471号民事裁定，认为双方关联账户有多笔资金往来记录，郑某某只提供了部分单向转账记录就提起诉讼，有虚假诉讼之嫌，应对双方之间的全部转账记录进行审查，判断是否

---

* 曾磊，河南思宏律师事务所副主任，河南省律师协会刑事法律专业委员会委员。

涉及虚假诉讼,准确认定出借金额。

2020年10月13日,洛阳市公安局以涉嫌诈骗罪指定瀍河分局立案侦查,被立案侦查的嫌疑人共计6人。2021年4月14日,本案侦查终结。瀍河分局2021年4月14日出具起诉意见书,指控犯罪嫌疑人程某按张某的要求打印名下银行卡交易流水,后又抄写内容虚假的证人证言并提交给河南省高级人民法院,帮助张某、郑某某等人非法占有洛阳市某企业及该企业法定代表人杨某某的巨额财产,涉嫌虚假诉讼罪。

2021年4月16日,案件进入审查起诉阶段。2021年5月6日,笔者接受委托,为犯罪嫌疑人程某提供刑事辩护服务。在详细阅卷的基础上,笔者向瀍河回族区人民检察院提交了专业审慎的法律意见书。

【辩护意见】

1. 本案不符合虚假诉讼罪的犯罪构成。

起诉意见书认定,程某涉嫌虚假诉讼罪的事实依据为:2020年6月8日,程某在张某的要求下打印银行卡的交易流水,并抄写虚假证人证言,此后该证人证言被提交给河南省高级人民法院。最高人民法院、最高人民检察院《关于办理虚假诉讼刑事案件适用法律若干问题的解释》第6条规定:"诉讼代理人、证人、鉴定人等诉讼参与人与他人通谋,代理提起虚假民事诉讼、故意作虚假证言或者出具虚假鉴定意见,共同实施刑法第三百零七条之一前三款行为的,依照共同犯罪的规定定罪处罚;同时构成妨害作证罪,帮助毁灭、伪造证据罪等犯罪的,依照处罚较重的规定定罪从重处罚。"因此,起诉意见书认定程某涉嫌虚假诉讼罪。

根据上述事实及法律规定,程某若构成虚假诉讼罪,应同时满足以下三个条件:具有证人身份、故意作虚假证言、与他人通谋共同实施《刑法》第307条之一前三款的行为(即具有虚假诉讼的主观故意)。综合全案证据,笔者认为再审程序中,程某的行为均不满足上述三个条件,本案不符合虚假诉讼罪的构成要件。

(1)程某不具有证人身份。

审理本案时依据的是2017年修正的《民事诉讼法》,该法第72条规定:"凡是知道案件情况的单位和个人,都有义务出庭作证。有关单位的负责人应当支持证人作证。不能正确表达意思的人,不能作证。"可见,证人是指知道案件事实情况,并出庭向司法行政机关提供证言的人。本案程某书写"证人证言"时,张某并未告知其该"证人证言"是向何机关提供,也未要求程某出庭作证,程某实际上也没有出庭作证,因此程某将"证人证言"交给张某,不应视为程某向司法行政机关提交,程某不具有最高人民法院、最高人民检察院《关于办理虚假诉讼刑事案件适用法律若干问题的解释》第6条规定的证人身份。

(2)程某书写的"证人证言",不属于民事诉讼再审证据。

根据《民事诉讼法》第200条的规定,启动再审的条件之一是,有足以推翻原判决、裁定的"新的证据",2008年公布的最高人民法院《关于适用〈中华人民共和国民事诉讼法〉审判监督程序若干问题的解释》采取列举的方法对再审中的"新的证据"作出了进一步的规定,主要包括三种情形,"(一)原审庭审结束前已客观存在庭审结束后新发现的证据;(二)原审庭审结束前已经发现,但因客观原因无法取得或在规定的期限内不能提供的证据;(三)原审庭审结束后原作出鉴定结论、勘验笔录者重新鉴定、勘验,推翻原结论的证据"。另外,该解释第10条第2款还规定了"视为新的证据"的情形,即"当事人在原审中提供的主要证据,原审未予质证、认证,但足以推翻原判决、裁定的,应当视为新的证据"。

结合本案事实,程某书写的"证人证言"不属于第一种情形中的"原审庭审结束前已客观存在庭审结束后新发现的证据",因为证人证言与当事人陈述、鉴定结论、勘验笔录一样,一般是在进入诉讼程序后,人们主观意识对案件事实的反映,不可避免地受到反映主体的立场、观点、方法等主观因素的影响,此类证据是无法客观存在的。同时,程某书写的"证人证言"也不符合其他三种情形,因此,不应视为再审中的新的证据,最多是一个证据线索。再审法院并没有将该"证人证言"作为裁判案件的事实依据。

(3)程某与虚假诉讼行为人之间不存在虚假诉讼的通谋,书写的"证人证言"也并非故意作假。

首先,张某、郑某某等人从2018年3月就开始准备诉讼,直到2020年6月8日,张某、郑某某等人虚假诉讼案二审终结且执行以后,程某才书写了"证人证言",在此之前,程某与张某、郑某某等人没有任何关于捏造事实、虚构法律关系、侵害他人合法权益的沟通,程某与张某、郑某某等人事前不存在共谋犯罪的故意。其次,程某不管是书写前还是书写后,都没有收到过张某、郑某某等人的任何承诺或利益,客观上,程某没有与张某等人共同实施虚假诉讼行为的必要。最后,程某与张某本就存在亲戚关系,正是基于对亲戚的信任,程某才将名下银行卡交给了张某使用,银行卡交易流水背后的法律关系也只有张某清楚,所以程某是因为"证人证言"的内容"不是自己的亲身经历"而认为其虚假,可见程某依照张某要求抄写证言系出于对张某的信任,并非故意造假。

综上,程某与张某、郑某某等人之间不存在虚假诉讼的犯意联络,也没有虚假诉讼的主观故意。程某在张某、郑某某等人所涉案件的再审程序中书写的材料,不应被视为民事诉讼证据,根据刑法主客观相一致的原则,程某不应被认定为虚假诉讼罪的共犯。

2. 程某涉嫌犯罪的行为情节轻微、危害不大,可不作为犯罪处理。

程某在本案之前没有任何违法犯罪记录,一直表现良好,此次涉嫌犯罪主要是轻信张某,受其诱骗,一时糊涂才书写了"证言"材料。但程某书写的材料在案件再审程序中并未作为认定案件事实的依据,且书写材料时张某、郑某某的案件已经二审生效执行,实际上不可能给张某、郑某某等人的虚假诉讼带来帮助。程某的行为与虚假诉讼造成的后果并不具有直接的因果关系,情节较为轻微,危害不大。另外,程某到案后认罪、悔罪态度良好,有改造的可能性,因此,对程某的行为可不作为犯罪处理。

【案件结果】

洛阳市瀍河回族区人民检察院决定对程某不起诉。

【案件评析】

1. 虚假诉讼罪的法律分析。

《刑法》第307条之一关于虚假诉讼罪的规定为,"以捏造的事实提起民事诉讼,妨害司法秩序或者严重侵害他人合法权益的,处三年以下有期徒刑、拘役或者管制,并处或者单处罚金;情节严重的,处三年以上七年以下有期徒刑,并处罚金"。《〈关于办理虚假诉讼刑事案件适用法律若干问题的解释〉重点难点解读》在"关于虚假诉讼罪的行为方式及其认定问题"部分明确指出,"虚假诉讼罪限于'无中生有型'虚假诉讼行为……刑法规定的'以捏造的事实提起民事诉讼'是指捏造民事法律关系,虚构民事纠纷,向人民法院提起民事诉讼的行为"。

2. 虚假诉讼罪不适用于原审案件当事人提起的民事再审程序。

最高人民法院、最高人民检察院、公安部、司法部《关于进一步加强虚假诉讼犯罪惩治工作的意见》就《刑法》第 307 条之一第 1 款中"以捏造的事实提起民事诉讼"的外延,以及民事案件审理过程中虚假诉讼犯罪的甄别和发现等内容作出了明确规定,对于再审程序中捏造事实的行为,仅设定了"案外人申请民事再审的"这唯一的条件,其根本原因在于,案外人申请再审时会创设新的法律关系。本案中,张某安排原审当事人郑某某申请民事再审,因郑某某并非案外人,申请再审不会创设新的法律关系,且根据《民事诉讼法》相关规定可知,再审程序为审判监督程序,主要审查已经发生效力的判决、裁定、调解书等是否存在法律规定的应当再审的情形,并不可能创设新的法律关系,因此根本不符合虚假诉讼罪"无中生有"地捏造民事法律关系的行为特征。程某在再审程序中提供的"虚假证言"是以共犯形式入罪的,既然郑某某提起再审程序不构成虚假诉讼罪,程某就当然不应认定为构成虚假诉讼罪。

综上,原审案件当事人提起的民事再审程序,不应认定为虚假诉讼罪中的"提起民事诉讼"。瀍河回族区人民检察院最终不再以虚假诉讼罪共犯指控程某的决定是正确的。

【结语及建议】

本案中,程某涉嫌犯罪的事实虽然简单,但是否构成犯罪的争议非常大,直接发表无罪意见可能引起承办人的对抗心理,进而影响沟通效果。为了避免这种情况,笔者以程某系法考生,还是两个孩子的妈妈,案件的处理结果将影响其整个人生作为沟通案件的切入点,引发承办人对程某的同情,在建立同情心的基础上,紧扣程某的行为与虚假诉讼造成的后果之间不存在刑法上的因果关系,当事人申请的再审程序不符合虚假诉讼罪"无中生有"的构成要件,以及民事再审程序中程某不具有证人身份、书写的材料不属于再审证据等无罪意见,取得了良好的沟通效果,最终承办人虽未采纳笔者"程某不构成虚假诉讼罪"的辩护意见,但仍以情节显著轻微为由,决定对程某不予起诉,实现了委托人被无罪处理的现实效果。

建议刑事辩护人履行辩护职责时,一定要注意沟通方式的掌握和沟通技巧的训练,把冰冷条文背后的鲜活生命展现在承办人面前,使书本上的法律知识变成司法实施过程中的人性温暖,切实充分地维护好每一个当事人的合法权益,使法律真正体现出应有的公平和公正。

不容忽视的时间节点

——案例41：张某掩饰、隐瞒犯罪所得、犯罪所得收益案

曾 磊*

【案情简介】

2020年7月8日,犯罪嫌疑人张某经朋友贾某介绍认识了宋某,二人在宋某的要求下,同意帮助宋某提现以赚取好处费。张某按照宋某的指示将转到其支付宝账户内的19万元,分别提现至其名下的兴业银行、建设银行、招商银行三张银行卡内,然后又将到账的19万元以现金(6万元)、提现转存(10万元)及银行卡转账(3万元)的方式交给宋某,赚取好处费190元。2020年8月13日,金乡县公安局以张某涉嫌帮助信息网络犯罪活动罪为由对其进行刑事传唤,张某到案后才得知其帮助宋某提现的款项,系被害人季某被诈骗的款项(约7万元)。2021年8月4日,金乡县公安局以犯罪嫌疑人张某涉嫌掩饰、隐瞒犯罪所得、犯罪所得收益罪提请金乡县人民检察院审查起诉。

2021年8月5日,笔者接受委托为犯罪嫌疑人张某提供刑事辩护服务。2021年8月11日,笔者向金乡县人民检察院提交了专业审慎的法律意见书,就案件事实认定及准确适用法律等问题发表了辩护意见。

【辩护意见】

1. 从客观上看,本案不符合掩饰、隐瞒犯罪所得、犯罪所得收益罪的犯

---

* 曾磊,河南思宏律师事务所副主任,河南省律师协会刑事法律专业委员会委员。

罪构成。

《刑法》第312条关于掩饰、隐瞒犯罪所得、犯罪所得收益罪的规定中,行为人所实施的行为,针对的只能是上游犯罪所获得的赃款赃物,只有上游犯罪既遂,才有对赃物窝藏、转移、收购、代为销售的犯罪行为。具体到本案,张某提供账户帮助取现的行为,客观上不构成掩饰、隐瞒犯罪所得、犯罪所得收益罪。

第一,张某见到宋某的时间是2020年7月8日13时左右,提供支付宝账户给宋某是在吃午饭前后,使用账户的时间为16时以后,而被害人季某受骗转账的时间为14:15～16:15之间。从时间上看,张某提供账户给宋某的具体时间虽无相关证据证实,但肯定在16时以前,此时上游犯罪正在实施过程中,张某的行为只能是上游犯罪的帮助行为,而不可能是掩饰、隐瞒犯罪所得、犯罪所得收益行为。

第二,从账户流转财产的过程来看,本案上游犯罪行为人虚构事实,使得被害人季某陷入错误认识从而处分财产,虽然财产通过多级账户流转脱离了被害人的控制,但现有证据不能证实被害人财产在到达张某账户之前的任一流转账户,就是上游犯罪行为人实际取得赃款的账户。也就是说,无法证实犯罪嫌疑人张某的账户到底是用于收取赃款,还是用于转移赃款,本案认定张某构成掩饰、隐瞒犯罪所得、犯罪所得收益罪的事实不清、证据不足。

2. 现有证据不能证明张某明知所取款项系犯罪所得。

首先,张某供述不知道自己账户上款项的性质。张某在第一次讯问笔录中称:"不知道取的是什么钱,宋某只让我帮着提现,后来他一直联系我帮忙取钱,我才觉得不对劲。经网上查询,才知道可能涉嫌洗黑钱。"在第三次讯问笔录中称:"我和贾某感觉一天收这么多钱,这钱肯定来路不正。我和贾某跟宋某说取1万元给10元太少,问他能不能1万元给20元。"张某在两次供述中,一次说"不知道取的是什么钱",一次又说"这钱肯定来路不正",在主观认识方面似乎存在矛盾,但结合贾某"我不知道是什么钱,我和张某聊天的时候猜测是赌博的钱,来路不正,具体是什么钱我不清楚"的供述,足以说明张某取现时并不知道所取款项的性质,其第三次关于主观认识方面的供述只是其帮助宋某取款后的个人推测,并不能据此判断张某实施行为时的主观故意。

其次,从获利金额上看,张某缺乏犯罪的故意。张某共帮助取现、转款19万元,总计获利190元,而支付宝取现、转账需要支付千分之一的手续费,也就是说张某获利的数额恰恰是必须支付的手续费的金额。既然张某在整个行为过程中无任何收益,为什么还要这样做？原来,是张某因开店经营而享有支付宝提现免收手续费的权益,他帮助他人取现、转账的目的就是省下这笔手续费,他根本没有意识到帮忙取现、转账的财产和犯罪有关。

最后,从与帮助对象的关系来看,张某缺乏犯罪的故意。本案张某与贾某是朋友关系,2020年7月8日,贾某向张某提出替别人取钱的事,并让其跟着学习。随后,张某经贾某介绍,认识了贾某的朋友宋某,正是基于这种对朋友、朋友的朋友的信任,张某根本没想那么多,也就"不知道取的是什么钱"。

3. 张某取现后转存的行为不宜认定为掩饰、隐瞒犯罪所得、犯罪所得收益罪。

张某主观上没有犯罪的故意,提供账户时也不清楚款项的性质和来源,即便其取现后转存的行为实际上是在转移赃款,但由于张某不具有明知该款项为犯罪所得的主观故意,根据主客观相一致原则,张某取现后转存的行为也不应认定为掩饰、隐瞒犯罪所得、犯罪所得收益罪。

4. 张某涉嫌犯罪的行为情节显著轻微,不构成帮助信息网络犯罪活动罪。

根据《刑法》第287条之二第1款的规定,明知他人利用信息网络实施犯罪,为其犯罪提供帮助,情节严重的,才构成帮助信息网络犯罪活动罪。结合最高人民法院、最高人民检察院《关于办理非法利用信息网络、帮助信息网络犯罪活动等刑事案件适用法律若干问题的解释》第12条关于"情节严重"的认定标准,本案张某提供帮助结算的金额未超过20万元,获利仅190元,情节显著轻微,依据《刑法》第13条的规定,可不作为犯罪处理。

综上,本案张某的行为不符合掩饰、隐瞒犯罪所得、犯罪所得收益罪的犯罪构成要件,数额也未达到帮助信息网络犯罪活动罪的入罪标准,对张某应作出无罪处理。

【案件结果】

山东省金乡县人民检察院决定对张某不起诉。

【案件评析】

1. 掩饰、隐瞒犯罪所得、犯罪所得收益罪的法律分析。

《刑法》第312条规定的掩饰、隐瞒犯罪所得、犯罪所得收益罪是指,明知是犯罪所得及其产生的收益而予以窝藏、转移、收购、代为销售或者以其他方法掩饰、隐瞒的行为。构成此罪要符合以下三点:(1)主观上明知的内容为涉案财物系"犯罪所得及其产生的收益";(2)存在上游犯罪;(3)帮助上游犯罪处理赃款赃物。

2. "两卡"类犯罪中,涉及掩饰、隐瞒犯罪所得、犯罪所得收益罪的关键辩点。

帮助信息网络犯罪活动罪是指,明知他人利用信息网络实施犯罪,仍为其犯罪提供帮助,情节严重的行为。"两卡"类犯罪中,由于帮助信息网络犯罪活动罪和掩饰、隐瞒犯罪所得、犯罪所得收益罪的罪状存在相似或竞合,导致办案过程中如何适用这两个罪名总会存在一些问题。当然这两个罪名也存在众多根本的不同点,笔者在此不展开叙述,仅以本案谈一些自己办理此类案件时的辩护心得。

第一,行为人实施行为的时间点是判断是否构成掩饰、隐瞒犯罪所得、犯罪所得收益罪的关键。根据掩饰、隐瞒犯罪所得、犯罪所得收益罪的犯罪构成,行为人必须是在前罪之后实施掩饰、隐瞒犯罪所得、犯罪所得收益行为,这是成立本罪的时间要件。行为人实施行为的时间点是客观存在的,从客观证据来分析上游犯罪是否既遂,判断行为人的行为是帮助上游犯罪完成的行为还是帮助上游犯罪转移赃款的行为,更容易帮助案件承办人对案件性质作出判断。笔者以张某交付账号、帮助取现的时间节点,对应被害人受骗转账的时间节点,成功论证了上游犯罪尚未既遂,张某的行为只能是上游犯罪的帮助行为,而现有证据无法证明上游犯罪既遂的时间节点,因此客观上无法认定张某构成掩饰、隐瞒犯罪所得、犯罪所得收益罪。张某的行为属于帮助信息网络犯罪活动,但是并不符合构成帮助信息网络犯罪活动罪所要求的情节严重的标准,最终检察机关作出了不起诉的决定。笔者抓住了关键的突破点,即罪名的构成要件,取得了比较好的辩护效果。

第二,对主观明知要多角度论证。对于掩饰、隐瞒犯罪所得、犯罪所得收益罪的"明知",采用的均是较为宽泛的认定标准,即行为人无须清楚知晓上游犯罪的性质，只要认识到所帮助掩饰、隐瞒的财物可能是赃款赃物即可。但不能忽视的是，掩饰、隐瞒犯罪所得、犯罪所得收益罪的主观仍适用"知道或应当知道"的认定标准。因此，辩护时要着重多角度论证行为人的主观故意，比如受教育程度、是否有固定收入、是否多次实施行为、是否存在高额收益、行为人以何种方式介入"两卡"类犯罪活动等，使案件承办人对行为人是否"知道或应当知道"的主观心理状态形成自己的内心确信。本案中，笔者即以张某的两次讯问笔录存在冲突，且有罪供述属于事后推测，作为排除张某主观故意的主要论据；同时以通过朋友介绍帮忙取现、无父无母缺少教育、经营店面但经营不善、无固定工作、没有赚取高额收益等现实情况作为补强论据，论证了张某并不明知转账、取现的款项为犯罪所得。

综上，张某不构成掩饰、隐瞒犯罪所得、犯罪所得收益罪，也不构成帮助信息网络犯罪活动罪，金乡县人民检察院对张某不予起诉的决定是正确的。

【结语及建议】

近年来，"两卡"类犯罪频发，由于"两卡"类犯罪涉及的罪名较多，办案过程中难免会因对案件事实的模糊认识，导致案件定性不准。本案是一起先以帮助信息网络犯罪活动罪刑事立案，后又以掩饰、隐瞒犯罪所得、犯罪所得收益罪移送起诉的典型案件。本案从转账取现的数额上，虽然可以直观地看到张某不构成帮助信息网络犯罪活动罪，但由于掩饰、隐瞒犯罪所得、犯罪所得收益罪中"主观明知"的认定标准较低，且上下游犯罪的时间节点难以把控，因此当张某实施了转账、取现等客观行为时，侦查机关就以掩饰、隐瞒犯罪所得、犯罪所得收益罪移送审查起诉。笔者经过认真仔细阅卷，找出上述两个辩护要点，在与检察官充分沟通后，最终实现了委托人被无罪处理的辩护效果。

建议刑事辩护人在辩护工作中，一定要认真、细致、全面地阅读卷宗，根据犯罪构成要件发掘辩护要点，事实认定方面坚持证据规则，主观推定方面穷尽证明规则，同时遵循逻辑和经验法则，发表意见观点要经过明确、充分的论证，切实维护好当事人的合法权益，维护法律的正确实施。

没有拒不执行人民法院生效判决的故意与目的,不构成拒不执行判决罪

——案例42:刘某拒不执行判决案

王丽伟*

【案情简介】

2015年6月15日,河南省洛阳市中级人民法院(以下简称"洛阳中院")作出判决,判决:(1)河南××有限公司(以下简称"××公司")在判决生效后,清偿王某借款800万元及利息;(2)刘某对前述债务承担连带责任;(3)被告吴某、郭某、于某对××公司的债务承担补充赔偿责任。后郭某不服,提起上诉,河南省高级人民法院经过审理,于2017年4月6日作出民事判决,维持一审判决中的第一项和第二项,将原审判决中的第三项变更为:被告吴某、郭某、于某分别在各自抽逃出资本息范围内,对原判决第一项中××公司不能清偿债务的部分承担补充赔偿责任。

二审判决生效后,涉案被告人均未履行自己的清偿义务。债权人王某于2017年8月2日向洛阳中院申请强制执行。执行过程中,洛阳中院通过查封、扣押、拍卖、扣划等方式执行了刘某近600万元;执行了郭某300余万元,并查封郭某名下位于郑州市的房产30余套。

重要的是,洛阳中院接受王某申请查封刘某名下的某套房产时,该查封属于轮候查封。为了偿还债务,刘某主动说服了首封债权人放弃首封拍卖的权利,使得轮候查封的王某得以拍卖该房产,洛阳中院执行了该拍卖款项。

---

* 王丽伟,河南含嘉仓律师事务所主任。

2019年3月8日,洛阳中院在未对郭某位于郑州的30余套房产采取拍卖措施的情况下,在穷尽财产调查措施后,认定被执行人郭某无财产可供执行,经债权人王某认可,终结该案执行程序。

2020年1月,债权人王某称,刘某在前述民事判决生效后,擅自转让所持有的公司股份,刘某丈夫将登记在其名下的房产抵押给第三人,刘某夫妇将名下的房产抵押贷款而不清偿王某的债权。王某遂以此为由,向洛阳市高新技术产业开发区人民法院(以下简称"高新区法院")提起自诉,要求追究刘某拒不执行判决罪的刑事责任,并判令刘某履行民事判决。

高新区法院受理案件后,将刘某及刘某丈夫予以逮捕。2020年3月中旬,笔者作为刘某的辩护人参与其涉嫌拒不执行判决罪一案的诉讼。

笔者认真阅卷、会见被告人,陪同当事人到郑州、新安、偃师等地寻找证人、提取证人证言,到银行调取银行流水与借款合同、还款凭证等,经过分析证据,认为刘某没有拒不执行法院判决的主观故意与目的,其行为不构成拒不执行判决罪。另外,高新区法院没有依法向公安机关和检察机关核实王某是否就本案报过案,就直接受理王某的自诉,属于程序违法。后笔者向法院提交辩护词,就本案与承办法官进行了沟通。本案牵涉民间借贷、担保、公司法、企业破产法、刑法、刑事诉讼法等法律适用问题,属于刑民交叉的案件,比较复杂。庭审中,笔者与对方律师因刘某应当承担1200万元的还款责任,还是应当依据《企业破产法》承担190余万元的还款责任,进行了举证、质证和激烈的辩论。

【辩护意见】

1. 高新区法院受理自诉人王某对刘某构成拒不执行判决罪的自诉,程序违法。

2020年公布的最高人民法院《关于审理拒不执行判决、裁定刑事案件适用法律若干问题的解释》第3条规定:"申请执行人有证据证明同时具有下列情形,人民法院认为符合刑事诉讼法第二百一十条第三项规定的,以自诉案件立案审理:(一)负有执行义务的人拒不执行判决、裁定,侵犯了申请执行人的人身、财产权利,应当依法追究刑事责任的;(二)申请执行人曾经提出控告,而公安机关或者人民检察院对负有执行义务的人不予追究刑事责任的。"在复印本案卷宗时,笔者未发现王某在立案时提交了公安机关或者人民检察院对负有执行义务的人不予追究刑事责任的文书,故法院受理王某对刘某构成拒不履行判决罪的自诉,属程序违法。

2. 本案依法应当按自动撤诉处理。

最高人民法院《关于适用〈中华人民共和国刑事诉讼法〉的解释》第331条第1款规定:"自诉人经两次传唤,无正当理由拒不到庭,或者未经法庭准许中途退庭的,人民法院应当裁定按撤诉处理。"在本案审理中,自诉人在前两次开庭时,均未到庭。于是笔者在第二次开庭时要求法院按撤诉处理。但是,合议庭并没有采纳,而是继续开庭。本案一共开了8次庭,自诉人仅到了1次,还是在笔者强烈要求其到庭接受询问的情况下才到的庭。高新区法院的做法背离了上述司法解释的规定,属于严重程序违法。

3. 刘某没有犯罪的主观故意与目的,不构成拒不执行判决罪。

第一,在洛阳中院执行拍卖刘某名下房产的过程中,刘某主动做通了首封债权人的工作,才使得王某顺利地领取了被拍卖房产的拍卖款项,这说明被告人刘某尽己所能,主动配合法院执行工作,降低自诉人的损失,证明刘某没有犯罪的故意与目的。

第二,王某诉称的刘某执行期间转让股份之说是不成立的。刘某虽然是某矿业开发有限公司注册登记的股东,但是刘某名下的股权是代他人持股。刘某在执行期间为避免案外人的财产权益遭受损失,才将登记在自己名下的代持股份返还给实际的股权所有人,该行为不属于转移刘某的资产,故该行为没有违法性。

第三,王某诉称的刘某、刘某丈夫(案外人)共同将两套房产抵押贷款,后将所贷款项隐匿的说法不能成立。事实情况为:刘某是一名企业家,在王某诉刘某等借款合同纠纷案件之前,刘某为了企业经营,已经在某银行将前述两套房产办理了房产抵押贷款。该贷款到期后,为了立即偿还该到期贷款,不影响企业的经营,也为了降低经营成本(某银行的贷款利率低于原放款银行),同年9月22日,刘某向朋友范某借款199万元用于"过桥贷",偿还该贷款后,再在某银行先后用上述房屋抵押续贷145万元和133万元。先贷出的145万元随即就返还给了范某,另外133万元中的65万元用来偿还范某本息(共偿还范某本息210万元),剩余的68万元用来还刘某的信用卡,刘某并未隐匿该贷款。

另外,该68万元信用卡欠款的由来是这样的:在上述用于企业经营的房产抵押贷款快到期时,刘某准备刷信用卡偿还该贷款。刘某刷了多张信用卡，共刷出54万元，于是将该54万元先存在自己的银行卡上，准备刷卡凑够200万元后将上述抵押贷款还清。没想到的是，还没凑够200万元，法院就扣划了银行卡上的54万元。扣划后，刘某所刷信用卡上的钱就无法偿还。于是，在范某提供"过桥贷"操作还清抵押贷款及范某借款后，剩余的68万元就偿还了因被法院扣划款项所产生的拖欠银行的信用卡欠款。

关于刘某丈夫将房产抵押给第三人一事的事实是这样的：刘某丈夫多年前陆续向张某借款，由于经营困难，一直未能偿还。张某多次上门讨要，计算本息后，刘某丈夫被迫在2018年6月中旬，将该房产抵押给张某，作为其之前拖欠张某欠款的担保。

上述行为既没有增加刘某的债务，也没有影响王某债权的实现，且该财产均系刘某与其丈夫的夫妻共同财产，刘某丈夫作为共有人有权处置属于自己的那一半财产，不违反任何法律规定。重要的是，刘某丈夫与刘某将两套房产抵押续贷的行为，是为了保持刘某的债务不增加，并且没有损害王某的人身、财产权利。

审视案件应当通篇审视案件全貌，不能为了追究责任而断章取义。

4. 高新区法院受理王某自诉，违反了刑法的基本性质，即刑法的谦抑性。

刑法的谦抑性是指，在穷尽民事、行政等法律手段后，仍不能保护受害人权益时，才可以采取刑事手段。

具体到本案，刘某虽然是被执行人，但是，在前述民事案件审理与执行过程中，洛阳中院已经查封了另一被执行人郭某位于郑州市的30余套房产，经过司法评估，仅该30余套房产中的9套房产的总价值就将近1700余万元。但是，法院并未对该房产执行变现从而清偿债权人王某的债权，而是在征得王某同意后，终止了执行程序。

最重要的是，王某不但不要求洛阳中院继续执行郭某的房产以实现债权，反而向高新区法院提起自诉，恶意要求追究刘某的刑事责任。王某的行为违反了刑法的立法本意，不应当被支持。

【案件结果】

案件历经8次庭审，高新区法院于2021年12月22日作出了（2021）豫0391刑初35号刑事裁定，准许自诉人王某撤回自诉。

【案件评析】

1. 关于拒不执行判决罪的法律分析。

根据《刑法》第313条的规定,对人民法院的判决有能力执行而拒不执行,情节严重的,构成拒不执行判决罪。其构成要件如下:(1)犯罪主体为特殊主体,主要指有义务执行判决的当事人。(2)犯罪主观方面为直接故意,即明知道负有履行生效判决指定的义务,而故意不履行。(3)犯罪客观方面表现为,针对人民法院作出的生效的、具有执行内容的判决,有能力履行而逃避履行或拒不履行,情节严重的行为。(4)犯罪客体是人民法院的正常司法活动。

2. 关于拒不执行判决罪的受理程序。

笔者认为,关于本罪的受理程序,应当严格依照2020年公布的最高人民法院《关于审理拒不执行判决、裁定刑事案件适用法律若干问题的解释》,以及河南省高级人民法院、河南省人民检察院、河南省公安厅联合发布的《关于办理拒不执行判决、裁定刑事案件若干问题的暂行规定》的规定,即该类案件属于公诉案件,只有当公诉机关不受理时,自诉人才能够到法院提起刑事自诉。

3. 严格遵守立案标准。

笔者认为,对于拒不执行判决罪,必须要符合有能力执行生效的判决而拒不执行的要求,且达到情节严重的程度,才能够立案。具体需满足以下三个方面的要求:

第一,行为人要有逃避或者拒绝执行生效判决的故意和行为,并达到相关司法解释规定的情节严重的标准。

第二,被执行人或执行义务人要有可供执行的财产或者具有履行特定义务的能力。

第三,要求行为人明确知道判决已经生效,否则,就无法认定其有拒绝执行的故意。

根据《刑法》第313条的规定,拒不执行达到情节严重的,才构成拒不执行判决罪。但情节严重的具体标准是什么?2007年最高人民法院、最高人民检察院、公安部《关于依法严肃查处拒不执行判决、裁定和暴力抗拒法院执行犯罪行为有关问题的通知》规定了"有能力执行而拒不执行,情节严重"的五种情形;2020年最高人民法院《关于审理拒不执行判决、裁定刑事案件适用法律若干问题的解释》规定了"其他有能力执行而拒不执行,情节严重"的八种情形,均是关于拒不执行行为方式的规定。

综上,高新区法院受理本案程序违法,且刘某的行为不符合上述犯罪构成要件,故其行为不构成拒不执行判决罪。

该意见被高新区法院采纳,在双方达成由被告人刘某再支付给债权人王某200万元的和解协议后,自诉人撤回自诉。高新区法院于2021年12月22日作出裁定,准许自诉人撤回自诉。

【结语及建议】

本案是一起当事人涉嫌拒不执行判决罪,辩护人无罪辩护成功的案例。笔者对当事人的财产状况进行细致入微的梳理,收集证据丝丝入扣,经过反复阅卷,从当事人的客观行为和主观故意出发,论证刘某的行为不构成犯罪。在与刘某家属沟通后,笔者调取了能够证明刘某无罪的相关证据,这些证据均客观地证明了刘某没有犯罪故意与犯罪行为。

所以,在之后的庭审中,笔者对案件的程序问题、实体问题作了认真的阐明,尤其是在质证环节,更是细致入微地一项一项地对自诉人的证据阐明了反驳的理由与事实。最终,依理依法说服了法官,使刘某被实质无罪处理。

拒不执行判决罪的保护法益为司法权威与债权人的合法权益,建议同行在办理这类案件时,要全面审查事件的发展经过,被执行人的主观意图,转移、隐匿财产的性质和时间节点,用以考量被执行人的主观恶性和客观危害性,据此判断被执行人的行为是否构成犯罪。不能因为拒不执行判决罪是由民事案件引发的,就降低这类案件的审查标准。虽然这类案件的上游案件是民事案件,但是,在办案时仍然应当坚持以刑事案件的立案标准进行严格审查,才能准确地把握这类案件罪与非罪的问题,才能更好地维护当事人的合法权益,维护法律的公平公正。

毒品案件的"主观明知"应如何把握
——案例43：姜某贩卖、运输毒品案

潘振东*

【案情简介】

2020年3月初，雷某先后两次搭乘姜某的汽车，由山西省长治市到河南省焦作市从王某处购买毒品，雷某共支付姜某车辆租赁费用1000元。后王某因涉嫌贩卖、制造毒品罪被采取强制措施，并供述雷某两次乘坐姜某汽车到焦作市丰收路向其购买毒品的事实。2020年4月21日，雷某因涉嫌贩卖、运输毒品罪被N县公安局刑事拘留。当月24日，姜某因帮助雷某贩卖、运输毒品，被N县公安局刑事拘留。同年5月29日，雷某、姜某经N县人民检察院批准被执行逮捕。2020年9月23日，案件移送至N县人民检察院审查起诉。后根据级别管辖的规定，由洛阳市人民检察院审查起诉。

2020年10月30日，笔者接受委托，为犯罪嫌疑人姜某提供刑事辩护服务。笔者通过全面梳理案件卷宗，会见犯罪嫌疑人姜某核实案件情况，并查询相关法律、司法解释及案例，认为本案事实不清，证据不足，应对姜某作不起诉决定。在与承办检察官屡次沟通中，提出"现有证据无法证实犯罪嫌疑人姜某具有明知并参与、帮助雷某实施贩卖、运输毒品的犯罪行为，应对其作不起诉决定"的辩护意见，并向洛阳市人民检察院申请参与听证论证。

【辩护意见】

起诉意见书中关于犯罪嫌疑人姜某参与贩卖、运输毒品的指控，事实不

---

* 潘振东，河南邦诺律师事务所副主任，河南省律师协会刑事法律专业委员会委员。

清,证据不足,指控不能成立。理由如下:

1. 犯罪嫌疑人姜某主观上不具有贩卖、运输毒品的故意,本案证据也无法证实姜某知道或者应当知道雷某搭乘其汽车是为了与他人进行毒品交易的事实。

(1)在犯罪嫌疑人雷某搭乘姜某的汽车两次往返长治市和焦作市期间,姜某主观上对雷某与王某之间的毒品交易行为并不知情。

犯罪嫌疑人雷某在2020年4月20日所作的第二次供述中称:"我和姜某是老乡,知道他跑'滴滴'。我跟姜某说去焦作办事,跑一趟给他500元。"该供述准确表明雷某租用姜某的汽车并雇请姜某驾驶车辆供其办事的事实。姜某的供述中也多次提到雷某向他"租车雇人"的事实。两人的说法高度吻合,可信度较高,可以借此还原案件的基本事实:犯罪嫌疑人姜某和雷某系同村村民,姜某在长治市长期从事"滴滴"业务,雷某便找到姜某,提出让姜某驾车载其到焦作市办事,往返一次支付车辆租赁费用500元。姜某便答应了雷某的提议。二人在到达焦作市丰收路后,雷某联系他人"办事",事后搭乘姜某的汽车返回长治市,并支付姜某500元租车费。在二人两次往返长治市和焦作市的整个过程中,雷某自始至终未向姜某透露其到焦作市的真实目的。

因此,笔者认为,犯罪嫌疑人姜某在主观上对犯罪嫌疑人雷某到焦作市的真实意图并不知情。

(2)二人驾车到达焦作市丰收路后,在雷某与王某进行毒品交易的过程中,姜某全程没有参与,其对雷某与王某之间是否存在毒品交易行为,更是毫不知情。

根据雷某、姜某以及王某的供述,在到达焦作市丰收路后,雷某便让姜某在车里等待,雷某独自离开"办事"。雷某与他人之间是否存在毒品交易行为,作为"司机"的姜某并不知情。犯罪嫌疑人王某在2020年4月26日的第四次供述中也承认,只有雷某和其见了面,没有见到其他人。

因此,笔者认为,犯罪嫌疑人姜某主观上并不知道雷某在焦作市进行毒品交易。

(3)关于认定姜某"明知"的证据以及认定毒品犯罪主观故意中"明知"的法律依据。

本案中,侦查机关认定姜某"明知"的依据,主要是姜某、雷某的供述。2020年4月29日,雷某在其第四次供述中称:"我搭乘姜某的车到焦作购买毒品。"该供述只是雷某陈述其搭乘姜某的汽车交易毒品的事实,无法证明姜某明知其在进行毒品交易。在姜某的三次讯问笔录当中,侦查人员均采用诱导的方式对姜某进行讯问,以"你们购买毒品后几点返回长治？"诸如此类的方式进行提问。这些提问用"你们""购买毒品"等字眼诱导姜某供述,属于侦查人员的主观猜测、臆断,并利用姜某的直接回答固定证据。表面上看,姜某似乎认可了购买毒品的事实,实际上却忽略了本案的根本犯罪动机,忽略了姜某在被抓获之前对雷某与他人进行毒品交易一事并不知情的事实。姜某文化程度不高,对事件严重性的认知能力不足,对事实的判断能力和语言理解能力有限,他的回答属于朴实、直接的回答。如果将这种受到诱导后的回答定义为我国刑法意义上的"明知",明显与法律相悖,亦难以让人信服。

2007年12月18日公布的最高人民法院、最高人民检察院、公安部《办理毒品犯罪案件适用法律若干问题的意见》针对毒品犯罪嫌疑人、被告人主观明知的认定问题,规定:"走私、贩卖、运输、非法持有毒品主观故意中的'明知',是指行为人知道或者应当知道所实施的行为是走私、贩卖、运输、非法持有毒品行为。具有下列情形之一,并且犯罪嫌疑人、被告人不能做出合理解释的,可以认定其'应当知道',但有证据证明确属被蒙骗的除外:(一)执法人员在口岸、机场、车站、港口和其他检查站检查时,要求行为人申报为他人携带的物品和其他疑似毒品物,并告知其法律责任,而行为人未如实申报,在其所携带的物品内查获毒品的;(二)以伪报、藏匿、伪装等蒙蔽手段逃避海关、边防等检查,在其携带、运输、邮寄的物品中查获毒品的;(三)执法人员检查时,有逃跑、丢弃携带物品或逃避、抗拒检查等行为,在其携带或丢弃的物品中查获毒品的;(四)体内藏匿毒品的;(五)为获取不同寻常的高额或不等值的报酬而携带、运输毒品的;(六)采用高度隐蔽的方式携带、运输毒品的;(七)采用高度隐蔽的方式交接毒品,明显违背合法物品惯常交接方式的;(八)其他有证据足以证明行为人应当知道的。"

本案中,犯罪嫌疑人姜某提供一次交通运输服务便获取500元车辆租赁费用,该费用与其付出的劳动等值,且姜某在往返两市期间不存在逃避、抗拒检查的行为,也不存在上述规定列举的情形,故本案证据不能认定姜某知道或者应当知道雷某存在毒品交易行为。

2. 姜某客观上未实施贩卖、运输毒品的行为。

(1)姜某在雷某进行毒品交易的整个过程中,纯粹是提供正常的运输服务。姜某、雷某的供述准确表明了姜某受雷某的雇请,以500元的市场价格为雷某提供租车和驾驶服务,不存在贩卖、运输毒品的行为。

(2)姜某未参与雷某的毒品交易环节,对雷某购买、携带毒品的行为亦不知情。从前述雷某、姜某、王某的供述可以看出,本案从产生犯意到完成毒品交易的整个过程,姜某都毫不知情,其仅仅系雷某的司机,对雷某与王某之间的毒品交易行为全然不知,对涉案毒品的性质和数量均不知情。姜某对雷某的整个毒品交易过程自始至终不知情,更没有参与其中。

总之,本案中,姜某仅提供正常的运输服务,客观上未实施毒品交易行为,主观上对雷某等人进行毒品交易的来龙去脉亦毫不知情。

3. 本案认定姜某构成贩卖、运输毒品罪的证据未达到确实、充分的程度。

《刑事诉讼法》第55条规定,"对一切案件的判处都要重证据,重调查研究,不轻信口供。只有被告人供述,没有其他证据的,不能认定被告人有罪和处以刑罚"。本案起诉意见书仅根据犯罪嫌疑人雷某含糊其词的供述和犯罪嫌疑人姜某被诱导之后所作的非本意的陈述认定案件事实,相关证据未达到确实、充分的程度。

笔者认为,检察院作为公诉机关,应当对证据收集过程的合法性和证据是否确实、充分进行全面、客观的审查,做到不纵不枉。综合本案证据,无法认定姜某对雷某存在毒品交易行为具有明知的心态,也无法认定姜某存在贩卖、运输毒品的行为。起诉意见书指控姜某构成贩卖、运输毒品罪的证据不足,未达到确实、充分的程度,不符合起诉条件,应对姜某作不起诉决定。

【案件结果】

洛阳市人民检察院以事实不清、证据不足为由对犯罪嫌疑人姜某作出洛检二部刑不诉〔2021〕Z1号不起诉决定。犯罪嫌疑人姜某当日即被释放。

【案件评析】

关于走私、贩卖、运输、制造毒品罪主观故意中的"明知"。毒品犯罪是法律重点打击的刑事犯罪,刑罚较重。但在实践当中,其证据要求相对于其他刑事案件却较低,这就要求辩护律师应准确理解毒品犯罪的构成要件。毒品犯罪在主观方面表现为故意,且是直接故意,即明知是毒品而予以走私、贩卖、运输、制造,过失不构成本罪。如果行为人主观上不明知是毒品,而是被人利用实施了走私、贩卖、运输、制造的行为,则不构成犯罪。因此,在毒品案件的辩护中,一个重要的环节就是认定当事人对毒品犯罪行为是否"明知"。

2007年12月18日,最高人民法院、最高人民检察院、公安部《办理毒品犯罪案件适用法律若干问题的意见》公布,该意见对毒品犯罪嫌疑人、被告人主观明知的认定问题作了详细的规定。本案中,犯罪嫌疑人姜某的行为不存在该意见列举的"明知"情形,不应认定姜某对雷某进行毒品交易具有"明知"的心态,姜某的行为不构成犯罪。

最终,洛阳市人民检察院认为现有证据无法证实犯罪嫌疑人姜某具有明知并参与、帮助犯罪嫌疑人雷某实施贩卖、运输毒品的犯罪行为,进而作出的不起诉决定,是正确的。

【结语及建议】

传统的辩护思路是把审判阶段作为律师辩护的主战场,但随着法治观念改革的深入,侦查、审查起诉阶段也将是辩护律师的主战场。从有效辩护的视角出发,审查起诉阶段的律师辩护效果甚至强于审判阶段。检察机关对案件全面审查后,要对案件作出起诉或者不起诉的决定。律师在审查起诉阶段充分履行职责,有助于为犯罪嫌疑人争取不起诉决定。在未获得不起诉决定的情况下,也有助于为犯罪嫌疑人在指控的罪名、犯罪形态、罪名数量、共同犯罪中的地位和作用以及量刑建议等方面争取最有利的结果。在近几年的办案过程当中,笔者深刻感受到了《刑事诉讼法》修改后,司法工作人员对辩护意见的重视,辩护意见的被采纳率、被告人被不起诉的概率逐步提高。所以,辩护律师要从思想上改变"辩护在审判"的传统思路,树立辩护律师在审查起诉阶段同样"大有可为"的新理念。

被索贿单位是否构成单位行贿罪
——案例44：某分公司单位行贿案

秦 萌[*]

【案情简介】

2013年年初，时任河南省周口市淮阳县（现为淮阳区）A局局长的王某某（另案处理）向某分公司项目建设部主任马某某提出购买一辆新车，供该局使用。后马某某以虚增该分公司建设工程款25万元的方式，按照王某某的要求为其购买一辆大众牌轿车。直至2016年，该车实际由王某某个人使用。

后来，河南省周口市人民检察院在办理王某某涉嫌犯罪的案件的过程中，发现某分公司涉嫌行贿的相关线索。经河南省周口市人民检察院指定，某分公司单位行贿案由太康县人民检察院管辖。经该院检察长决定，于2017年7月26日立案侦查。该院于2017年9月13日移送审查起诉，又于2017年10月10日将案件第一次退回侦查机关补充侦查，侦查机关于2017年11月3日补查重报。

2017年12月4日，太康县人民检察院向太康县人民法院提起公诉。法院受理后，2017年12月31日，笔者向人民法院提交辩护词，并与法院和检察院充分沟通，二者充分考虑和采纳了辩护人的辩护意见。

【辩护意见】

笔者总的观点是，某分公司不具有单位行贿的犯罪故意，没有谋取不正

---

[*] 秦萌，金博大律师事务所合伙人。

当利益,不构成单位行贿罪,公诉机关指控的罪名不成立。

1. 本案因王某某索贿而发生,某分公司完全是受迫于王某某的特殊身份和影响力,在主观上并没有单位行贿的犯罪故意。

某分公司的项目系淮阳区的招商引资项目,主管单位即 A 局。在案卷宗材料和当庭发问情况能够证实,时任该局局长的王某某多次要求某分公司时任建设部主任的马某某(本案另一被告人)购买一辆新车供 A 局使用。马某某一开始并不同意,但王某某几次三番向其索要,而且态度越来越恶劣,语带威胁。王某某作为 A 局局长,身份特殊,具有特定的影响力,某分公司受迫于王某某的威势,无奈才按照王某某的要求购买了王某某指定车型的车辆。

2. 某分公司并没有谋取或者获得不正当利益,购买车辆与获得奖励资金之间不存在刑法上的因果关系,奖励资金实际由吴某某获得。

车辆购买后仅由王某某实际使用,但自购买伊始至本案案发,车辆并未登记在王某某名下,在案卷宗同时显示,车辆被王某某开走后相关的费用(油费、保险费等),某分公司再也没有负担过。因此应当按照王某某使用车辆的时间计算其获得的利益,王某某所获得的利益不应当按照车辆的价值来计算,王某某实际上只有使用权的受益,某分公司未达到单位行贿罪的立案追诉标准。

某分公司、马某某完全是因为受迫于王某某,才向其提供车辆,并没有谋取或获取不正当利益的初衷和目的。申请奖励资金一事,也是王某某提出的,其要求某分公司与吴某某开展合作。奖励资金拨付时,王某某已经不是A 局的局长,不具有国家工作人员的身份。最终的奖励资金是由吴某某实际获得。因此,某分公司前期为王某某购买车辆与后期获得奖励资金之间,不存在刑法上的因果关系。除此之外,某分公司亦没有谋取或者获取法律或司法解释中规定的不正当利益。

3. 某分公司的项目是淮阳区的招商引资项目,对当地的畜牧业发展有较大的推进作用。某分公司一直诚信经营,遵纪守法,没有违法犯罪记录。本案的发生并非某分公司的意愿,应对其作无罪处理。

淮阳区是河南省周口市的畜牧业重点发展区域,某分公司的项目在当地落地后,积极引进新品种,提高当地某品种的培育水平,提供适当的岗位为当地劳动者解决就业问题,保证了供往我国香港特别行政区的该品种的品质,对淮阳区当地的经济发展具有促进作用。

基于上述分析,笔者认为,某分公司在本案中虽有不合规的地方,但尚未达到需要进行刑事处罚的严重程度。

司法实践中,企业的主管机关的工作人员利用其特殊的身份地位和特定权力,向企业索取财物的情况时有发生。索贿人的非法要求如果得不到满足,就会百般刁难企业,使企业的正常业务受到影响,多数企业迫于无奈只好满足要求,息事宁人。在此过程中,企业没有谋取或者获得不正当利益的目的,仅仅是为了将来不被无理刁难。本案中,某分公司即是这种情况。

关于奖励资金,也是王某某提出的,他要求某分公司与吴某某开展合作,王某某是带有获利目的的。在案卷宗显示,吴某某供述,关于奖励资金,王某某曾向他索要20万元,但是吴某某没有给他。最终的奖励资金由吴某某获得,不应认定为某分公司在本案中谋取了不正当利益。

综上,笔者认为,公诉机关指控某分公司构成单位行贿罪的证据不足,且某分公司的行为不符合单位行贿罪的构成要件。科学的法理应当合乎情理,任何一个国家的司法都不能脱离社会,裁判应当考虑法律规定和社会实情,故本案不宜作有罪处理。

【案件结果】

2018年3月16日,太康县人民检察院作出太检公诉刑不诉〔2018〕2号不起诉决定,决定对某分公司不起诉。

【案件评析】

1. 单位行贿罪的法律分析。

《刑法》第393条规定:"单位为谋取不正当利益而行贿,或者违反国家规定,给予国家工作人员以回扣、手续费,情节严重的,对单位判处罚金,并对其直接负责的主管人员和其他直接责任人员,处三年以下有期徒刑或者拘役,并处罚金……"

分公司能够成为本罪的主体,从而构成单位行贿罪。最高人民法院印发的《全国法院审理金融犯罪案件工作座谈会纪要》规定,"以单位的分支机构或者内设机构、部门的名义实施犯罪,违法所得亦归分支机构或者内设机构、部门所有的,应认定为单位犯罪。不能因为单位的分支机构或者内设机构、部门没有可供执行罚金的财产,就不将其认定为单位犯罪,而按照个人犯罪处理"。

构成本罪必须符合以下四个要件:(1)犯罪的主体为单位。(2)犯罪的主观方面为直接故意,即单位主观上具有谋取不正当利益的直接故意。(3)犯罪的客体为国家工作人员职务的廉洁性,国家机关、公司、企业、事业单位和团体的正常管理活动和职能活动及声誉。(4)犯罪的客观方面表现为单位为谋取不正当利益而行贿,或者违反国家规定,给予国家工作人员以回扣、手续费,情节严重的行为。

2. 正确区分违规行为和单位行贿。

依据《刑法》第393条关于单位行贿罪的规定,本罪的构成要求单位主观上具有谋取不正当利益的直接故意。

具体到本案中,某分公司在王某某多番向其索贿的情况下,迫于无奈,碍于主管机关领导的压力,"违规"购买车辆供王某某使用,是为了在分公司的筹建和后续的运行中不受主管机关领导的刁难,不影响正常的业务开展,并没有额外获得不正当的利益。

笔者从情、理、法的层面对本案进行分析,尤其是围绕某分公司给当地的招商引资项目带来的促进作用和积极影响,及其案发前所面临的来自主管机关领导的压力和刁难,结合营造良好的营商环境的目标,综合进行分析。

综上,太康县人民检察院最终作出的不起诉决定,是正确的。

【结语及建议】

本案是一起检察机关退回补充侦查,提起公诉后又撤诉,并最终作出不起诉决定的典型案件,辩护人最终达到了委托人期望的辩护效果。迫于外界压力的"违规"不等于"犯罪",委托人在被索贿情况下,虽有违规之处,但也确属无奈。针对本案,笔者从情、理、法三方面入手,始终认为"死抠"法律规定是冰冷的、没有温度的,检察机关最终采纳了笔者的意见,使得本案得以圆满解决。

本案是融法理之辩、情理之辩、道理之辩的典型辩护,几个亮点富有启示。一是紧扣犯罪构成说法理。紧紧围绕是否具有"谋取不正当利益"这一构成要件要素,透过现象看本质,准确界定某分公司购买车辆供王某某使用,不是出于谋取不正当利益的目的,而是迫于压力的无奈之举,在此基础上，夯实出罪的第一个基础。二是紧扣现实说情理。结合当前部分企业主管机关的工作人员利用权力向企业索取财物，且多数企业迫于无奈只好满足要求、息事宁人的现象，在准确界定某分公司犯罪动机的基础上，论证其行为不具有社会危害性，夯实第二个出罪基础。三是紧扣现实说道理。在强调把企业家当家人，把企业的事当家事，优化营商环境的背景下，准确找到了涉案某分公司给当地招商引资项目带来的促进作用和积极影响这一辩点，认认真真讲道理，夯实了出罪的第三个基础。总之，本案的有效辩护对于辩护人如何作好综合辩护、立体辩护和精细辩护，具有很大的启示意义。

建议辩护人在辩护工作中，不仅要认真分析涉案罪名的构成要件，分析因果关系，从内部、外部找出突破口，更要关注深层次的政策、社会效应，厘清刑民界限，厘清违法、违规、犯罪的界限，结合社会实际，熟练运用刑事法律规定及相关司法解释和规范性文件，秉承"修合无人见，存心有天知"的理念，找到胜利之匙，切实维护好每一个当事人的合法权益，不辜负其信任，同时，使法律真正体现出应有的公平和公正。

刑民交叉下民事法官玩忽职守罪的辩护路径及思考

——案例45：杜某某玩忽职守案

冉麦礼*

【案情简介】

2014年12月18日，商水县人民法院受理了薛某、万某、靳某诉彭某、某县农业促进会共7个民间借贷纠纷案件，诉讼标的共计人民币1960万元，立案后商水县人民法院民四庭副庭长杜某某依薛某、万某的诉讼保全申请，裁定冻结了某县农业促进会银行账户资金1000万元。2015年1月，案件由杜某某、郭某某、承某某三位法官组成合议庭在看守所内开庭(被告彭某因集资诈骗被刑事立案，羁押在看守所)。开庭审理后，杜某某作为承办人向商水县人民法院审判委员会(以下简称"审委会")汇报，审委会经过讨论未达成一致意见，主持工作的副院长让合议庭再作调解。在分别进行调解的情况下，杜某某制作7份调解笔录、3份撤诉裁定书、4份民事调解书，向薛某、靳某等各方当事人进行了送达。调解书发生法律效力后，万某申请解除了对某县农业促进会银行账户资金1000万元的冻结。2015年11月，项城市人民法院依据调解书将某县农业促进会在银行的310.38万元保证金执行给薛某，剩余的690余万元被靳某用某县农业促进会印鉴从银行转出。2020年7月6日，河南省开封市人民检察院指派开封市顺河回族区人民检察院立案侦查，2020年7月23日，开封市公安局顺河分局以滥用职权罪对杜某某刑事拘

---

* 冉麦礼，河南睿东律师事务所主任。

留，2020年8月8日对其执行逮捕。

2020年10月7日，开封市顺河回族区人民检察院出具起诉书，指控犯罪嫌疑人杜某某作为彭某民间借贷纠纷案的主审法官，在办理案件的过程中，明知被告彭某涉嫌集资诈骗罪被公安机关刑事立案，不依法裁定驳回起诉并将有关材料移送公安机关，未严格按照法律法规的规定开展调解工作，违规修改调解笔录及调解书的签署时间，违规让案外人在调解笔录及调解书送达回证上签字，违规制作调解书，致使项城市人民法院依据调解书将某县农业促进会的310.38万元强制执行，使国家财产受到损失，涉嫌构成玩忽职守罪。

2020年7月24日，笔者接受杜某某家属委托并开展会见工作，通过会见进一步了解案情，随即向开封市顺河回族区人民检察院提交不予批准逮捕意见书，并与审查批准逮捕的检察人员交换意见，提出了杜某某不构成犯罪，不应当对其批准逮捕的意见。检察人员认真听取了笔者的意见后，称需要向河南省人民检察院及开封市人民检察院汇报。案件审查批准逮捕期限届满的最后一天，即2020年8月8日，笔者接到开封市顺河回族区人民检察院批准逮捕的通知。杜某某被逮捕后，笔者又先后向检察机关申请取保候审及羁押性必要审查，开封市顺河回族区人民检察院认为杜某某不认罪，不予批准取保候审。

2020年10月7日，案件侦查终结，由开封市顺河回族区人民检察院移送起诉，笔者复制了全部卷宗材料；而后案件移送尉氏县人民检察院审查起诉，笔者向负责审查起诉的尉氏县人民检察院递交了杜某某不构成犯罪的辩护意见。

【辩护意见】

本案中，杜某某没有玩忽职守的行为，也未造成公共财产、国家和人民利益的重大损失，不应当构成玩忽职守罪，具体辩护意见如下：

1. 杜某某严格依照《民事诉讼法》的规定办理民事案件，没有滥用职权或者玩忽职守的犯罪行为。

本案犯罪嫌疑人杜某某在审理彭某民间借贷纠纷案时，严格按照《民事诉讼法》的规定进行诉讼活动，履行法官职责。其在采取诉讼保全措施及进行冻结查封、公开审理、制作民事调解书等程序中，均没有违反《民事诉讼法》的行为。没有证据证明公安机关、检察机关曾发函告知杜某某被告彭某涉嫌集资诈骗罪。在彭某代理人提出涉及彭某的民事案件应移交公安机关处理的代理意见后,杜某某以书面报告的形式向商水县人民法院审委会汇报了 7 个民事案件的审理情况,根据审委会的意见进行再调解,办案过程中慎重审查,不存在严重不负责任、不履行或不正确履行工作职责等行为,也没有证据证明有法院领导向其指示将案件移交给公安机关。因此,其不存在严重不负责任、不履行职责的行为,杜某某不构成玩忽职守罪。

2. 杜某某工作中存在的瑕疵不应当被认定为犯罪。

杜某某在审理彭某民间借贷纠纷案时,出现三种情况:先签署送达回证后送达调解书;在没有薛某书面授权的情况下让其代理人签收调解书;送达时间存在涂改。这只是程序上或者工作衔接中的瑕疵,不影响调解书的效力,也没有当事人因该程序问题提出申诉,因此不能认定该行为属玩忽职守的犯罪行为。

3. 没有证据证明杜某某审理的 7 个案件涉及经济犯罪。

关于杜某某审理的有关彭某的 7 个民间借贷纠纷案件,一方面,虽然彭某犯集资诈骗罪,但在彭某集资诈骗案刑事判决书的事实认定部分,公安机关没有将该 7 个民间借贷纠纷案件作为彭某集资诈骗案的一部分进行侦查,也没有将某县农业促进会作为经济犯罪主体进行侦查,没有查封冻结以某县农业促进会名义向某省农业促进会缴纳的保证金。对该 7 个案件,检察机关没有起诉彭某构成集资诈骗,审判机关的刑事判决也没有基于该 7 个案件认定彭某犯集资诈骗罪。并且,已作出的调解书、撤诉裁定书等法律文书仍然为生效的法律文书,侦查机关未对 7 个案件提出检察建议或者进行立案监督督促公安机关立案侦查,也未对 7 个案件进行抗诉或者提出检察建议,没有任何有权机关认定 7 个案件存在错误而裁定撤销或者再审。在上述情况下,直接认定审理民事案件的法官构成玩忽职守罪而对其逮捕羁押,明显错误。另一方面,虽然彭某犯集资诈骗罪,但杜某某审理的这 7 个案件中,彭某未被生效的判决认定为构成犯罪,借款用途未涉嫌犯罪,依据《民法典》合同编的规定不存在借款合同及担保行为无效的情形。杜某某依据双方当事人陈述及案件证据,将涉案合同按有效合同进行审理,属正常行使法官权利。侦查机关没有任何证据证明合法有效的借款及担保合同涉及集资诈骗刑事案件。

4. 本案没有致使公共财产、国家和人民利益遭受重大损失。

本案被执行款项虽然为某县农业促进会名下的保证金,但该款项实际上是彭某向薛某、万某、靳某借贷而来并存入银行的。该款项不是某县农业促进会的自有资金,也不是公共财产或者国家财产。法院依据调解书执行该笔款项没有造成公共财产、国家和人民利益遭受重大损失的结果,不符合玩忽职守罪的构成要件。

结合上述观点,在案证据不能证明杜某某所审理的7个民间借贷纠纷案件涉及经济犯罪,杜某某在审理该7个案件时已经尽到了充分审慎的审查义务,不存在严重不负责任、不履行或不正确履行工作职责等行为,更没有致使公共财产、国家和人民利益遭受重大损失。7个案件的调解书在案件侦查时仍然为生效的法律文书,没有经过审判监督程序认定为错案,所以杜某某不构成玩忽职守罪。

【案件结果】

尉氏县人民检察院认为杜某某实施了玩忽职守的行为,但情节轻微,并且无前科,平时工作表现一贯良好,又自愿认罪认罚,故不需要判处刑罚,决定对杜某某不起诉。

【案件评析】

《刑法》第397条第1款规定:"国家机关工作人员滥用职权或者玩忽职守,致使公共财产、国家和人民利益遭受重大损失的,处三年以下有期徒刑或者拘役;情节特别严重的,处三年以上七年以下有期徒刑。本法另有规定的,依照规定。"玩忽职守罪是指国家机关工作人员严重不负责任,不履行或不正确履行自己的工作职责,致使公共财产、国家和人民利益遭受重大损失的行为。本罪侵犯的客体是国家机关的正常活动,表现为国家机关工作人员对本职工作严重不负责任,不遵纪守法,违反规章制度,玩忽职守,不履行应尽的职责义务,致使国家机关的某项具体工作遭到破坏,给国家、集体和人民利益造成严重损害,从而危害了国家机关的正常活动。本罪侵犯的对象可以是公共财产或者公民的人身及其财产。本罪在客观方面表现为国家机关工作人员违反工作纪律、规章制度,擅离职守,不履行职责义务或者不正确履行职责义务,致使公共财产、国家和人民利益遭受重大损失的行为。

根据本案事实,杜某某在审理薛某、万某、靳某诉彭某、某县农业促进会民间借贷纠纷案件时,由于被告彭某构成集资诈骗罪,所审理的 7 个民间借贷纠纷案件均应认定为彭某的集资诈骗案件,应当中止审理并移送公安机关。杜某某应中止审理、移送公安机关而未移送,造成薛某依据民事调解书申请执行,扣划某县农业促进会所缴保证金 310.38 万元。检察机关据此认定主审法官杜某某致使公共财产、国家和人民利益遭受 310.38 万元的重大损失,构成玩忽职守罪。笔者认为,检察机关认定杜某某犯玩忽职守罪的主要事实错误,证据不足,不能认定杜某某构成玩忽职守罪,对杜某某不起诉的决定是正确的。

【结语及建议】

通过办理本案,笔者认为,对法官办理民事案件时是否构成玩忽职守犯罪这一问题,除以刑事法律作为判断依据外,还要审查法官在民事诉讼中是否违反《民事诉讼法》的规定,是否存在超越职权或者滥用职权的行为并造成严重后果,所办理的民事案件是否依照法定程序被认定为错案、是否被撤销等,进行综合判断。本案中,笔者对杜某某作为民事案件法官,是否严格依照《民事诉讼法》审理案件进行了归纳分析,对涉及的案件的裁判文书仍然为生效状态未被依法撤销、案件未被认定为错案进行了强调,最后提出杜某某不构成玩忽职守罪的辩护意见。本案中,杜某某作出认罪认罚的妥协,公诉机关也作出了不起诉决定的妥协,但笔者坚持认为杜某某应当无罪。

建议辩护人在辩护工作中落实精细化辩护的理念和思路,使精细化辩护的效果在案件中得到最好的呈现。刑民交叉案件历来争议多,难度大,罪与非罪的边界时常模糊不清。在处理这类案件时,本案有三个辩护亮点值得关注。一是从涉案民事争议事实入手,通过民事争议事实的性质界定撬动刑事指控的事实基础。二是从涉案民事争议事实的法律适用入手,结合民事实体法、程序法的相关规定,证成民事争议事实与刑事指控的犯罪事实之间的关系,为进一步厘清犯罪构成要件打下基础。三是从全案证据细节入手,通过对杜某某审理的 7 个案件的相关证据进行梳理,准确找到其不涉及经济犯罪的理由,为本案出罪提供证据支撑。

公司在划拨土地上建设房屋向社会预售，土地部门工作人员无查处职责，不能定罪

——案例46：曹某某玩忽职守案

陈军校*　苏艳茹**

【案情简介】

2008年6月19日，平顶山市国土资源局向平顶山市某公司签发了《国有土地划拨决定书》，将一宗土地的土地性质由工业用途改变为住宅用途，规划建设低层安置住房。后经平顶山市城乡规划局批准，原来规划的8栋6层住宅更改为6栋6层住宅和1栋33层高层住宅。

2011年8月，某公司为获取更大的商业利益，在未取得合法用地及建设许可的情况下，擅自将建设的高层住宅对外预售，共计收取购房定金4781430.2元。

后平顶山市城乡规划局卫东分局发现某公司在建设涉案高层楼房项目时未取得《建设工程规划许可证》，故下达了《责令停止违法行为通知书》，并向平顶山市国土资源局卫东分局发函，要求对该违法建设项目的施工现场进行查封，并制止其违法建设行为。时任平顶山市国土资源局卫东分局副局长的曹某某收到该函后批转给白某某，由其经办该案。白某某在向平顶山市土地储备中心(原平顶山市地产开发中心)调取了平顶山市人民政府分别于2013年7月24日、2014年5月16日决定收回某公司2块国有建设用地使用权的相关手续后，向曹某某进行了汇报，曹某某、白某某认为该宗土地未违

---

* 陈军校，河南前行律师事务所主任，河南省律师协会常务理事、刑事法律专业委员会主任。

** 苏艳茹，河南前行律师事务所执业律师。

法,故未采取立案、追缴土地出让金等执法行为。

经侦查机关委托评估,该地块土地的总地价为 2320.12 万元。另外,某公司为了使该栋高层建筑取得合法的用地手续,向原平顶山市地产开发中心申请收回涉案的宗地共 5754.27 平方米,并给予其经济补偿。后平顶山市人民政府决定收回某公司的国有建设用地使用权,并签订了补偿协议。

平顶山市卫东区人民检察院、平顶山市卫东区人民法院认为,某公司建设高层住宅对外出售,属于擅自改变土地用途的违法占地、违法用地行为,曹某某身为国家机关工作人员,负有对辖区内的土地违法行为进行查处并追缴土地出让金的职责,但其却有责不为,造成了恶劣的社会影响,构成玩忽职守罪。

平顶山市卫东区人民法院原一审判决被告人曹某某犯玩忽职守罪,判处有期徒刑 8 个月,缓刑 1 年。曹某某上诉。平顶山市中级人民法院二审维持原判。后曹某某申请再审。河南省高级人民法院指定平顶山市中级人民法院再审,平顶山市中级人民法院再审判决撤销原一审、二审判决,发回平顶山市卫东区人民法院审理。

再审阶段的争议焦点为:某公司在划拨土地上建设高层住宅楼的行为是否属于擅自改变土地用途的土地违法行为?被告人曹某某作为国土资源主管部门的负责人,对某公司将在划拨土地上建设的房屋向社会预售的违法行为是否具有查处、制止的法定职责,是否存在有职责而不为的情形?本案是否造成了恶劣的社会影响?

【辩护意见】

笔者认为,某公司在划拨土地上建设房屋向社会预售,土地主管部门工作人员没有法定的查处职责,被告人曹某某不存在玩忽职守的行为,应依法改判被告人曹某某无罪。

本案中,某公司涉案土地的来源合法、用地手续合法,用途是盖安置房性质的住宅,而安置房既可以是低层的也可以是高层的,只要符合规划即可。无论是安置房还是商品房,都属于住房,在土地利用现状分类中均属住宅用地,土地用途是一样的,土地性质既不会因建了高层建筑而改变,也不会因销售房屋而改变,该住宅楼的房屋仍属非商业性质的安置房。因此,某公司在划拨土地上建设高层住宅楼的行为不属于擅自改变土地用途的土地违法行为。这一观点最终被法院采信,是被告人被无罪处理的重要前提条件。

另外,笔者依据《查处土地违法行为立案标准》规定的11种"非法占地类"情形,提出公诉机关指控的"违法占地"不属于该标准列举的11种情形之一,因此认为"被告人曹某某对某公司在划拨土地上建设房屋向社会预售这一行为不具有查处职责,不存在玩忽职守行为"。同时,笔者根据行政职权的规定,认为某公司前期未办理相关许可证件就开工建设的行为,以及后期对外销售在划拨土地上建造的房屋的行为,即使涉嫌违法,也都不属于国土资源主管部门的管辖范围,应由城乡规划部门或房产管理部门负责监督,被告人曹某某没有法定的监管和调查的权力,不属于有责不为。这一辩护观点是洗脱被告人玩忽职守罪的重中之重。

最后,笔者从本案未造成土地出让金流失、未造成买房人的权利得不到实现、未损害国家机关的声誉、未造成恶劣社会影响的角度出发,认为公诉机关指控曹某某犯玩忽职守罪是错误的,原一审、二审判决认定曹某某有罪是错误的,再审应对被告人曹某某作出无罪判决。

【案件结果】

2019年5月18日,平顶山市卫东区人民法院作出(2019)豫0403刑初70号刑事判决,判决被告人曹某某无罪。

【案件评析】

原一审法院判决被告人曹某某有罪,曹某某上诉后,二审法院维持了一审判决,有罪判决生效并执行。后笔者代理参与申诉,提出无罪改判的诉请。本案的难度相当大,必须从各个方面和角度提出充分详尽、有理有据的辩护意见,才有可能撼动已经生效并执行的一审和二审判决,申诉纠错的难度之大可想而知。

玩忽职守罪侵犯的客体是国家机关的正常活动。具体而言,国家机关工作人员对本职工作严重不负责,不遵纪守法,违反规章制度,玩忽职守,不履行应尽的职责义务,致使国家机关的某项具体工作遭到破坏,给公共财产、国家和人民利益造成严重损害,从而危害国家机关的正常活动。本罪在客观方面表现为国家机关工作人员违反工作纪律、规章制度,擅离职守,不履行职责义务或者不认真履行职责义务,致使公共财产、国家和人民利益遭受重大损失的行为。构成本罪,必须有违反国家工作纪律和规章制度,玩忽职守的行为,包括作为和不作为。

各个机关、单位都有自己的活动原则、组织纪律和规章制度,以及工作人员的职权和义务,工作人员只有违反了这些工作纪律和规章制度等,才能认定为具有玩忽职守的行为。因此,玩忽职守的行为方式多样、涉及面广,在不同的领域、不同的部门,有不同的规定。在处理某个具体的玩忽职守案件时,必须严格按照有关法律规定,对照实际情况,实事求是地进行分析,这是认定构成玩忽职守罪的具体依据。

本案申诉的重点指向法律适用问题,表现为行刑交叉下行政部门法的理解和适用问题。笔者通过寻找和提交新证据,成功证明某公司在划拨土地上建造住宅楼的建设行为本身,符合土地的规定用途,证明公诉机关提出的"被告人曹某某对某公司在划拨土地上建设房屋并向社会预售的违法行为具有查处、制止的法定职责"的指控,没有事实和法律依据,证明某公司前期在划拨土地上建设住宅楼,以及后期对外销售所建造的房屋的行为,即使涉嫌违法,也都不属于国土资源主管部门的管辖范围,证明本案未造成买房人的权利得不到实现、未损害国家机关的声誉、未造成恶劣社会影响。这就从基础事实的角度,清晰揭示了原审判决适用法律的错误。

笔者在再审阶段,紧紧围绕"某公司将在划拨土地上建设的房屋向社会预售的行为应由哪个行政主管部门查处?国土资源主管部门是否具有查处的法定职责?被告人曹某某是否存在有责不为?"进行辩护。而这些问题需要从《土地管理法》《城乡规划法》等不同部门法的角度去论证和分析,才能捋清具体应由哪个行政主管部门对某公司的违法行为进行查处。也正是笔者对这一问题的详尽阐述,才使法院清楚地了解了被告人曹某某不具有查处案涉行政违法行为的职责,扭转了以往认定被告人曹某某构成犯罪的固有思想,最终促使法院判决其不构成玩忽职守罪。

【结语及建议】

本案是一起职务犯罪案件,在一审和二审判决已经生效并得到执行的情况下,通过申诉途径予以再审,最终改判无罪。案件的事实争议不大,很容易查清楚,主要是法律适用问题。本案在法律适用上属于典型的"行刑交叉"案件,不仅涉及刑事法律的适用,更多地涉及行政部门法的理解和适用,加之行政部门法繁多,各行政主管部门之间还存在行政权的交叉问题,不把这些行政法律关系捋清楚,这个案件就不能有效地辩护清楚,也就不能得到合法公正的判决。

"行刑交叉"案件具有"多学科知识、多部门参与、多证据样态、多证明标准、多规则原则"的特点、难点,律师在辩护时,要充分运用规范之辩、专业之辩、程序之辩、定性之辩、证据之辩、主观之辩、客观之辩、因果关系之辩、社会危害之辩、主体之辩,培养行刑交错思维、多辩点论证思路,既要和司法机关有效沟通,更要懂得和行政主管部门沟通,争取有利情节的认定。

遇到这一类案件时,建议刑事律师不仅要对刑事法律烂熟于心,更应对行政法的学习和掌握游刃有余,只有这样才能充分维护当事人的合法权益,使法律真正体现应有的公平、公正。

逐级向上级领导请示汇报之后作出决定，是否构成滥用职权罪

——案例47：周某滥用职权案

陆咏歌*　许热弟**

【案情简介】

2014年，被告人周某担任某乡党委常务副书记，负责该乡全面工作，被告人张某担任该乡副乡长，分管该乡南水北调移民、迁建等工作。2015年10月，时任该乡南水北调办公室主任的邱某（另案处理）向张某和周某汇报后，周某、张某违反国家南水北调迁建安置资金"专款专用"的管理规定，超越职权，根据郑州市移民工作领导小组办公室〔2010〕126号文件和管城区南水北调办公室〔2010〕221号文件，将本该下拨给该乡用于南水北调2段发展、安置迁建副业的50万元资金，分别补贴给了与南水北调2段迁建无关的该乡村民王某的养鸡场及该乡村民邱某某的养殖农民合作社，各人民币25万元。上述滥用职权的行为，引发广大群众强烈不满，导致辖区部分群众长期上访，在社会上造成恶劣影响。2016年上半年，某区纪委、反贪局均对邱某违法违纪相关线索进行初查，后王某、邱某某分别将人民币25万元退回乡政府。2016年11月2日，某区反贪局以邱某涉嫌挪用特定款物罪移交公安机关立案侦查。

公诉机关认为，被告人周某、张某身为国家机关工作人员，超越职权，违

---

* 陆咏歌，金博大律师事务所主任。
** 许热弟，河南省法学会律师学研究会理事、国际法学研究会理事。

反国家南水北调迁建资金"专款专用"的管理规定,造成经济损失50万元,并引发恶劣社会影响,其行为触犯了《刑法》第397条第1款、第25条第1款之规定,应当以滥用职权罪追究其刑事责任。

被告人周某辩称,其是按照规章制度工作的,该请示的也请示了,该开会的也开会了,拨款是财务拨到村委会以后下发的,其行为不构成犯罪。

笔者作为被告人周某的辩护人,经过认真查阅卷宗及与被告人进行沟通,依据事实和法律对被告人进行无罪辩护。

【辩护意见】

按照刑法学理论,认定某一犯罪是否成立以及界分此罪与彼罪的唯一标准,是行为是否符合犯罪构成要件。《刑法》第397条规定,滥用职权罪是指国家机关工作人员滥用职权,致使公共财产、国家和人民利益遭受重大损失的行为。构成本罪应当具备以下构成要件:犯罪客体是国家机关的正常管理活动和秩序;犯罪主体必须是国家机关工作人员;犯罪客观方面表现为滥用职权的行为,即超越职权,违法决定、处理其无权决定、处理的事项,或违反规定处理公务,致使公共财产、国家和人民利益遭受重大损失的行为;主观方面是故意。本案中,周某为国家机关工作人员毫无争议,主要争议点在于周某是否实施了滥用职权的行为以及该行为是否致使公共财产、国家和人民利益遭受重大损失。

本案中,首先,被告人周某在听取张某的汇报后,发现了问题并及时向领导请示处理意见,在经过区级及市级领导同意后才作出决定,且没有参与专项资金的具体分配,更不具有违反规定使用专项资金的主观故意。其次,周某签字审批完全是按照乡党委的安排,体现乡党委的意志,其在职权范围内审批,没有越权办事、违规办事,不存在滥用职权的行为。最后,2016年上半年,某区纪委、反贪局对邱某违法违纪相关线索进行初查,50万元专项资金被退还给了某乡政府,在周某被传唤之前,经济损失已经挽回,危害结果没有发生。

综上,笔者认为,周某既没有滥用职权的主观故意,也没有实施超越职权的行为,且没有造成严重后果,更没有在审核工作中收受贿赂、徇私舞弊。如果违纪,可以移交纪检监察部门处理,而不应该用刑法中的滥用职权罪来追究其责任。笔者认为,周某不构成滥用职权罪。同时,在重视案件证据、防止冤假错案的大环境下,法官对承办的案件要终身负责,笔者认为合议庭应在查清事实真相的情况下,给被告人一个公正的判决。

【案件结果】

郑州市管城回族区人民法院作出(2019)豫 0104 刑初 49 号刑事判决,判决被告人周某无罪。

【案件评析】

1. 滥用职权罪法律分析。

《刑法》第 397 条第 1 款规定:"国家机关工作人员滥用职权或者玩忽职守,致使公共财产、国家和人民利益遭受重大损失的,处三年以下有期徒刑或者拘役;情节特别严重的,处三年以上七年以下有期徒刑。本法另有规定的,依照规定。"

滥用职权罪的构成要件如下:①主体上是国家机关工作人员,或者根据立法解释规定的主体;②主观上要对结果持故意态度;③行为上要有滥用职权的行为,即具有超越职权、违法决定、处理其无权决定、处理的事项,或者违反规定处理公务的行为;④结果上要有造成公共财产、国家和人民利益遭受重大损失的实害结果。另外,滥用职权行为与损害结果之间要有刑法上的因果关系。

因此,对辩护人而言,要想为涉嫌滥用职权罪的当事人进行有效的无罪辩护,需要根据滥用职权罪的犯罪构成要件,对控方的入罪证据进行详细审查。具体而言,可审查以下方面:行为是否侵害公共财产、国家和人民利益;当事人是否为国家机关工作人员;当事人是否具备相应的职权;当事人究竟是故意犯罪还是过失犯罪。此外,本罪的成立需要造成符合入罪标准的"重大损失",因此损失的原因、鉴定程序、数额等也是辩护的关键点,辩护人要从案件着手,具体问题具体分析。

2. 周某不存在滥用职权罪所要求的主观故意,包括直接故意和间接故意。

滥用职权罪是指国家机关工作人员故意逾越职权,违反法律决定、处其无权决定、处理的事项,或者违反规定处理公务,致使国家和人民遭受重大财产损失的行为。

结合本案,周某时任某乡党委常务副书记,负责该乡的全面工作;张某时任某乡副乡长,分管该乡南水北调迁建等工作;邱某时任该乡南水北调办公室主任,负责具体工作。将50万元迁建副业资金用于某乡其他副业上的提议,是张某向周某提出的,由邱某具体负责实施。因周某本人知道南水北调资金是专款专用,因此特别交代张某向某区南水北调办公室进行请示,请示汇报的事实得到张某、邱某和某区南水北调办公室王某1和某市南水北调办公室监管处王某2的证实,得到的回复是"可以统筹使用"。同时,就50万元资金是否应该拨给某养鸡场和养殖农民合作社,周某召集乡党委成员开会研究,所有参会人员一致同意通过,有会议记录可以证明。

因此,周某在听取张某的汇报之后,发现问题并及时向领导请示处理意见,在经过区级及市级领导同意之后才作出决定,且没有参与专项资金的具体分配,更不具有违反规定使用专项资金的主观故意,包括直接故意和间接故意。因周某负责该乡的全面工作,在申请上签字是履行职务行为,不存在任何主观过错。因此,周某不具备滥用职权罪所要求的主观故意。

3. 周某不存在滥用职权的行为。

周某负责该乡的全面工作,张某就专项资金情况进行汇报,邱某具体安排负责。关于50万元资金"可以统筹使用"的处理意见,也是由张某和邱某向上级具体请示汇报,周某在听取答复意见之后才作出的。同时,在拨付对象上,为了做到公平公正,特召开党委会研究,参会人员有乡党委副书记、乡党委委员、乡纪委书记、乡党办主任,由张某就50万元发展安置迁建副业的款项能否用于发展某养鸡场和养殖农民合作社进行具体汇报,参会人员一致同意。同时,在拨付对象上,该乡严格按照专项资金的审批流程进行拨付,由乡企业向各个村委会进行申请,村委会再向乡政府进行申请,由邱某、张某、周某签字,之后由乡财政所所长签字,最终资金由乡财政所拨付到村委会,再由村委会兑付给两个企业,在拨付的流程中,没有弄虚作假,所有款项都实实在在地用在了乡副业的经济发展上,为村民谋取了福利。

因此,周某签字审批完全是按照乡党委的安排,体现乡党委的意志,并在职权范围内进行的,是在行政领导授权范围内,依照职权所开展的正常工作,没有越权办事、违规办事,且在具体实施过程中,没有参与专项资金的拨付,因此周某不存在滥用职权的行为。

4. 本案中,滥用职权罪的危害后果没有发生,周某不构成滥用职权罪。

滥用职权罪要求公共财产、国家和人民利益遭受重大损失,并且,根据最高人民法院、最高人民检察院《关于办理渎职刑事案件适用法律若干问题的解释(一)》第 8 条的规定,该解释规定的"经济损失",是指渎职犯罪或者与渎职犯罪相关联的犯罪立案时已经实际造成的财产损失。结合本案,邱某是专项资金拨付的具体负责人,2016 年上半年,该区纪委和反贪局对邱某违法违纪相关线索进行初查时,50 万元的专项资金就退回到了乡政府。2016 年 11 月 2 日,对邱某涉嫌挪用特定款物罪立案侦查。而周某在 2017 年 7 月 4 日才被公安局传唤到案,此时,国家的经济损失已经挽回,危害结果没有发生,因此按照相关法律规定,周某不构成滥用职权罪。

综上所述,周某既没有滥用职权的主观故意,也没有实施超越职权的行为,且没有造成严重后果,更没有在审核工作中收受贿赂、徇私舞弊。如果违纪,可以移交纪检监察部门处理,而不应用刑法中的滥用职权罪来追究其责任。故笔者认为,周某不构成滥用职权罪。

最终法院认为,在张某汇报使用该资金时,周某即提出要向相关部门请示资金能否使用,后在张某汇报"可以统筹使用"的情况下,主持召开乡党委会,将涉案款项补贴给涉案两个企业,给国家财产造成损失,周某对该损失负有一定责任,但应属于情节显著轻微,危害不大,不宜认定为犯罪,故判决被告人周某无罪。

【结语及建议】

被告人认为自己不构成滥用职权罪,最主要的理由是,其认为自己是按照规章制度工作的,该请示的也安排请示了,该开会的也开会了,拨款是财务拨到村委会以后下发的。因此,笔者在查阅卷宗时,着重从滥用职权罪的四个构成要件进行分析,从周某的工作职责和相关工作流程的角度论证了周某的行为不属于滥用职权的行为,从经济损失被及时挽回的角度论证了未造成刑法所规定的危害后果,最终认为周某的行为不符合滥用职权罪的犯罪构成要件,由此否定了周某滥用职权罪的成立。法院最终以情节显著轻微,危害不大,不宜认定为犯罪为由,判决周某无罪,同案的张某也免予刑事处罚,最终达到了委托人被无罪处理的辩护效果。同时,在办理本案时,笔者还查阅了相同罪名的无罪案例,进行概括总结,进一步补强自己的辩护观点,有力地促成了周某得到公正处理的结果。本案中,笔者并没有运用复杂的辩护技巧,而是紧紧抓住犯罪认定的核心环节,充分运用刑法基础理论——犯罪构成理论的证成功能,使周某得到了被判无罪的处理结果。本案的辩护是理论运用于实践的成功案例,也从侧面证明了法学理论在刑事辩护中的重要性。

刑事辩护人履行辩护职责时,不仅要对罪名的构成要件了然于心,而且还要懂得利用指导性案例和相同案例。同时,不能忽视的是,当事人有时候是最好的合作伙伴,不管是在案件事实上,还是在法庭上,当事人的表现在一定程度上也影响法官的自由心证,因此正确处理与当事人的关系,也有利于充分维护好每一个当事人的合法权益,使法律真正体现出应有的公平和公正。